INTRODUCTION TO FINANCIAL NEWS

财经新闻
概论

莫林虎 主编

ZHEJIANG UNIVERSITY PRESS

浙江大学出版社

图书在版编目（CIP）数据

财经新闻概论 / 莫林虎主编. —杭州：浙江大学
出版社，2013.12（2024.8 重印）
ISBN 978-7-308-12676-2

Ⅰ．①财… Ⅱ．①莫… Ⅲ．①经济－新闻报道－高等
学校－教材 Ⅳ．①G212

中国版本图书馆 CIP 数据核字（2013）第 303294 号

财经新闻概论

莫林虎　主编

责任编辑	葛　娟	
封面设计	续设计	
出版发行	浙江大学出版社	
	（杭州市天目山路 148 号　邮政编码 310007）	
	（网址：http://www.zjupress.com）	
排　　版	杭州青翊图文设计有限公司	
印　　刷	广东虎彩云印刷有限公司绍兴分公司	
开　　本	787mm×1092mm　1/16	
印　　张	14	
字　　数	298 千	
版 印 次	2013 年 12 月第 1 版　2024 年 8 月第 4 次印刷	
书　　号	ISBN 978-7-308-12676-2	
定　　价	38.00 元	

总　序

中国经济自 1978 年以来,持续了三十余年的高速增长,不仅改变了中国十多亿人的生活与观念,改变了中华民族的发展方向,而且也深刻影响了世界经济政治格局。在最近由美国次贷危机引发的世界性金融危机中,中国率先开始经济复苏,再次显示出中国经济的强劲动力。可以肯定,三十余年中国经济的演进过程,将是中华民族伟大复兴的一个重要阶段,后人将从这些艰难曲折的历程中发掘出中国经济成长的宝贵经验与精神财富。

伟大的时代需要伟大的记录者。中华民族在古代历史中第一次兴盛是在汉代,此时出现了伟大的记录者司马迁及其杰作《史记》,古代历史第二次兴盛是唐朝,在繁华过后的宋朝也出现了伟大的记录者司马光及其杰作《资治通鉴》。今天我们发生的事件,明天就成为历史。这就需要今天的我们,要将今天的事实真实、准确、完整地记录下来,留给后世阅读、研究、总结。

1978 年的改革开放,使中国社会发展走进了快速发展之路,经济对于社会各层面的影响力越来越明显。相应地,新闻报道中财经新闻的重要性越来越清晰地显示出来。从《经济日报》20 世纪 80 年代的《关广梅现象》系列报道、90 年代初国家主要新闻单位联合主办的中国质量万里行活动到进入新世纪后以《财经》为代表的新兴财经媒体的财经报道,对中国经济发展起到了不可替代的促进作用。这些财经报道,对于社会各界而言,起到了改革观念教育、经济知识启蒙、推进改革开放稳步健康发展等作用;对于新闻报道本身而言,则起到了锻炼财经新闻人才队伍、促进财经新闻采写走向成熟、与国际财经新闻接轨等作用。应当说,三十余年的中国财经新闻,取得的成绩是巨大的,对中国经济发展的促进作用是明显的。

但我们也要看到,与中国经济发展的态势相比,中国财经新闻的发展还有巨大的提升空间。我国的财经新闻无论从人才队伍、媒体影响力、新闻的采写水平等,都存在很大的不足。比如说,我国企业外销产品屡屡在国外遭受反倾销诉讼、我国企业对外投资屡屡受阻,我国的财经新闻工作者是否可以在国际财经新闻领域里为我们的民族企业、民族品牌发出声音,争取话语权?

我本身就是从事经济学术研究的,因为工作的原因也接触过不少财经记者。就我所接触过的财经记者而言,我感觉,真正能和财经业界、学界领军人物进行平等对话,能在采访中激发出采访对象的倾诉热情,把采访对象最精华的部分激发出的记者,可谓是凤毛麟角。对

此，我要说，我们的财经新闻记者，还需要学习。

正因为这样，当我看到我们学校文化与传媒学院副院长、财经新闻研究所所长莫林虎教授主持编写财经新闻系列教材时，我深感欣慰。这套教材无疑填补了当下中国财经新闻教育的一个空白，无论对于在校新闻专业的本科生、研究生还是已经工作的财经新闻记者来说，这都是一个可以在短期内见效、在长期学习工作中受益的财经新闻专业教材。这套包括财经新闻概论、财经新闻媒体研究、财经新闻经典报道选读等，构成了财经新闻教材的比较完整的体系。以《财经新闻经典报道选读》为例，说它可以在短期内见效，是因为这本教材所选的文章都是三十余年里中国财经新闻深度报道中的经典之作，读者通过阅读这些篇目，可以直观地了解三十余年中国财经新闻的大致脉络和发展进程，更可以从中体会到财经新闻采写的方法与技巧。说它可以在长期学习工作中受益，是因为这本教材除了选编经典篇目外，还对每个篇目进行了评析，并且链接了相关的内容。我仔细地阅读了这些评析和链接的内容，受益匪浅。如对《疫区山西》的评析包括报道背景、报道内容分析、特色、报道的影响力四个部分，链接内容包括相关知识链接、大事记、延伸阅读三个部分，这样，便于读者从大的经济背景下理解报道内容，提高读者分析财经问题、采写财经新闻的能力。同时，通过一篇经典报道的学习，将学习的范围扩大到相关的媒体、领域中去，使读者具有更加开阔的视野。

我校财经新闻专业自1998年开办以来，已经招收了12届学生。在十二年里，财经新闻专业的师生们艰苦创业，开创出了一个财经新闻专业学生培养模式，在课程设置与课程建设、教学内容设计、教学方式与方法、教材建设等方面都做出了富有成效的努力。这次由浙江大学出版社出版的"财经新闻系列教材"，就是他们辛勤工作的一个结果。

当然，由于这套教材是填补空白性的，从完美的角度上看，还有不少内容可以再斟酌。如财经新闻教材编写中理论与实践的结合、教材系列具体选题的策划和有序延伸、内容的创新、体例的设计等，都可以进一步探讨研究。好在现在正是中国经济社会的大发展时期，不妨让这本教材也与中国经济同步发展吧！

是为序！

李俊生
2013 年 1 月 6 日

（注：李俊生，中央财经大学副校长，教授，博士生导师，中国财政学会外国财政研究会副会长，国务院政府特殊津贴获得者）

自 序

我国内地的财经新闻自 20 世纪 80 年代末萌芽、世纪之交开始显露头角,到现在已经成为我国新闻领域中一个重要分支,对我国经济、社会产生着重大影响。一批著名财经媒体、财经记者、财经评论人脱颖而出,发挥着作为社会公器、舆论代言人的职责,成为推进中国社会向健康、开放的现代公民社会演进的重要力量。

与财经新闻的日益兴盛相伴随,有关财经新闻的研究论著、教材也纷纷出现。仅以教材为例,就有复旦大学出版社、清华大学出版社等在近年来陆续出版了财经新闻的系列教材。这些教材中,既有中国学者编著,也有国外学者的成果。这些论著和教材的发表和出版,对于财经新闻学科的建立和研究水平的提升,对于我国财经新闻的发展,无疑是具有积极意义的。

但是,我们也不得不指出,由于财经新闻在我国仅有 30 余年的发展历史,财经新闻学科更短,仅有十多年的发展时间,无论是业界的发展水平,还是学界的研究水平,都仍然处于起步、发力阶段,远未达到成熟水平。这一点在财经新闻学科的研究中显得尤为突出。以我们目前国内人士编著的财经新闻教材为例,目前水平较好的基本上都是业界人士或者是在财经新闻界有过长期经验的学者,高校教师编著的财经新闻教材明显有"财经"、"新闻"两张皮的问题。而业界人士编著的财经新闻教材,"财经"与"新闻"融合得相对较好,但作为教材,仍然有教学适应性的问题。有的财经新闻教材过于琐细,过于突出财经的专业性,反倒淹没了新闻性。我们曾经就这类教材在财经新闻专业的学生中做过调研,学生们普遍的反映是,读这些业界人士编著的财经新闻教材,就像读一本财经专业知识汇编似的,有收益,但也存在"财经"、"新闻"分离的问题。翻译过来的财经新闻教材可以作为重要借鉴,但作为实际使用的教材,其水土不服的特质更加明显。

正因为这样一个情况,促使我们中央财经大学文化与传媒学院的财经新闻教学科研团队决定着手编著一批财经新闻教材,尽可能地融合"财经"与"新闻",为我国财经新闻学科的建立和提升贡献绵薄之力。值得欣慰的是,我们这一想法得到了浙江大学出版社的高度认可和大力支持,我们这套教材的第一本《财经新闻经典报道选读》就是在 2010 年 5 月出版的。而这本《财经新闻概论》则是最新推出的另外一本。

我们当初提出融合"财经"与"新闻",这个宗旨当然很好。但是一旦进入实际操作,我们

才倍感艰辛。我们团队曾经在2008年对全国的财经新闻本科教育做过一个较为全面的调查,结果发现,各院校对这一专业最大的困惑就是如何将财经理论与新闻专业素养、操作技能这"两张皮"有机融合为一体。我院的财经新闻专业在最初的五六年间(我校财经新闻专业1998年开始创办)也为此困惑过,但经过我们的长期探索,终于在最近五六年中基本解决这一问题。我们的经验是:第一,请进来,将我国主流财经媒体的资深记者请到学院里为学生和老师传授财经新闻实务的一线经验。近年来,我们邀请了中央电视台财经频道、路透社、《21世纪经济报道》、《经济观察报》、《第一财经日报》、英国《金融时报》中文网、《中华工商时报》、《凤凰周刊》、《南方周末》、《新世纪》周刊等媒体的资深财经编辑、记者到我院进行财经新闻学术交流,使我院师生获得了最前沿、最鲜活的财经新闻操作经验和资讯。第二,走自主融合之路。到目前为止,能将财经理论与新闻专业素养、操作技能有机融合起来的国内学者和成熟的作品都凤毛麟角,可资借鉴的经验几乎可以说付之阙如。既然如此,那么唯一可行的就是走自主融合之路。我们通过自学财经专业理论与知识,向财经专家、财经新闻资深人士请教咨询,核心团队成员之间的深度研讨,财经新闻的教学实践等方式,逐渐积累经验,探索二者的结合点。在这样的基础上,我们推出了这本《财经新闻概论》。因此,这本教材既是学术研究的成果,也是长期的财经新闻教学探索的结果。

这本《财经新闻概论》从2009年下半年酝酿立项,2009年底成立研究写作团队,2010年初至2011年底展开研究、写作,足足花费了近两年时间,团队成员才将文稿完成。主编又花费了一年时间对全部稿件进行修订、统稿工作,到2012年10月才全部完成。在此过程中,文稿在各章撰写人、主编、财经界和财经新闻界资深人士中反复审读、反馈、修改,得以提升。之所以花费那么长的时间,坦率地说,大约有一大半的时间是用在学习财经专业知识、研读大量财经新闻报道、评论上。"学无止境"是我们在这一过程中的深刻体会。

作为主编,文稿本来在2011年下半年的时候已经全部提交到我这里,但由于我近两年的教学、科研活动过于繁重,提交给我的文稿,我只能断断续续地进行审读、统稿。同时,财经新闻的专业性十分突出,尽管我进入该领域已有6年时间,但财经新闻仍然有很多板块需要我花费时间进一步熟悉。这样一来,"又是一年好光景",转眼到了2012年底。这无论对于各章作者、对于出版社都是内心有愧的。但我一直坚持一个标准,我们的教材既然定位要充分总结我国财经新闻报道的成果,吸纳现有中外财经新闻教材的优点,那么我们的原则是:宁可推迟出版时间,绝不匆忙出版急就章。教材文本如果我们自己都不满意,怎么可能让使用教材的学生、读者满意呢?到今天撰写这篇序言的时候,我可以欣慰地说,我至少做到了无愧我心。文稿的每一句话、每一个字,我都阅读了不下六七遍,很多的章节、段落是三易、四易其稿才得以通过的。

需要特别指出的是,我们这个写作团队在本书写作中对教材编写宗旨的高度认同,因而各章负责人提交过来的写作提纲和文稿往往经过了数轮修改。而我在统稿过程中也常常被各章作者的敬业精神所感动,为各章中的精彩论述拍案称奇,各章作者对各自负责章节所涉及的专业知识作了相当深入的钻研,收集和研究了很多一手的财经新闻报道,在此基础上写出的稿子,完全达到了我们最初对本教材的预定目标。编纂完全稿,我很有信心地说,这本财经新闻教材不敢说是中国本土最优秀的,但肯定是对我国财经新闻实践作了广泛深入研究、并提出了一些具有原创性见地的教材。

这本《财经新闻概论》是新闻专业学生学习财经新闻的一本入门教材。因其"入门教材"的定位,我们在确定教材内容、篇幅、写作体例时,突出其"概论"性质,为读者提供一个有关财经新闻学科的基本专业知识框架,介绍财经新闻报道的主要板块,强调财经新闻报道的核心能力培养。通过这样一个介绍,学生通过一个学期的学习,可以比较清晰地掌握财经新闻学科的基本知识和基本能力,为进一步的学习、深造打下一个扎实的基础。

因此,本教材在理论阐释和实务操作这两个元素中保持一种必要的张力和平衡,理论阐释是为了便于学生能够高屋建瓴地把握财经新闻学科的基本内涵,使其具有洞察财经新闻学科实质的理论穿透力。同时,教材中所有的理论阐释都杜绝空洞浮泛,力求通过具体的实务分析提炼而成,力求言之有物。实务操作本是新闻学科的重要特征,我们要通过具体财经新闻报道和评论的实例,为学生提供财经新闻实务操作的典型案例,以此起到触类旁通的启发作用。

考虑到本教材是为国内的新闻专业学生使用的,我们力求适应这些学生的学习需求、知识储备情况,使教材具有更强的实用性和针对性。对于绝大多数的我国新闻专业学生而言,不仅财经知识的专业性让他们视如畏途,如何将财经理论与新闻专业素养、操作技能有机融合起来,也是一个难以破解的难题。我们的教材精选财经新闻报道案例,通过对这些财经新闻的报道意图、切入点、采访技巧、写作特点、内容结构的分析,向学生具体而微地介绍财经新闻的特点和操作技巧,针对学生的需求、知识水平,有效化解学生的学习困惑。值得一提的是,教材中很多相关内容的阐释、分析,正是我们在财经新闻教学实践中已经证明是行之有效的。

财经新闻被普遍看作是枯燥、乏味的代名词,这一看法有其合理之处。但随着财经力量日益渗透到我们普通人的日常生活、工作中,财经新闻也日益为国人关注。那么,如何将财经新闻写得更有思想、更有人情味、更具人文气质,这是当今我国的财经新闻必须要面对而且要着手解决的问题。事实上,西方主流的财经新闻就曾经走过这条道路,从枯燥乏味的给投资者、金融家、企业主看的财经资讯,逐渐演化为覆盖社会更大群体的泛财经新闻,在这样的财经新闻中,既有投资者、金融家、企业主关注的专业财经资讯,也有普通民众关注的理财信息,也有普通读者喜欢的人性化的财经故事。多样化的财经新闻标志着财经新闻的成熟。在我们这本教材中,我们始终强调财经新闻必须要在提供具有深度和准确性的专业信息之外,还要给人以更丰富的精神上的享受,要在财经新闻中读出思想、人情味、人文气质,也就是要达到"气韵生动"、"言有尽而意无穷"的境地。在我们这本教材编写的两年时间里,我们不仅阅读了大量的国内外记者撰写的财经新闻,而且也与很多主流媒体的财经新闻记者频

繁接触。实事求是地说,我国财经新闻的整体水平远未达到我们心目中的"气韵生动"、"言有尽而意无穷"的境地,但可贵的是,已经有记者开始有意识地向这个方向努力,我们也尽可能地选择有这样倾向的财经新闻作品作为范文,以显示我们这本教材的诉求。

我们始终认为,《财经新闻概论》不能写成"财经新闻实务大全"之类的工具书,它应当是有思想、有个性,能激发学生的激情、启迪学生的智慧的。这个原则,我们在各章中都力图体现,从案例的选择、分析,教材语言的风格呈现,我们都力图达到这个目标,至于效果如何,则还要请使用本教材的学生、读者给予评判。

为了使本教材能够经得起财经新闻界和财经实务界同行的检验,我们将部分文稿分别提交给财经新闻界和财经实务界的资深人士予以审读。这些资深人士对我们的文稿提出了宝贵的修改意见,使我们的教材水平得以提升。在此,我们特向《第一财经日报》北京财经新闻中心主任柏亮、《经济观察报》要闻部高级编辑程明霞、《看天下》副主编田毅、北京银行财富管理部总经理助理兼私人银行部副总经理聂俊峰、电广传媒艺术品投资专家冯云国等表示衷心的感谢。

本教材由莫林虎主编,全书共8章。各章分工如下:第一章由莫林虎编写;第二章由吴颜芳编写;第三章由张辉、莫林虎编写;第四章由刘东霞、莫林虎编写;第五章由杨雯编写编写;第六章由莫林虎编写;第七章由于海艳编写;第八章由郑建丽编写。主编在统稿时尽量保持各章文稿的基本思想和写作风格原貌,但为了保证全书思想和风格的一致,也作了必要的增补和修改。

莫林虎

2013 年 10 月 18 日

第一章 绪 论

中国经济自 1978 年改革开放以来，持续了三十余年的高速增长，GDP 规模已列世界"榜眼"，新型国有企业、发轫于体制外的民营经济和舶来的跨国资本——三种力量在改革与开放的竞合中创造了中国经济的奇迹，深刻影响了世界经济政治格局。在中国经济飞速发展的进程中，财经新闻和专业财经媒体也从新闻舞台的边缘地位逐渐占据了更为抢眼的位置，财经新闻的名称、概念也越来越为人所知。那么到底什么是财经新闻？其特征、功能如何？它对于社会、经济、政治具有何种影响？我们本章就要回答这些问题。

 本 章 要 点 ··

财经新闻的概念

财经新闻的分类

财经新闻的特征

财经新闻的功能

第一节 财经新闻的概念与分类

一、何为财经新闻

（一）从经济新闻到财经新闻

财经新闻概念在中国内地是伴随改革开放的不断深化而形成和凸显的。

在计划经济时代，与财经新闻相对应的名称是经济新闻、经济报道。与计划经济的政治、经济、文化体制相适应，此时的经济新闻、经济报道，是政府全面掌控新闻宣传工作的一个方面，其目的是"报道人民生产劳动的状况，宣传生产工作和经济财政管理工作中的成功的经验和错误的教训，讨论解决这些工作中所遇到的各项困难的办法"[①]。与这个目的相适应，计划经济时代的新闻媒体在经济报道方面也相应分为财贸、工交、农业等部门。这种传

[①] 1950 年 4 月 23 日新闻总署《关于改进报纸工作的决定》。

统的经济新闻报道在改革开放后十几年中仍然发挥着重要作用,如 20 世纪八九十年代新华社、《人民日报》、《经济日报》等主流新闻机构所做的经济报道,像《鲁布革冲击》(《人民日报》1987 年 8 月 6 日)、《关广梅现象》(《经济日报》1987 年 6 月 13 日)、《"三角债"追踪》系列报道(《经济日报》1991 年 7 月)、中国质量万里行活动(1992 年 2 月起由首都新闻界主要新闻单位联合主办)等,都是这类传统经济新闻的典范,它们的报道选题往往直接来源于政府指令,密切配合政府经济政策的实施。

1992 年,中共十四大确立了建立社会主义市场经济体制的改革目标,中国的经济发展有了更为明确的方向,中国经济市场化步伐日益加快。这一决策不仅对于中国经济格局产生了重大影响,也对社会阶层的分化、文化思想的更新都产生了深刻影响。从经济力量上来说,中国内地逐渐形成了国有资本、民营资本、跨国资本共存的格局;在经济思想上,西方经济学(及其方法论)学说日益成为显学,对市场力量的认同逐渐成为更多民众的共识。体现在新闻报道上,则是源自计划经济体制的传统经济报道逐渐式微,而与市场经济体制相适应的财经新闻开始崭露头角。

中国内地财经新闻的萌芽可以追溯到 1989 年的《中华工商时报》的创办。《中华工商时报》由中华全国工商联主管,由老报人丁望主办。其办报宗旨是:关注民营经济的发展,为市场经济呼吁。其经营形式为面向市场,自负盈亏。这些办报宗旨和经营方式正是后来市场化财经媒体的基本理念。正因为如此,《中华工商时报》被称为是中国财经新闻的"黄埔",为后来中国财经新闻培养了诸多精英,如《财经》主编胡舒立、《经济观察报》总编何力等。

但《中华工商时报》有点生不逢时,它的超前使它在辉煌了数年后风光不再。2000 年前后,随着中国经济体制改革日益深化,经济的市场化程度越来越高,一批市场化财经媒体应运而生。1998 年,胡舒立任主编的《财经》创刊;2001 年 1 月,南方报业集团创办了《21 世纪经济报道》;2001 年 4 月何力等人创办了《经济观察报》;创办于 1985 年的《中国经营报》在此时也汇入了财经新闻的大潮中。至此,形成了中国内地财经新闻的最初格局。

我们对中国内地从计划经济时代的经济新闻到社会主义市场经济时代财经新闻作了一个简要梳理后,就可以看到,我们所说的经济新闻(经济报道)与财经新闻之间的区别是十分明显的,绝不仅仅只是字词上的调换,而有着鲜明的时代背景、经济理论背景、新闻理念的差异。

换言之,计划经济时代的经济新闻是党和政府宣传工作的一部分,其新闻报道往往直接听命于政府有关部门的指令,密切配合党和国家经济政策的实施。社会主义市场经济时代的财经新闻,则在遵守党和国家法律法规以及新闻宣传政策的前提下,报道国内外经济发展的最新动态和未来趋势。毋庸讳言的是,社会主义市场经济的发展,造就了中国社会阶层的分化,形成了不同利益团体,因此也就形成了不同的利益诉求。在报道的视角上,财经新闻既有政府的视角,也有资本的视角(包括国有资本、民营资本、跨国资本),还有消费者和普通民众的视角。

这种全新的新闻生态,我们称之为财经新闻。

由此我们可以看到,财经新闻在中国内地的形成与不断壮大,是中国改革开放的产物。一方面,中国的对外开放,引进了大量文化学术思想,引进了一系列经济文化制度,对中国社会经济的发展提供了充足的资源。另一方面,中国在消化外来文化思想、制度基础上,逐渐发展出一条自我更新发展之路。中国的财经新闻就是在这样一个环境下萌芽、生长的。值得玩味的是,在财经新闻集体亮相的 2000 年前后,曾经引领传统经济报道风骚 20 余年的《经济日报》等传统经济媒体失去了往日的辉煌。

十多年来,自《财经》杂志开端的内地财经媒体一路走过,呈现出下列特点:

1.新闻与经营分离,广告一般依赖从市场取得而非政府财政,特别是最近这个经济周期中异常活跃的车市、房市、金融等行业广告起到了很大支撑效应。经营的根基越来越和市场相连,甚至一些财经媒体筹划上市。

2.不局限于金融报道或政策报道,一方面形成包罗甚广的领域,甚至如西方传统意义上的社会公共政策(如 SARS 中财经媒体的优秀表现),一方面开创了严谨、深度的中国财经调查报道形态。

3.培养了一大批财经记者和管理人才,市场化、竞争性、国际化等理念融入其中。

(二)财经新闻的概念

以上,我们通过简要的梳理,描述出了财经新闻的基本形态。

但这还不能完全解决什么是财经新闻的问题,因为无论是学术界还是新闻业界,对财经新闻的理解都是言人人殊的。

大致来说,国内学界认为财经新闻有广义和狭义之分。广义的财经新闻就是对国内外社会经济生活及与经济有关领域的新闻报道,包括宏观经济政策和形势报道、区域经济报道、行业报道、资本市场报道、公司报道、消费市场报道等。而狭义的财经新闻则是对金融与资本市场报道,关注"资本市场对公司运作、资源配置方面以及投资领域的影响"[①]。周乃菱教授在《国际财经新闻知识与报道》中引用一位资深记者的话把财经新闻定义为:"钱是怎么赚的? 怎么花的? 怎么赔的? 怎么被偷的?"[②]十分精当。

这两个财经新闻概念,都经常被使用。本教材所使用的概念,就是广义的财经新闻概念。

二、财经新闻的分类

由于本教材采用的是广义的财经新闻概念,因此我们这里财经新闻的分类就要覆盖社会经济生活及与经济有关领域的各个方面,从分类上可以有如下的主要类别:

---

① 周乃菱:《国际财经新闻知识与报道》,北京:清华大学出版社,2009 年,第 1 页。
② 周乃菱:《国际财经新闻知识与报道》,北京:清华大学出版社,2009 年,第 1 页。

（一）宏观经济政策和形势报道

宏观经济政策和形势报道是对国家总体经济运行状况的报道。在我国，由于政府对资源的配置能力还十分强势，政府经济政策对整个经济体的影响还很明显，因此，宏观经济政策和形势报道在财经新闻中占有重要地位，主流的财经媒体都将该部分内容放在版面的最重要位置，给予高度重视。

（二）区域经济报道

在本教材的定义中，区域经济是一个中观的概念，介于国家经济体这个宏观层面的概念和企业这个微观层面的概念之间，区域经济是指在一定地域范围内经济发展的内部因素与外部条件相互作用而产生的经济体。

改革开放以来，我国首先在东部沿海地区实行了更为宽松开放的政策，中国经济以东部地区为先导，走上了跨越式发展的轨道。这一政策在使中国经济飞速发展的同时，也带来了东部、中部、西部以及东北四个区域间发展不平衡问题。同时投资、出口拉动 GDP 增长的经济发展模式也带来了诸多问题，因此，近年来，区域间经济协调发展成为我国经济持续健康稳定发展的一个关键词。

仅 2009 年一年，国家就批准了 11 个区域发展规划，批准的区域经济规划数量几乎是过去 4 年的总和，区域经济区跃升至国家战略层面。

由此可见，区域经济报道也将是我国财经新闻报道的一个重要方面。《经济观察报》的"中国 Nation"、《21 世纪经济报道》的"政经"等版面其实大量的报道都是以区域经济为主题的。

（三）行业报道

行业的概念和上面的区域经济概念一样，也是一个中观的概念。在国内外财经新闻实践中，不少的财经新闻媒体往往将公司报道和行业报道放在一起，称为"公司与行业报道"、"公司产业报道"，或者在"公司报道"板块中包含行业报道的内容。

目前国内关于行业划分有三种方法：晨星行业分类、中证指数行业分类、国家统计局的行业分类。在对每个行业报道时，可以考虑以下"基本面问题"：行业在国民经济中的地位，行业景气度；行业的平均利润率、投资、产能等；全球化视角下审视行业的竞争，譬如贸易纠纷、技术标准等；行业内的主要公司有哪些，特别是上市公司；哪些公司掌握了行业的核心技术、专利；行业的上下游关系，哪个环节拥有主要的话语权；行业内的资金来源；谁制定行业的监管政策；谁是行业的监管主体。[①]

（四）金融市场报道

本教材所界定的金融市场报道既部分涉及宏观经济政策之货币政策，也涉及货币市场、资本市场以及国际金融领域。之所以把这些从宏观、中观到微观的内容放在同一个部分，是

---

① 杨柏国：《公司产业报道之基本面探析》，《新闻记者》，2010 年第 2 期。

因为这些内容相对较完整,便于学生系统掌握。

金融市场在现代经济中地位重要,中央银行的货币政策变化,货币市场、资本市场、国际金融领域的重大市场举措,都会对一个国家乃至世界经济产生巨大影响。了解金融市场报道的基本内容,掌握报道的基本技能和方法,对于做好金融市场报道,具有重要作用。

（五）公司报道

在市场经济体制中,市场机制在社会经济运行中居于主导地位,社会经济资源的配置主要由市场调节。这就要求市场主体必须具有明晰的产权界定,市场主体应当是独立的,市场主体间的关系应当是平等的。作为迄今为止最有效率的人类经济组织形式,公司的特质完全符合市场经济的要求,因此,公司很自然地就成为市场经济的主体。

公司新闻近年来呈现两个趋向,即对公司对外战略和内部管理的关注度都越来越高,前者如国内甚至跨国并购,后者如 ERP 系统运用等等,都一时潮起。

由此可见,公司报道一定是财经新闻报道的重要部分。如果我们从广义的财经新闻的政经、产经、财经(狭义的)三分法立场上看,公司报道则属于产经报道的主体内容。

从宏观、中观、微观的角度看,公司报道应当属于微观报道的范畴,其关注的应当是公司这个市场经济的微观主体在世界经济形势下,在国家宏观政策制约下,它是如何配置资源,赢得生存发展空间的。但微观报道也并非与宏观、中观视角完全矛盾的,在公司报道中将宏观、中观的立场适当地与微观视角相融合,会使报道获得更广阔的视野。

第二节　财经新闻的特征

与新闻的其他类型如时政新闻、社会新闻、文化新闻、娱乐新闻等相比,财经新闻有其鲜明的特征。把握这些特征,对于我们进一步学习财经新闻,并在新闻实践中做好财经报道,有着重要意义。

一、专业性

与时政新闻、社会新闻、文化新闻、娱乐新闻等相比,财经新闻的专业性是十分突出的。我们拿到一份综合性报纸,把各版标题浏览一下,就会发现,在所有新闻大类中,财经新闻的专业性是最强的,仅仅在标题中就经常出现大量的经济学术语、经济数字,更不用说正文中还会在财经事实的报道中隐含着的经济学、管理学理论。可以说,一个普通读者,如果仅仅出于阅读兴趣,一般是不会选择财经新闻的。因此财经新闻的读者面,一般来说,相对于其他类别的新闻都会比较窄一些。

我们来看看下面一个财经新闻的消息稿:

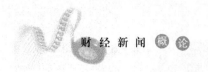

温家宝:今年将是中国经济最为复杂的一年

中新网2月27日电 中共中央政治局常委、国务院总理温家宝今日下午与网友在线交流时表示,今年将是中国经济最为复杂的一年。

温家宝称,在2008年,国际金融危机蔓延,我们经济处在最困难的时期,我曾提出过"信心比黄金和货币更重要"。一年多过去了,我们是靠信心增添了勇气和力量,我们是靠信心很快确定了正确的应对方针,那就是出手要快、出拳要重、措施要准、工作要实。

"我们制定了应对金融危机的一揽子计划,对于一揽子计划并不是所有人都清楚,我们也是在实践的过程中逐步加以完善的",温家宝说,"它其实包含四个相互关联的方面:第一,大规模的财政投入和结构性减税。第二,一系列重要产业的调整和振兴。第三,建立科技的支撑体系。第四,完善社会保障体系。"

温家宝指出,这四者既涉及经济,又涉及社会;既涉及发展,又涉及生活。现在看来,我们采取的一揽子计划是正确的,中国的经济率先企稳回升。

温家宝表示,在这当中,信心起了关键作用。因为在一定意义上讲,这场危机是信心危机、信用危机。如果说过去的一年是进入新世纪以来经济最为困难的一年,那么今年将是中国经济最为复杂的一年。

"我们会巩固企稳回升的向好形势,并且应对新的挑战,最重要的是处理经济平稳较快发展,结构调整、转变发展方式和管理好通胀预期三者之间的关系。我对中国经济的发展抱有信心。"温家宝说。

(据中国政府网文字直播。来源:中国新闻网,2010年2月27日)

这篇稿子并不长,正文不到600字,却包含十分丰富的内容,很多内容是十分专业的,如果不了解相关的背景知识,我们是不能深入领会本稿的新闻价值的。本稿是对温总理2010年2月27日与网友在线交流时发言整理而成。本稿中温总理主要表达了两个方面的意思:第一,2009年我国应对金融危机的一揽子计划取得了实效。一揽子计划包含四个相互关联的方面,四方面工作涉及经济、社会、发展、生活。第二,2010年将是中国经济最为复杂的一年,我们要处理好经济平稳较快发展,结构调整、转变发展方式和管理好通胀预期三者之间的关系。

在笔者整理出来的这个概要中,就至少包含了以下经济学专业问题:第一,中国应对金融危机的一揽子计划为什么要由大规模的财政投入和结构性减税、一系列重要产业的调整和振兴、建立科技的支撑体系、完善社会保障体系构成,他们的具体内容是什么?第二,为什么温总理说四方面工作涉及经济、社会、发展、生活?第三,为什么温总理说2010年将是中国经济最为复杂的一年?第四,为什么特别强调处理好经济平稳较快发展,结构调整、转变发展方式和管理好通胀预期三者之间的关系？三方面工作的具体内容是什么？

由以上例子的分析，我们可以看到，财经新闻的专业性体现在以下两个方面：

（一）财经新闻往往包含复杂的经济情况和丰富的经济学知识

上述例子中所包含的问题，如果读者没有长期的财经新闻阅读经历，没有长期的财经知识积累，即使有专家给予解释，也还是无法深入理解的。正因为如此，国外财经媒体在聘用财经新闻记者时，其中一个重要来源就是财经业界的从业者，美国新闻界对从事财经类新闻报道的人员一个基本要求是必须具备二级经济师资格。我国目前不少优秀财经记者，其学科背景就是经济学、管理学，这让他们在进入财经报道领域时，会在财经专业上容易入门。而一个非经济学、管理学专业的人要进入财经新闻领域，往往需要数年的学习、培训与财经新闻实务的磨炼才能胜任。

需要指出的是，经济发展并非严格按照经济学、管理学所总结的规则运行的，它往往与特殊民族、国家、地域、时代、民众的信心错综复杂地纠结在一起，形成各种不同的发展态势。在这个时候，一个熟记经济学、管理学教条的人未必能够准确理解经济发展大势，那么他也就无法很好地完成财经新闻的报道工作。

与此相关的是，在财经新闻实务中，即使是权威的财经媒体，权威的财经新闻记者，其所撰写、发表的财经新闻报道、评论，也未必就能获得全体读者的喝彩，甚至引发激烈争论也未可知。像这些争论，我们如果没有深厚的经济学和财经新闻素养，就更是不知所云了。

2008年3月，中国股市的标杆指数——上证指数自年初狂跌2000多点。在不到五个月的时间里，中国股市跌幅高达45%，是美国股市跌幅的2.6倍。当时，不少人呼吁政府应当出手救市。3月31日，《财经》杂志主编胡舒立在《财经》上发表评论《何必讳言不救市》，力主政府不能救市。文章发表后，引发激烈争议。《东方早报》以《救不救市难道是胡舒立说了算?!》为题发表文章反对胡舒立意见，著名经济学家刘纪鹏以《财经杂志 悠着点》为题发表博客，逐条批驳胡舒立观点。之所以胡舒立一篇短文引发如此激烈争议，其背景就有着各方对于市场经济体制、对于中国股市、对于政府在经济运行中的职能的不同理解，当然，也有可能还有着不同的利益诉求。

（二）用数字化的表述呈现事实真相

市场经济是实现资源优化配置的一种有效形式。市场经济通过市场调节社会资源的分配，引导企业按照社会需要组织生产经营，并且对商品生产者实行优胜劣汰的选择。而一个国家、地域、行业、企业是否实现了资源的优化配置，使得经济从微观到宏观都实现了健康良好的运行，是需要量化指标的。换言之，我们对一个国家、地域、行业、企业的经济（经营）运行是否健康的定性判断，其基础建立在一系列的数字上。在对相关数字进行收集、整理、分析后，我们才能逻辑地得出定性结论。

如温总理2010年2月27日与网友在线交流时表示，要提高居民收入在国民收入中的比重。温总理这个意思的前提应当是居民收入在国民收入中的比重较低，那么这个定性判

断是如何做出的呢？当我们查看财经新闻中的相关数字,这个问题就迎刃而解了:据新华社报道,2000年全国财政收入约1.3万亿元,2004年上升到2.6万亿元,4年中翻了一番;而工资占GDP比重,1989年是16％,2003年则下降到了12％。《南方周末》记者陈涛则在《三十年中国人收入流变》一文中用一系列数字进一步证实了这一观点:"1978年,中国的GDP为3645.2亿元,2007年为246619亿元,增长了67.6倍,剔除物价因素,大致增长了15倍。同期,城镇居民人均可支配收入从343.4元增长为13786元,农村居民人均纯收入从133.6元增长为4140元,增幅分别为大致40倍和30倍,剔除物价因素,一个增长了大约9倍,一个增长了不到7倍。"由此,陈涛得出结论:"一、中国GDP的增长速度高过人们收入的增幅;二、城镇居民的收入基数要比农村居民高,而且增速也快。"

由此可见,在财经报道中,数字是具有重要作用的。但数字的重要性并不意味着在进行财经报道时,只要把收集到的数字一股脑堆砌在文章中就可以了。实际上,对于复杂多样的数字,我们要有清晰的经济学理论框架加以厘定、分类,对一些重要数字要十分熟悉,培养对于数字的敏感性,通过对数字的收集、整理、分析获得新闻选题。陈涛在《南方周末》2008年2月发表的《中国式财富地图》也是在对相关数字的分析后撰写而成,文章发表后受到读者的广泛关注。他通过对2007年的前100位富豪榜排名、A股上市公司市值变化等的分析,得出了"地产、金融、股市、矿产"是本轮国民财富增长"四大金刚"的结论。

我们在本段论述的最后,引用汤姆森路透社全球新闻总编史进德2009年10月9日在世界媒体峰会上演讲中一段话供读者思考:"譬如美国消费者支出数据是判断中国出口的可靠指标,而后者与中国股市直接相关。反过来,中国去年11月宣布将出台4万亿元人民币经济刺激计划,不仅大幅推升了中国股市,也提振了全球股市。近来有消息称中国采取行动控制金属冶炼污染,这导致了伦敦金属交易所(LME)金属价格大涨。甚至就连一些看似低调的消息,譬如中国向太阳能设备生产商提供补贴,都能带动海外此类企业股价大涨。"

不过,需要注意的是,数字有自己的局限性,它仅仅表达了事物一个方面的特质,而且在目前数理工具大量、深度应用于经济学的状况下,很多经济理论的假设、推导都有可能降低这些本想表达的特质的真实性。所以,使用数据也要谨慎,另一方面,不要忘记新闻的本质是人。

二、实用性与时效性

(一)实用性

前面我们讲到,财经新闻作为一种专业性新闻,阅读者一般不会仅仅出于兴趣去阅读,更多的是出于投资、消费、研究等目的。换言之,财经新闻的目标受众以管理者、投资者、消费者、研究者为主。这些受众通过阅读财经新闻,了解国内外经济运行情况,了解国家相关经济政策、行业发展状况、企业经营状况等,以便于他们的管理、投资、经营、消费的决策。

世界财经新闻的形成,就是围绕这么一个实用目的开始的。美国著名的财经资讯机构道琼斯公司一开始做的工作就是为股市投资者提供股票买卖的有用资讯——道琼斯指数,这些指数刊登在只有两页的手写报纸上,当时只抄了 24 份,送给华尔街上的读者,由此诞生了道琼斯指数和后来著名的财经报纸《华尔街日报》。

这里我们需要厘清一点的是,像股票指数、证券交易数据、外汇交易数据等严格地说属于财经资讯,其目标受众一般是各类投资机构、银行、公司等。而财经新闻则是经济运行中具有新闻价值的事实,它们与股票指数、证券交易数据、外汇交易数据等各类财经资讯有关,它们往往是记者和编辑在对相关数字进行"媒体式解读"后发现了新闻价值后而采编的结果。

以路透社中文部推出的新产品为例。传统的新闻产品一般可以分为以下几个大类:新闻头条(特急快讯,又因为这种消息是红色的字体被称作红条)、消息、特写、快速分析、专访、分析稿、大事年表、民意测验、表格、独家报道、背景分析、补充报道等。而路透社的中文新闻产品为了使受众接收到针对性更强的新闻产品,在上述大类基础上又根据内容进行细分,增加了"中国政经日程"、"中国报摘"、"中国宏观经济数据公布"、"中国已公布新股发行一览"、"中国新债预测"、"路透 CEO 专访"、"背景资料库——中国利率 1993 年以来变动一览表"、"中国行业特写"等众多类型。从路透社提供的财经新闻品种来看,其新闻明显是源于对资讯的整理分析。

因此,我们看到的情况是,西方国家很多财经新闻机构往往先从为投资者提供财经资讯开始,继而延伸进入财经新闻领域。道琼斯公司如此,路透社也如此。加拿大的汤姆森公司在 2007 年以前已经形成了法律法规、教育、财经资讯、科技四块业务并驾齐驱的结构。2007年,汤姆森学习集团增长乏力,为了集中力量打造核心竞争力,2007 年 5 月,汤姆森集团以77.5 亿美元将汤姆森学习集团出售,将 Prometric 以 4.35 亿美元出售给美国教育考试服务中心。同时,汤姆森集团以 87 亿英镑股票加现金方式收购路透集团,联手打造全球最大的财经信息及数据服务商汤姆森—路透公司。收购路透集团后,汤姆森也实际涉足了财经新闻领域。

中国的情况与西方有所不同,由于我国晚至 1992 年才确立社会主义市场经济体制,因此,我国的财经资讯与财经新闻的发展顺序与西方国家有所不同。以新华社为例,在长期的计划经济时代,它的经济报道部门积累了大量的经济数据,但这些数据却迟迟得不到充分的开发,直到 2007 年,新华社才建成了以在线提供财经资讯为主要业务的"新华 08"金融交易服务平台。但这也从另一个方面证明了财经资讯与财经新闻之间的密切关系。

(二)时效性

由上所述,我们可以看到,财经资讯与财经新闻之间是相辅相成的关系,二者有区别也有相似之处,其相似处就体现在实用性与时效性方面。

时效性的特点在路透社的建立和发展过程中都体现得淋漓尽致。通讯社初创之际,为了提供资讯的时效性,路透用它的 45 只信鸽,在亚琛与布鲁塞尔之间传递股市行情。当时尚未实现电报通信,最快的传输手段只有铁路,而路透的信鸽比火车整整快了 6 个小时。从

那一刻起,"特别注重时效性"成了路透社延续至今的传统。为了达到"更快的传输速度",1964 年,路透社在国际上率先使用计算机发送金融数据。1973 年,建立监控系统,使用计算机即时显示外汇汇率。1994 年,创办路透社金融电视,利用自己的企业专网实现追踪报道。1998 年,路透社美国分社采用了 3COM 公司的一项技术,找到一种经济而完整的端到端的管理方法。对这些新技术的采用使路透社孜孜以求的"时效性"成为可能。

一个有关世界金融界巨头罗斯柴尔德的传说可以充分说明这个观点。1815 年,滑铁卢战役成为影响伦敦证券交易市场的重大事件。如果英普联军获胜,英国政府发行的公债价格则上涨,反之则暴跌。英国金融家罗斯柴尔德获知了联军获胜的消息,随即在证券市场出售公债,造成联军败北的假象。由于罗斯柴尔德一向消息灵通,市场马上跟风抛售公债,公债价格暴跌。罗斯柴尔德乘机大量低价购入,获取巨额利润。在这里,英普联军在滑铁卢战役中获胜,既是财经资讯,又是新闻,财经资讯与财经新闻对证券市场之重要一至于斯。

正是财经新闻对于时效性的极端依赖,以数字技术、互联网为代表的新媒体对传统财经媒体的影响也极为重大。如何在新的媒介环境下生存、发展,是所有传统财经媒体从业者都需要思考的问题。

三、前瞻性

财经新闻的一个重要功能是为受众提供专业性的资讯,为其经济事务的决策提供依据。这就需要我们的财经新闻具有一种未来的维度,对当前的经济现象和政策进行一种具有前瞻性质的观察、分析,使受众在阅读(观看)财经新闻时获得更丰富的信息。

经济问题十分复杂,无论是经济学家、政府主管经济工作的领导者、从事经济活动的企业家,或者是从事财经报道的专家型编辑记者,要想准确地预测任何经济前景,都很可能以失败告终。因此,我们这里所说的前瞻性,不是要求我们的财经记者对某一财经现象或政策进行准确预测,而是指在进行财经新闻报道时应当具备一种从未来的维度观照现实的意识,在报道时,既要将事实研究、分析清楚,同时还要对当下的现实与未来的关系做一个考察,由此获得一种高度。这样,我们的新闻就不仅仅是一种就事论事的报道,而是可以为受众提供更为丰厚解读可能性的经典之作。

财经新闻的前瞻性应当贯穿在选题策划、采访、写作等所有环节。《财经国家周刊》2010 年第 10 期几个重要报道都体现了这一特质。在其《极度调查》栏目中,该期的选题是国家房地产新政后中国楼市的变局,总标题是《谁陷楼市水火》,该组报道由四篇文章组成:《地方感受压力与震撼》、《城投"紧箍咒"》、《银行房贷风险"体检"》、《退潮后,谁是裸泳开发商》。该组报道对国家房地产新政与中国楼市之间的关系采取了十分审慎、理性的观察态度,该刊认为:"房地产行业巨大的体量和辐射力,使得在这场事关中国经济前景的超级博弈之中,中央政府、地方政府、银行、开发商、自住者、投资者中的任意一环出现崩盘,中国经济都将面临莫测的风险。"正因为该刊的这种态度,使得他们在报道这一选题时,在通过对中央政府、地方政府、银行、开发商、投资者各方博弈现状进行透彻分析时,始终保持着对于未来发展的观察视角。

在该刊同期的产经报道《危险的物联网》也是如此。物联网又称传感网,是指将各种信息传感设备与互联网结合起来而形成的巨大网络,其目的是让所有物品都能够远程感知和控制,并与现有网络连接,形成一个更加智慧的生产生活体系。目前,跨国巨头通过物联网对中国造成越来越大的威胁。有关物联网安全问题已引起了中央的重视,高层认为,中国要发展物联网产业,以抢占主动权。但发展物联网需要很多条件。该篇报道就是在这样的背景下进行的,它对我国物联网产业已经取得的一些成就作了充分肯定,同时对我们面临的挑战、困难作了更为翔实的报道,为该产业在我国的未来发展提供了一个思考的角度。

在现实的研究分析中隐含着对于未来发展的前瞻视角,无论在中国还是外国的财经新闻报道中,都是屡见不鲜的。获得 2007 年第 91 届普利策新闻奖"国际报道奖"的《"血铅事件"敲响环保警钟》(《华尔街日报》2006 年 10 月 3 日)就是一个范例。该文由甘肃徽县一个血铅案例入手,分析报道了中国铅生产过程中的环境污染问题。该报道既有历史数据,又有现实分析;既有国际历史的背景,又有中国发展的现实举措。同时,该文还暗含着对中国环保工作未来变化的预测。

四、可读性

作为专业性新闻,财经新闻的受众面无论如何还是相对较窄的。但既然是新闻的一个门类,那么还要考虑到新闻的可读性,要符合新闻报道的规律,要把财经的专业问题转化为普通受众能够理解、能够感兴趣的新闻表达方式,以最大可能地发挥财经新闻的社会功能。

在这方面,中外财经新闻从业者都做了不懈的努力。《财富》始终关注自己稳定的读者群——中高级经理人,擅长对大企业、大新闻和大人物的深度报道。《财富》追求的是报道的权威性,同时突出商业新闻中激动人心的地方,它把新闻报道提升到文学和戏剧的高度。

《福布斯》推崇精英群体的影响力,介绍企业、企业家的成功之道,重视人性化的人物描写。他们的文章充满了统计数字,但却总是聚焦于人。现在在世界范围内声名远扬的《华尔街日报》在创立 30 年后,发行量最高才 5 万份,主要局限于金融圈内。为扩大读者队伍,《华尔街日报》进行过多次重大改革,定位经历了从"投资者的报纸"——"公司报纸"——"商人报纸"——"大众报纸"的变化过程。现在它的读者很广,连中学生、教师都包括在内。他们能够做到这一点,是他们不断探索报道手法、不断贴近读者的结果。

中国内地的财经新闻由于发展时间较短,目前实际上仍然处于力求能理解财经专家思想、理解国内外经济发展大势、把财经专业问题表达清楚的初级阶段,能达到既对财经专业问题了如指掌,又具有良好的人文素养,熟悉新闻传播规律,精通新闻报道手法的记者和新闻作品少之又少。以目前中国最具影响力的顶级财经新闻媒体如《财经》、《新世纪》、《21世纪经济报道》、《经济观察报》、《第一财经日报》、《中国经营报》等为例,这些媒体上发表的新闻报道,在专业上可能都有各自的价值,但从可读性上去要求,严格地说,相当多的报道都不过关。

我们这里所说的可读性,应当包括以下含义:

(一)对所报道的内容要有深度把握

对所报道的内容具有深刻准确的把握是可读性的基础。试想,如果我们对所报道的内容都一知半解,如何让我们的读者了然于心呢? 我们这里之所以用"对所报道的内容"这个表述,是要强调,对于一个财经记者来说,他不可能对财经新闻的所有问题都有深入研究。但他一旦决定了对某个选题进行采访写作,那么不管此前他对此问题是否精通,他都必须在短期内成为这个问题的深入研究者,至少能够与这个问题的专家和资深从业者对话。

一个财经新闻业外人士的财经新闻经历可以说明这个问题。著名作家韩少功上世纪 90 年代后期在海南主持文学杂志《天涯》的编务工作,为了使杂志能够吸引更多的受众,他们决定每期都用一定的重要篇幅发表特稿,描述国内外热点事件和问题。当时正值亚洲金融危机爆发,中国社会也十分关注,韩少功决定以此为题发特稿。当时这个特稿栏目的设想刚确定,如何写这种特稿大家都没底。而且金融危机又是一个专业性很强的问题,根本找不到合适的撰稿人。万般无奈之下,韩少功决定亲自操刀,撰写此稿。他给自己取了个笔名"范文彰",意思是这个栏目的"示范文章"。韩少功此前对经济、金融一窍不通,为了撰写这篇特稿,他收集了所有能找到的台湾、香港、内地的有关报道,潜心研读了数周,在彻底消化了资料后,撰写出了稿件,发表在《天涯》上。稿件发表后,引起了国内各界的高度关注,多家媒体予以转载,甚至引起了国家财政部的注意,财政部专门打电话给《天涯》编辑部,要求与"范文彰同志"交流有关亚洲金融危机问题的看法。

这个案例给予我国财经媒体和财经新闻从业者的启发是十分强烈的。它告诉我们:第一,财经新闻报道业务并非深不可测,一个人只要具有学习能力,拿出足够的时间进行研究分析,他是完全可以达到较高水准的。第二,要想使我们的财经新闻报道达到较高水平,足够的前期准备、采访、写作时间是不可少的。

实际上,西方财经媒体的报道工作正是这样操作的。《华尔街日报》的特稿是该报的品牌项目,之所以声誉远扬,就是因为每个特稿的选题、前期准备、采访、写作、修改等的时间,短则数周,长则数月。这样精雕细刻出来的新闻报道当然出类拔萃。

当然,我们不可能要求所有的财经新闻报道都像特稿写作这样精心准备,但无论是消息稿,还是深入的解释报道、调查报道,对所报道内容的较深入了解都是一个前提。

(二)具有较全面的文化素养,具有合理的知识结构,具有对各方面知识融会贯通的能力

新闻记者被称为杂家,还被称为社会活动家,这些称谓都告诉我们新闻行业对于全面的文化素养、合理知识结构的要求,更重要的是,记者还应当能够对各方面知识进行融会贯通。

财经新闻作为一种市场导向的专业性新闻,由于其报道的财经问题往往与政治、社会文化之间有着错综复杂的紧密联系,这就更加需要记者具备全面的文化素养和对各方面知识融会贯通的能力,撰写出能吸引读者、能引发读者思考的优秀新闻作品来。

实事求是地说,当下中国内地具备这种素质的财经记者凤毛麟角,但已经有这样的榜样

了。著名财经评论家叶檀、新华社著名财经记者徐寿松等,在他们的财经新闻评论和新闻报道中,可以看到这种优秀品质。财经记者出身的著名财经作家吴晓波,是当下财经写作中将以上品质体现得最好的。他的《激荡三十年》,尽管不是严格意义上的财经新闻报道,但他对改革开放以来中国内地重大财经事件(即曾经的财经新闻)的叙述和评论,往往超越凡庸,令人警醒,引领读者超越具体的人与事,思考其背后更为复杂、深刻的原因与逻辑。《激荡三十年》的这种品质,正是我们财经新闻报道的一个重要追求目标。

著名财经记者、《他乡之税》作者田毅在中央财经大学财经新闻专业的"资深财经记者谈财经新闻报道实务"的系列课程中,在为学生开列的参考书中,既有财经专业书籍、财经新闻书籍,而更多的是文学、历史著作。令我深感兴趣的是他的书目中那些令人眼前一亮的书名,小说如《平凡的世界》、《白鹿原》,历史纪实类如巴巴拉·W.塔奇曼《八月炮火》和《史迪威与美国在中国的经验》(两本书都获得了普利策奖)、劳伦斯·赖特《巨塔杀机:基地组织与"9·11"之路》,历史研究类如瞿同祖先生的《清代地方政府》、汪荣祖先生的《史学九章》,以及萧公权先生学术回忆录《问学谏往录》等,他把这些表面上看起来与财经新闻并无直接关系的著作介绍给同学们,指出这些著作的内在精神与财经新闻某些本质的隐秘联系。田毅是中央财经大学财政学毕业,毕业后先后在新华社、《21世纪经济报道》、《第一财经日报》、英国《金融时报》中文网工作,在每个岗位上都做出了令人赞叹的成绩,其代表作《他乡之税》以其扎实细致的采访与材料梳理,深刻独到的观察与分析,再现了"一个乡镇的三十年,一个国家的'隐秘'财政史",赢得了财税学界、政府管理学界、新闻学界的共同赞赏。田毅能获得成功,多学科知识的储备与融会贯通的能力是一个重要因素。

《第一财经日报》资深记者柏亮(笔名石仁坪)也深具此种优秀品质,他发表在2010年4月12日《第一财经日报》的财经新闻评论《市场化"加息"已成事实》就是一篇优秀之作。该文对中国2010年第一季度的经济发展大势把握得十分透彻,对存贷款利率的变化有精当的解读。其所创造出来的"市场化'加息'"一词,正是对中国经济、政治、社会文化彻底领悟后的解读,是百炼钢化为绕指柔的结果。文章因此才做到了深入浅出,游刃有余,读后令人齿有余香!

下面我们再看一篇:

近视·分配·内需

中国青少年近视高发病率近期受到关注。有专家在媒体撰文称,我国人口近视发生率为33%,是世界平均水平的1.5倍,全国近视眼人数已近4亿,近视眼人数世界第一,青少年近视发病率高达50%~60%。

中国青少年可能是全世界同龄人中学习压力最大的,给中小学生"减负"的口号一直在喊,关键在于竞争压力太大。竞争压力在学习阶段来自千军万马过独木桥;在就业阶段则来自不同地域、行业和职业的收入差距,即收入分配的驱动,而后者决定前者。

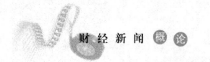

不妨从不同类别岗位的从业回报率来看看。

根据国家统计局的数据,规模以上工业企业中,2008 年国有及国有控股企业资产总计、利润总额和从业人数分别为 188811.37 亿元、9063.59 亿元、1794.10 万人,人均资产 1052401.59 元,人均利润 50518.87 元,利润率(利润总额/资产总计)为 4.8%;私营企业资产总计、利润总额和从业人数分别为 75879.59 亿元、8302.06 亿元和 2871.89 万人,人均资产 264214.82 元,人均利润 28908 元,利润率为 10.9%。

由此可见,私营企业与国有及国有控股企业从业人员工作压力和收入悬殊。利润率能体现工作压力,因为同一单位资产产出不同利润;而人均收入受人均利润影响,如果按人均利润的同一比例计算人均工资,国有及国有控股企业从业人员人均工资是私营企业从业人员的 1.75 倍,虽然前者生产效率不及后者一半(用利润率衡量)。

收入差距也能得到统计数据的证实。去年 10 月 27 日,国家统计局首次发布城镇私营单位工资官方统计数字。2008 年全国城镇私营单位从业人员年平均工资约 17071元,相当于现行劳动工资统计制度平均工资的 58.4%。

收入水平是就业风向标。近年来国家财政收入增长率一直远高于国内生产总值增长率,公务员岗位对毕业生的吸引力非一般行业和企业所能及。

今年国家公务员考试总报名合格人数达 146.8 万,总体竞争比例达 95:1;去年总报名合格人数为 104 万,总体竞争比例为 78:1;2003 年报名人数仅 8.7 万,7 年间增加近 16 倍。

另一压力来自收入差距。根据国家统计局的分析报告,反映收入分配差距的基尼系数和城乡居民收入差距自 2000 年以来持续扩大。由于收入差距扩大,贫富人群青少年接受教育的相对成本不可同日而语。

成本越高,从学习中获取收益的压力越大,学习强度就越高,在同等身体素质下,患近视的可能性就越高。

在分配制度、收入差距和教育体制的合力下,社会评价体系让更多家长督促子女"加强学习",中国青少年近视世界第一,不能不说与此有关。如果这样循环下去,将使收入差距更剧烈,更多社会成员消费能力受限,内需拉动力被削弱。如此,便不仅仅是青少年"近视"了。

(作者:石仁坪,《第一财经日报》,2010 年 1 月 4 日)

文章从青少年近视说起,联系到了国有及国有控股企业、私营企业的资产、利润状况,继而联系到社会各部门、各行业的收入情况,最终得出结论:"在分配制度、收入差距和教育体制的合力下,社会评价体系让更多家长督促子女'加强学习',中国青少年近视世界第一,不能不说与此有关。如果这样循环下去,将使收入差距更剧烈,更多社会成员消费能力受限,内需拉动力被削弱。如此,便不仅仅是青少年'近视'了。"文章收放有度,围绕主旨展开思绪,却能产生言有尽而意无穷的效果。此文不愧是财经评论中的精品。

(三)熟悉新闻传播规律,精通新闻报道手法

新闻的本质实际上就是将新近发生的事情通过合适的方式、渠道传输给受众。对于像财经新闻这样的专业性新闻,要特别注意怎样把专业性的、复杂的财经政策、事件、现象以受众愿意和容易接受的方式、渠道报道出来,实现其社会经济环境的守望、监测目的。

作为一种实用性和时效性很强的专业性新闻,从业者要充分考虑财经新闻受众的不同群体在学历、职业、收入、居住地等的差异,不同媒体形式(报纸、期刊、广播、电视、互联网、手机等)的传播特点,根据这些约束条件创造出适宜的报道模式和写作手法。

经过长期的探索与努力,财经新闻报道已经在探索新闻报道规律、新闻报道手法方面获得了长足的进步,形成了很多行之有效的报道模式和写作手法,《华尔街日报》创造的"华尔街日报体"就是其中一个。

《华尔街日报》诞生之初主要是为财经专业人士服务的,其核心内容是道琼斯指数。但作为一家日报,读者分布面越来越广,需求越来越多样,只有这个核心内容就远远不够了。1912年,针对《华尔街日报》发行量由11000份跌落到7500份,克莱伦斯·巴伦提出了财经新闻报道的七大要点:1.勇敢无畏;2.无我;3.句法简单;4.抓住正确的要点;5.清楚易懂;6.说一个故事;7.开头重于一切。这七个要点归结为一点,就是对受众需求的重视,充分考虑读者的立场,打造出适合美国财经新闻受众的报道模式。这一改革改变了《华尔街日报》的颓势,到20世纪20年代末,《华尔街日报》的日发行量已增至5万份。

1929年由于世界性经济危机蔓延,《华尔街日报》再度面临考验,其中1936年到1939年间,该报每年亏损500万美元以上。1941年开始担任《华尔街日报》的伯纳德·基尔格尔再度改革,一是对受众群体重新定位,拓展受众面,将该报打造为以财经为主打内容的综合性大报;二是继承巴伦"讲故事"的人文、人性化路线,并加以进一步创新,终于创造了风靡世界的"华尔街日报体";三是改革头版,增加报纸的报道深度。这些改革奠定了《华尔街日报》在世界财经报纸中的领军地位,发行量大增,该报报道后来多次荣获普利策新闻奖。

"华尔街日报体"的核心在于,尽可能地从受众的角度出发,为受众提供他们感兴趣的、有价值的财经专业报道。为了达到这个目的,他们不惜放弃一些新闻报道的固有规范,如传统消息稿导语"5W"的模式等,从而实现了报道方式的创新。

"华尔街日报体"给我国财经新闻报道的启示是:既然《华尔街日报》可以根据美国的社会、经济状况创新出一种适合美国乃至西方读者的报道模式,以中国社会文化的特殊性,以及中国经济社会变革的特殊路径,我们在吸收西方财经新闻报道经验时,可否根据我国的国情,也在这些方面做一些探索呢?

在我国内地的财经媒体中,央视财经频道近几年在探索财经新闻传播规律、创新财经新闻报道手法的工作中,成效是十分明显的。2008年下半年,财经频道制作的《直击华尔街》系列报道,通过对全球市场的关注,对全球资源的整合,对全球智慧的调用,很好地体现财经

频道全新的理念。该报道推出的时间,正是美国次贷危机不断深化并向全世界蔓延之际,而其报道形式,制作团队的敬业,制作的精良,赢得了国内外受众的高度赞誉。不仅中央台如此,地方台在财经新闻上也屡出新招。北京电视台财经频道的《点击年关键》就很有新意,其节目形式新颖,设计精致,所邀请的专家层次高且擅长电视表现,节目现场话语精彩、妙语连珠,话题设计敏锐,有很强的吸引力,场内外互动良好。这些成绩,都是在深刻研究中国国情,把握中国内地电视受众需求基础上,根据电视传播规律,创造出的电视财经新闻精品。

第三节 财经新闻的功能

一、传递各类财经信息,为政府经济政策的制定提供依据

经济作为社会政治文化的基础,它的发展变化对社会各领域、对人民生活产生了深刻广泛的影响。尤其进入市场经济时代,股票、债券、外汇、黄金等市场的发展繁荣,使得经济与国家宏观发展、普通民众的日常生活发生着更为紧密和直接的关联。在这个时期,市场这只看不见的手和政府调控这只看得见的手之间,必须要有默契的配合,才能保证经济社会的稳定健康运行。世界证券史上早期的三大金融危机:荷兰"郁金香泡沫"(1637 年)、法国"密西西比泡沫"(1719 年)、英国"南海泡沫"(1719 年),都是缺乏政府监控的结果。

此后西方市场经济的发展过程中,财经新闻的快速跟进,推动了政府对经济监控的力度,使市场经济同时朝向法制经济进发。

美国 1903 年至 1912 年间的揭黑运动,就是一批以财经记者为主体的新闻人通过其不懈的努力,促成了政府对经济运行进行有效监控。19 世纪下半叶,美国经济突飞猛进,美国由自由竞争阶段进入了垄断阶段。由于法律不健全,经济巨头们为所欲为,对内无视员工利益,对外以损害公众利益作为盈利手段,引发了公众舆论的强烈不满。1903 年至 1912 年,在一批有理想、有抱负的新闻人的坚持与努力下,发表了 2000 多篇揭露实业界丑闻的新闻报道,形成了美国历史上著名的"扒粪运动"。

著名记者埃达·塔贝尔花了 5 年时间,对美孚石油公司的经营活动进行了全面深入的调查,撰写了 15 期报道,揭露了美孚公司经营中的种种违规违法乃至犯罪活动,令人触目惊心,文章后来汇编成《美孚石油公司史》,促使美国政府根据 1880 年的反托拉斯法起诉美孚石油公司及其下属的 70 个相关企业,最高法院于 1911 年 5 月判决起诉有效,美孚石油帝国解体。

美国著名记者、作家厄普顿·辛克莱在深入调查的基础上,于 1906 年发表了纪实性小说《屠场》。小说揭露的芝加哥肉类加工厂恶劣的卫生条件下违法经营行为反映的是整个美国食品行业黑幕的普遍现象。西奥多·罗斯福总统读完小说后大为震惊,促成了《纯净食品及药物管理法》的通过。

我国内地的财经新闻报道在近十多年中,也在促成政府规范经济秩序、促进法制经济与市场经济并行的方面起着越来越重要的作用。

2000年10月,新华社河南分社记者谢登科在花了近两年时间,对上市公司郑百文做了大量的采访调查工作后,发表了《假典型巨额亏空的背后——郑百文跌落发现的警示》,该文全面揭露了郑百文作假包装上市、内部管理混乱、严重资不抵债的黑幕,触及了上市公司的监管和退出机制问题。该文发表后,引起了中央有关部门的高度重视,2000年11月初,由国家有关部门组成的调查组对郑百文巨额亏空问题展开彻查,开创了证券市场监管的先河。

在此前后,以《财经》杂志为代表的财经媒体对证券市场密集的调查性深度报道,促使了国家一系列监管法律法规的出台,中国市场经济日益朝向法制化轨道迈进。

二、报道国内外经济运行情况,引导社会经济活动

财经新闻特别是主流财经媒体的新闻传播承担着报道国内外经济运行情况,引导社会经济活动的重要职责。我们回顾西方国家财经新闻和财经媒体的发展史,就可以发现,这些国家的财经新闻和财经媒体是与他们的经济成长同行的。市场经济发展到一定程度,就需要相应的财经新闻和财经媒体为之提供信息传输、新闻报道职能。经济与财经新闻、财经媒体之间是互为促进、相互激荡的关系。因此,我们看到,越是经济发达的国家,其财经新闻和财经媒体就越是发达,影响力越大。

还是以《华尔街日报》为例,《华尔街日报》不仅在美国,而且在世界上都具有极高的公信力。原因就是从其诞生之日起,其所提供的道琼斯指数等财经资讯,以及后来的财经新闻报道,都建立在信息确凿、分析精细、观点权威的基础上,这些资讯和新闻,对世界各地的投资者、学者都提供了进行经济活动、经济学术研究的重要依据。而且它还能时刻跟随时代变化,贴近市场与受众的需求,对报纸的运营模式、报道方式进行自我更新。

2000年前后,中国内地出现了一批市场化导向的财经媒体,它们出现后很快取代了原来的体制内经济类媒体,成为财经媒体的主流。2009年底,中央政府直属的新华社创办了《财经国家周刊》,而其运营则完全使用市场化方式。之所以出现这样的结果,就是我国实行的市场经济体制要求市场化的财经新闻报道为之提供服务。

随着社会经济发展水平越来越高,经济问题会呈现出错综复杂的局面。经济与政治、经济与环境、经济与法律等会彼此纠结在一起,而中央、地方,政府、国有企业、民营企业、外来资本,高收入人群与低收入人群,这些种种关系的组合与利益博弈,也会增加问题的复杂程度。因此,仅就中国内地而言,对任何一个经济现象的解读,都可能会众说纷纭、言人人殊。这时,权威的财经新闻媒体通过其独到、独家的新闻报道和评论,就可以起到意见领袖的作用。下面一篇财经新闻评论就有这种品质。

在"过度阐释"中保持冷静

就像刚刚过去的元宵节一样,一年一度的"两会"将如期来临。"两会"越来越像过

节,因为居民的参与度、感知度和敏感度越来越高。

如果形势没有重大改变,"两会"期间往往不会出台重大政策,一般会延续中央经济工作会议的主要精神,但市场依然高度关注甚至放大"两会"效应。

"从历届的经验来看,政府工作报告中对资本市场发展的指示总是寥寥数语,不过'两会'所共同关注的焦点问题将成为市场的热点。"申银万国近期的报告中如是说。

从中央经济工作会议的基调和随后的政策指向来看,"调结构"依然会成为"两会"的中心话题。工行投行部研究中心近期报告预计,保增长后的调结构和民生保障将成为此次两会中能为市场带来热点的重点话题。

对于投资者,尤其是股市投资者而言,关注的往往不仅仅是定调,更关注相关政策中对行业、板块和个股的影响。比如,由于近年来中央加大了对"三农"的关注和投入,几乎在每次"两会"之前,都会有相当多的机构推荐农业股。

但要当心的是,"两会"的政策往往被"过度阐释"。"两会"期间,全世界的主要媒体、学者、评论人等等都会进行相关评论,参会的数千名代表和委员,除了是建言者,同样也是观察者和评论者。

也就是说,任何"蛛丝马迹"都会在"两会"期间被舆论放大,因为说的人太多,而且还会出现"阐释之阐释",某代表对政府工作报告某部分的阐释会成为其他人的阐释对象,并可能产生多级阐释。

更容易产生"过度阐释"甚至影响市场波动的可能是外汇市场和期货市场。人民币升值依然是热点,近期的中美贸易纠纷已经为此埋下了充分的伏笔。相关的官员和代表在"两会"期间将被媒体穷追不放,境外媒体更会乐此不疲,任何有关言论会迅速以多种文字和语种传播、阐释,并产生市场波动,波动本身将被再度作为阐释的对象。事实上,即使不是在"两会"期间,一些信源并不可靠的谬传也能引起国际金融市场的剧烈波动,这类案例屡见不鲜。

以今日中国之影响,"两会"期间将注定成为"过度阐释"的"黄金时期"。对于相关的种种言论,仔细倾听,并请保持冷静。

尤其是股市投资者,对于"'两会'机会",也要三思。工行投行部研究中心有这样的统计,"两会"期间股指上涨的概率要远大于下跌(12年内上涨8次、下跌4次,上涨概率66.7%、下跌概率33.3%),近3年来市场在"两会"时间段两涨一跌,从统计数字上看机会大于风险。"从概率上说,今年'两会'期间上涨可能性较大。"

很多人都有这样的经验,有时候,你总是碰上小概率事件。所以,与其琢磨这两个星期的涨涨跌跌,不妨仔细琢磨一下"两会"与中长期走势"在方向上"的关系。

工行投行部研究中心的报告统计,在2006年股权分置改革基本完成前,全年市场表现与"两会"期间的表现关联性不大,2006年后却呈现了高度一致性,"两会"期间市场走势、3月份市场走势、全年市场走势在方向上完全一致。

该报告如此解读 2006 年以来的"一致性"："两会"作为当年各项工作定调的时间，对整年全国的经济具有非常明显的指导作用，"两会"期间及 3 月的市场反应与全年市场走势呈现一致性具有一定的逻辑性。

（作者：石仁坪，《第一财经日报》，2010 年 3 月 1 日）

本文发表于 2010 年"两会"期间。作为一个新闻感觉敏锐的资深财经记者，《第一财经日报》记者柏亮（笔名石仁坪）观察到"两会"期间市场、媒体对"两会"议题的关注有"过度阐释"之弊，因而成文。财经媒体和财经记者就应当有这种淡泊宁静的心智，才能透过喧嚣的滚滚红尘，观测到经济运行的真实面相与隐秘轨迹。

近年来，新闻网站也显示出捕捉新闻的能力。2010 年 9 月，"网易科技"就第一个发现了阿里巴巴 5 年前融资协议中的条款可能引发股权争执，并率先用《阿里巴巴，十月围城》为题进行了报道。

三、守望经济环境，监测社会经济活动的正常运转

新闻从业者说到根本，他应当是一个观察者、思考者，而不应当是一个切身的参与者。这种观察者、思考者的身份可能导致某种失落，比如看着轰轰烈烈时代经济大潮波涛汹涌，可是自己却不是主角。但这种观察者、思考者的立场也可以使他保持一种情绪理智上的澄澈、清明，使他能够彻悟时代的玄机，民族命运轨迹的内在逻辑。我们认为，新闻从业者自始至终都应当是一个"守望者"、"监测员"。

我们先用一个美国的例子来说明这个观点。美国南北战争（1861—1965）后，证券市场获得了空前的发展。但这种空前繁荣是以上市公司缺乏诚信、资本市场信息严重不对称为前提的，违规违法乃至金融诈骗事件屡见不鲜。1870 年，华尔街《商务金融报》这样描述这个时代："在这个充满阴谋的时代，保密成为了成功的一个条件。……公司的财务报表……它显示了公司收入的来源和数量、每一块钱的用途、财产的收益、运营、供应、建设和维修所花的成本、公司的负债情况以及整体资金的处置情况，所有这些信息都必须精心编造，以供每个季度公布出来。"但这种尔虞我诈的情况对整个市场的长期健康发展无疑是一个巨大的伤害，并且最终将损害每一个市场参与者。当时的《商业与金融周刊》建议建立上市公司股票交易规则，上市公司应履行信息披露职责。1868 年，美国华尔街最大的两个机构——纽约证券交易所和公开交易所开始合作，制定监管规则，要求在交易所交易的所有股票都进行登记，同时，发行新股必须提前 30 天通知交易所。1869 年，这两个交易所合并，成为主导华尔街资本市场的交易所。美国资本市场肆无忌惮"野蛮生长"的时代开始淡出前台，规范运作的意识和行为将逐渐成为下一时期的主流。

前面讲到的美国 20 世纪初的新闻揭黑运动，将舆论监督的观念深入人心，建立了现代意义的调查新闻模式，通过新闻报道在一定程度上实现了守望经济环境，监测社会经济活动正常运转的目的。

在我国,以胡舒立为代表的前《财经》杂志采编团队也努力地实践着新闻的"守望"、"监测"职能。2000年,该刊发表了张志雄采写的《基金黑幕》,引致十家基金管理公司在《中国证券报》等媒体发表《严正声明》,称《基金黑幕》一文"对基金的交易行为的判断与事实严重不符"。胡舒立在2000年10月15日《财经》杂志针锋相对地发表了《批评权、知情权,还有"新基金"使命》一文,指出:"媒体的批评权与公众的知情权作为公开性的保证,其重要地位必然地优于市场上某一利益集团自赋或他赋的'历史使命'。如果一定要援引国际惯例或'公理',这才是无可置疑的公理。"胡舒立的这一表述,显示出中国经济社会与新闻报道观念同步成长的态势不可阻挡地涌现出来。

四、传播经济知识,培养市场经济意识

计划经济时代,经济类新闻的目的是为了宣传各地政府的业绩,宣传各行各业的经济成果。由于不存在市场配置资源的问题,经济类新闻与各行业、各企业乃至普通百姓的生产经营、日常生活并无密切联系。但当我国在上世纪90年代中期正式转变为社会主义市场经济体制后,传统的计划经济时代的经济类新闻的报道就无法适应时代需要了。某地曾在数年前出现过这样一件事情:该地是我国珍珠重要产地,当年该地珍珠丰收,当地媒体从宣传本地珍珠行业生产成果的角度出发,发了一条短讯。没想到当天就被珍珠行业的专业人士打电话到媒体,指责他们"瞎报道",他们这条短讯直接导致该地珍珠价格猛跌。这个事件看上去似乎是小事,仅仅只是一条短讯,可是这条短讯在相关行业却很可能是一个重要的经济信息,甚至是经济情报。这里的关键就在于,我们很多从事经济报道的人连最基本的经济知识、市场经济意识都不具备,出这种纰漏几乎是必然的。

因此,一篇合格的财经新闻,应当具备传播经济知识、培养市场经济意识的功能。2000年前后,随着我国市场化进程的加快,市场化导向的财经媒体日益成为主流。这些财经媒体上播发的财经新闻作品,在承担着上文所述重要功能的同时,都承担着传播经济知识、培养市场经济意识的作用。央视财经频道的《经济半小时》、北京电视台财经频道《财经五连发》栏目之所以声名鹊起,其中一个重要原因就是他们的媒体表现为他们赢得了巨大的人气,他们制作的节目较好地实现了传播经济知识、培养市场经济意识的目的。

本章小结

1.财经新闻概念在中国内地是伴随改革开放的不断深化而形成和凸显的。计划经济时代的经济新闻是党和政府宣传工作的一部分,其新闻报道往往直接听命于政府有关部门的指令,密切配合党和国家经济政策的实施。社会主义市场经济时代的财经新闻,则在遵守党和国家法律法规以及新闻宣传政策的前提下,报道国内外经济发展的最新动态和未来趋势。

2.财经新闻有广义和狭义之分。广义的财经新闻就是对国内外社会经济生活及与经济有关领域的新闻报道,包括宏观经济政策和形势报道、区域经济报道、行业报道、资本市场报道、公司报道、消费市场报道等。而狭义的财经新闻则是对金融与资本市场报道,关注"资本

市场对公司运作、资源配置方面以及投资领域的影响"。

3.财经新闻可分为宏观经济政策和形势报道、区域经济报道、行业报道、金融市场报道、公司报道等。

4.财经新闻的特征有专业性、实用性与时效性、前瞻性、可读性。

5.财经新闻的功能有:传递各类财经信息,为政府经济政策的制定提供依据;报道国内外经济运行情况,引导社会经济活动;守望经济环境,监测社会经济活动的正常运转;传播经济知识、培养市场经济意识。

思考题

1.如何理解财经新闻的专业性?举例说明。

2.谈谈财经资讯与财经新闻的异同。

3.如何理解财经新闻的可读性?谈谈你所读过的财经新闻报道的感受。

4.要想成为一个优秀的财经记者,需要哪些知识储备和能力?

5.举例说明财经新闻的功能。

第二章　财经新闻的发展历程

财经新闻从单纯的商业情报信息发展到今天全球领域的丰富与繁荣,经历了漫长的5个世纪。500年中,财经新闻在政治经济变革、人们生活的变迁中不断从边缘迈向主流,并逐步成为人们生活中不可或缺的一部分。财经新闻的发展在国外经历了怎样的发展历程?中国财经新闻的发展与财经新闻较发达的国家相比有哪些不同之处?全球范围内财经新闻发展的未来趋势是怎样的?这些是我们本章要探讨的问题。

国外财经新闻的发展历程

中国财经新闻的发展历程

第一节　国外财经新闻的发展历程

一、从商业情报信息到大众化财经新闻

(一)从商业情报信息到专业财经资讯

1.从《威尼斯新闻》到路透社

15世纪诞生于意大利威尼斯的《威尼斯新闻》,被认为是世界最早的财经新闻的雏形。那时候,在地中海贸易中心的意大利威尼斯,出现了一种新的职业,他们被称为"采访者"与"报道者"。他们将搜集到的物价、船期等商情消息用手抄写成文字,卖给订户。这种新闻被称为手抄新闻。《威尼斯新闻》的内容都是为卖而为的,以商情消息为主,非常讲究实用性。而这也成为商业情报信息纸迅速发展壮大的根本动因。

19世纪的欧洲,人们对国际贸易、商情信息需求量不断增多,一些有远见的人看到了其中的商机,开始以贩卖商情新闻、财经资讯为业,路透就是其中之一。

路透生于1816年,32岁时随大批德国流亡者来到巴黎。因通英语、法语和德语三种文字而被哈瓦斯通讯社的创办人哈瓦斯招至门下,编译新闻。1849年,路透在德国西部的古城亚琛创办了一家电报事务所,因为亚琛是连接巴黎与柏林的通信中继站,地位非常重要。

路透搜集各地的股票行情、证券交易之类的商业金融信息,然后提供给银行家、商人、投资者等。1851年,路透来到英国伦敦,在金融街皇家交易所1号,挂起了"路透办事处"的牌子,路透社正式宣告成立。

路透社创办初期的订户全是英国和欧洲的银行家、经纪人和商人,因为路透社成立之初主要向用户提供的是伦敦和巴黎两地股票交易所的开盘价和收盘价。路透社通过当时连接英国和法国的海底电缆收集来自欧洲大陆的各种最新金融信息,然后以"路透社快讯"的形式出售给金融机构和股票商。后来,路透社的业务领域也逐渐拓展到政治、军事、外交等领域,办公地点也从伦敦的金融中心搬到了舰队街,但商业金融等财经资讯仍是路透社的主要业务。

2.从道琼斯指数到早期的《华尔街日报》

1882年11月,仅仅读过小学的小农场主,依靠自学成为出色财经记者的查尔斯·道和毕业于布朗大学,像他的红胡子显示的那样脾气暴躁的爱德华·琼斯在华尔街15号一间狭小的办公室里成立了道琼斯公司,以为商业客户收集、摘抄商业信息为生。1884年道琼斯公司的创始人查理斯·道编制道琼斯指数。道琼斯指数是世界上历史最为悠久的股票指数,它的全称为股票价格平均指数。该指数最初包含12只股票,当前道指包含通用电气、麦当劳、埃克森美孚和IBM等30只成分股。该指数目的在于反映美国股票市场的总体走势,涵盖金融、科技、娱乐、零售等多个行业。

19世纪末的美国正值经济飞速发展的高峰,道·琼斯公司的客户量不断扩大。于是公司的两位所有者在1889年正式创办了《华尔街日报》,以适应蓬勃发展的商界对信息日益增大的需求。自1897年起,道·琼斯股票开始在道·琼斯公司出版的《华尔街日报》上公布。道琼斯工业平均指数目前由《华尔街日报》编辑部维护,其成分股的选择标准包括成分股公司持续发展,规模较大、声誉卓著,具有行业代表性,并且为大多数投资者所追捧。"道指"已经被视为美股的代名词,指数升跌反映华尔街股市甚至美国经济的表现。

1889年7月8日创立后很长一段时间内,《华尔街日报》主要报道证券市场和上市公司。最初的《华尔街日报》仅有4个版,它报道纽约证券交易所的交易行情和重要公司的消息。

在1920年代末期,也就是创立30年后,该报的发行量最高才5万份,主要局限于金融圈内。

(二)从专业财经资讯到大众化财经新闻

世界财经媒体的发展首先是以面向投资者起步的。以路透社、《华尔街日报》为代表的财经媒体都是从做专业财经资讯起家,其最初的受众也主要是投资者。我们以《华尔街日报》为例来见证国际财经媒体从专业财经资讯到大众化财经新闻的演变。

《华尔街日报》经历了从"投资者的报纸"——"公司报纸"——"商人报纸"——"大众报纸"的变化过程。它起家于金融报纸,后来逐步变为商业和金融并重,最后定位于商业报纸。1903年,《华尔街日报》称自己是"投资者的报纸"(The Newspaper for the Investor),后来又

加上公司和商人。为了扩大读者队伍,它从 1903 年自称的"投资者的报纸"发展到公司和商人的报纸。它现在的读者还包括中学生和教师。① 每一次演变,都是顺应市场变化的结果。

20 世纪 30 年代的经济大萧条使得美国证券市场一蹶不振,为投资者提供专业财经资讯的《华尔街日报》也因此发行量骤然下降,最糟糕的时候发行量竟不足 3 万份,公司财务状况不断恶化,其中 1936 年到 1939 年,公司每年亏损 500 万美元以上。② 《华尔街日报》面临着停刊的危险。

1941 年,伯纳德·基尔戈尔(Bernard Kilgore)任执行编辑,对该报进行了一系列大刀阔斧的改革。基尔戈尔是《华尔街日报》历史上最有远见的管理者,他对于《华尔街日报》的影响一直持续至今。在他的改革下,《华尔街日报》的发行量从 33000 份扩大到 1967 年他去世时的 110 万份。正是他的一系列改革措施的奠基作用使得《华尔街日报》走得更远,到 80 年代突破 200 万份,成为全美发行量最高的报纸。正如道琼斯公司主席沃伦·菲利普斯所言,"毫无疑问基尔戈尔是《华尔街日报》百年历史上最重要的人物。"

基尔戈尔最突出的贡献在于他的远见。他认为此前的"日报的读者群太小,太单纯,它是为银行家,而不是为储蓄者编的;它是为经纪人,而不是为股票持有人编的,它是为金融财经人士,而不是为广大中产阶级编的。它终有枯竭死亡的一天。"③他将《华尔街日报》定位为一份"为所有商业读者服务的全国性大报",将报道范围扩大到商业、经济、消费者事务以及影响商业活动的所有生活方面。他设定了美国财经新闻的标杆,对于"什么是新闻"有自己独到的理解,所开创的"华盛顿电讯"栏目仍沿用至今。正是基于基尔戈尔的这些改革,1948年,《华尔街日报》成为美国第一个和唯一一个全国性商业日报。随后,报纸的报道范围又进一步扩大到社会、科学、教育和外国事务,完成了从金融报纸到商业报纸的转变。

现在《华尔街日报》的读者非常广泛,连中学生、教师都被囊括在内。从 1991 年起,该报设立《华尔街日报》教室版(Classroom Edition),教室版一个月出版一期,专门刊登学生感兴趣的文章。目前,全美国有 5200 所中学的学生参加学习《华尔街日报》教室版,其发行量 16.4 万份。报社目的很清楚:从娃娃抓起,培养未来的读者。④

《华尔街日报》经过一系列的改革与创新,将一份专业财经资讯类报纸转换成为一份为普罗大众提供泛财经新闻的大众化报纸。《华尔街日报》演变的历史正说明了世界财经新闻从专业财经资讯逐步演变到大众化财经新闻的一个过程。

二、财经新闻报道方式与领域的进一步拓展

(一)商情信息:短平快

在国际财经新闻的发展历史上,商情信息在相当长一段时间内占据了财经新闻的主流,

---

① 韩杰:《〈华尔街日报〉成长的启示》,《青年记者》,2005 年第 6 期。
② 刘燕:《〈华尔街日报〉三次改革的启示》,《新闻界》,2005 年第 1 期。
③ 同上。
④ 韩杰:《〈华尔街日报〉成长的启示》,《青年记者》,2005 年第 6 期。

并成为财经媒体主要的盈利来源。以路透为例,据路透社1999年年报显示,在1989年前的五年时间里,路透社的金融信息产品的收入占了总数的64%,而媒介产品收入则占了总数的不到7%。① 再比如前文谈到的早期的《华尔街日报》也是以金融类信息为主。这是因为英国、美国的资本主义商业模式使得商情信息在很长时间以来成为报纸立足、盈利的基点,一条商情信息可以让一个人瞬间成为百万富翁,也可以让另一个人顷刻间倾家荡产。因此以提供商情信息而不是新闻为主要业务,主要是契合西方的社会制度及人们的需要。

基于商情信息的特点,以及当时信息传播的技术限制,如路透创业之初曾使用信鸽充当亚琛——布鲁塞尔邮路的"信使",因此早期的财经新闻是以短、平、快为特色的。而这种特色在今天的快讯中仍被沿用,为了保证时效,路透快讯稿子一般比较短,通常一篇稿子只报道一个动态。

(二)报道形式与领域的多样化

随着全球经济的飞速发展,单纯的财经信息已经难以满足新形势的需要了。

第一次世界大战后的20年代,是美国经济飞速发展的年代。大量的经济活动,需要有相应的经济刊物与之相适应,然而当时已有的一些报刊仍然停留在仅提供商情信息上,跟不上形势发展的要求。在这种情况下,亨利·鲁斯以惊人的洞察力,决定办一份专门为工商企业界服务的月刊,定名为《财富》。20世纪30年代,《财富》除了为企业家提供信息、工商业动向外,还提供商情分析、经济管理状况等,及时报道工商界所关注的问题,如介绍美国大型企业甚至外国的某一大型企业,或某一类产业,或某一地区工业的经营状况,包括它们的政策方针、生产组织、技术改革、面临的问题以及财政状况等。《财富》用讲故事的方法来写财经新闻报道,极具人情味。同时以揭露式的报道阐述一些大企业的商业道德问题,赢得了不少读者的欢迎和信赖。②

在市场需求多样化的要求下,财经新闻的报道形式也日趋多样化,除了市场情报、硬新闻以外,特写、趋势性报道、揭黑报道、解释性新闻等形式越来越多样化。各类排行榜在财经杂志中开展得如火如荼。

1954年,《财富》杂志以严谨的评估推出全球最大500家企业的名单,"全球500强排行榜"从此产生了巨大影响,以至于超越了国家、民族、文化而成为全球经济的一个标准。迄今为止,就影响力而言,没有任何一种媒体的"排行榜"能望其项背。这一排名已成世界知名企业用来判断自身实力、规模和国际竞争力的重要指标,也是世界经济状况极具权威性的晴雨表。

定位"全球资本主义时代的信息工具"的美国《商业周刊》创办于1930年,以新闻性见长,前瞻性新闻、突发性新闻是其特色,偏重对国际重大经济题材的报道。《商业周刊》推出

① [英]达雅·屠苏:《国际传播:延续与变革》,董关鹏主译,北京:新华出版社,2004年,第30—31页。

② 本节内容参考了 www.bizjournalismhistory.org 的资料。

了"全球最佳品牌龙虎榜"、"全球信息技术公司百强排行榜"、"年度顶尖经理25"等。

1917年,37岁的福布斯独立创办了美国第一本纯粹报道商业新闻的杂志——《福布斯》。《福布斯》以富豪榜等人物排行榜而著称。秉承"以人为本"的理念,倡导"企业家精神",不停留在新闻事实的报道上,着力于洞悉新闻背景、把握动态信息和行业趋势,深入探讨和研究企业运作的经济环境。

财经媒体除了追求时效性,更强调财经新闻的深度。深度哪里来?就要在新闻五个要素当中的why和how上下工夫,不仅告诉读者是什么,还要告诉读者为什么和怎么做,于是财经新闻中解释性报道、揭黑报道、趋势性报道的比重越来越大。2007年1月《华尔街日报》改版后更加侧重于"为什么报道"和引导读者"怎么做",从中可以看出读者需求的变化。普利策新闻奖的解释性报道和调查性报道两个专项奖是1985年设立的,此后《华尔街日报》等财经类媒体多次获得这两项大奖,从中可以看出财经媒体深度报道的质量不断提高。

财经媒体之间的竞争越来越体现在财经资讯分析方面而不是时效性方面,这从路透社发展过程中的瓶颈可见一斑:新兴的彭博社能够提供除了财经资讯以外的多项服务,从债券收益、美国证券与交易委员会文件,到有关公司首席执行官的自传以及分析式的深度分析报告等。路透社虽然凭借其老牌通讯社的品牌积累了丰富的信息资源和营销渠道,但是信息分析和处理能力稍显不足。在不足30年历史的财经传媒公司彭博社的冲击下,百年老店路透社显得焦头烂额,经营业绩不断下滑。

财经新闻报道领域也更加泛财经化,从金融圈拓展到人们生活的方方面面。

《华尔街日报》的成长过程中报道领域不断扩大。1980年以后,《华尔街日报》增加"货币与投资"(Money & investment)领域的报道,主要是国际资本市场的深度报道和分析。1988年,增加"市场地"(Marketplace),包括健康、技术、媒体和销售行业的公司新闻。2002年,增加"个人日报"(Personal Journal)。该部分提供消息、分析、个人金融透视、健康和家庭、旅行、电子和汽车。2005年,"货币与投资"增加了数字追踪、街道侦探和天气观察。天气预报版还为商业旅行者提供四色的天气图。每星期五刊登商业读者感兴趣的房地产和体育报道。1988年和2002年分别增加和扩大健康版。

三、多媒体时代全球财经新闻的繁荣

(一)财经新闻从边缘走向主流

当阿尔文·托夫勒1970年在《未来的冲击》中的预言一步步走近我们生活的现实,传统财经媒体不再惊恐抱怨互联网的到来,而是伸出双手展开热烈的拥抱,多媒体时代的财经新闻更加丰富多彩甚至有些眼花缭乱。

在过去的30年中,国际财经新闻在全球化的浪潮中经历着一次次历练,从边缘走向主流,并不断走向成熟。其中,美国财经新闻因其世界第一经济体的地位始终引领着国际财经新闻的潮流。

在美国,财经新闻在过去 30 年快速发展,已经成为了报刊、电视新闻报道的主流内容。在受众的需求及媒体内部的竞争下,整体专业水平不断提高。[①] 一般认为"401K 计划"是美国财经新闻迅猛发展的"助推器"。401K 计划始于 20 世纪 80 年代初,是一种由雇员、雇主共同缴费建立起来的完全基金式的养老保险制度。按该计划,企业为员工设立专门的 401K 账户,员工每月从其工资中拿出一定比例的资金存入养老金账户,而企业一般也按一定的比例(不能超过员工存入的数额)往这一账户存入相应资金。与此同时,企业向员工提供 3 到 4 种不同的证券组合投资计划。员工可任选一种进行投资。员工退休时,可以选择一次性领取、分期领取和转为存款等方式使用。

"401K 计划"使非政府机关工作人员可以自主选择养老金存款的投资方式,如购买股票或债券等。这个计划的实施使普通美国大众也开始关注投资、理财。美国消费者开始更加密切地关注经济变化、市场行情等,催生了财经新闻的发展壮大。20 世纪 80 年代,美国财经媒体纷纷扩展版面,广纳贤才,综合性报纸也开设财经专版。在牛市的烘托下,大量的中小投资者入市。在这样的大背景下,专业的财经媒体如《华尔街日报》、《财富》、《福布斯》等发行量一路攀升。20 世纪 70 年代兴起的电视财经栏目,美国公共电视台以主播名字命名的 *Wall Street Week with Louis Rukeyser* 在这个时期的收视率也一路飙升。80 年代后期,华尔街发生股灾,股市暴跌的消息登上财经媒体的头版。财经新闻逐步从边缘走到了核心的位置。财经媒体经历了一段黄金发展期。

20 世纪 90 年代,财经新闻进入到由量变到质变的发展时期。财经媒体的投资商回归理性,激烈的竞争态势下,财经媒体开始苦练内功,以高质量的财经新闻报道赢取投资者的青睐。艰深晦涩的专业文章与浮华却对投资者没有实质帮助的文章都被理性的主编摈弃。前《华尔街日报》总编辑罗耶斯特(Vermont Royster)曾经说过,财经记者的最佳训练是:"学习如何去学习。当他们接触新的事物时,无论是财经或是其他任何一个信息,他们要知道怎样去充实自己,写出优秀的报道。"[②]综合新闻报道的资深记者成为美国财经媒体的主力。美国电视财经频道 CNBC 在普通观众与专业人士之间找到了最好的平衡点,在 90 年代的电视财经频道中独领风骚。

(二)多媒体时代财经新闻的繁荣

新世纪的互联网狂潮席卷了大西洋两岸,传统财经媒体一开始如临大敌,在读者群不断流失的困难时期节衣缩食,最后不得不亮出减薪裁员的杀手锏。即使如此,许多报纸难逃关门的厄运。痛定思痛后,传统财经媒体向互联网伸出橄榄枝,携手走向媒体融合的道路。多媒体时代的财经新闻更加多样化,从媒体形态上形成了平面、广播、电视、互联网共融共通的局面,同时,在互联网技术的推动下,走向互动与个性化。

---

① 周乃菱:《国际财经新闻知识与报道》,北京:清华大学出版社,2009 年,第 1 页。

② 周乃菱:《国际财经新闻知识与报道》,北京:清华大学出版社,2009 年,第 5 页。

1.彭博社

说到多媒体时代的财经新闻,不得不提彭博社。彭博社是多媒体时代全球财经媒体的先锋。创建于1981年的彭博资讯(Bloomberg L. P.)是一家全球性的信息服务、新闻和传媒公司。彭博仅用了22年的时间,就将它的金融数据市场的销售收入超越了具有150年历史的、世界上最大的资讯公司——路透集团。在全球金融信息市场中,彭博社占据全球33%的市场份额,在世界各地的100多家办事处雇佣了8000名员工。

彭博颠覆全球财经资讯服务格局的杀手锏是一种外观像笔记本电脑,可折叠的、双屏幕的彭博终端机。在这个平台上,彭博可以为全球各地的公司、新闻机构、金融和法律专业人士提供实时行情、金融市场历史数据、价格、交易信息、新闻和通讯工具。用户可以运用彭博系统方便地设置研究与交易界面,发布广告和路演等实时业务信息,及时获取企业消息与领导人物背景、分析师评论,实时观看美国总统演讲、全球各大交易市场的实时行情、跨国上市公司的股东大会或香港银行公会大会等。

彭博的领先还体现在其综合运用多种媒体平台的能力,其媒体服务包括在全球拥有130家新闻分社和2000名新闻专业人员的彭博新闻社(BLOOMBERG NEWS(R))、每天24小时以7种语言在全球通过10个不同的频道播放财经新闻的彭博电视台(BLOOMBERGTELEVISION(R))以及在全球范围内在XM、Sirius及WorldSpace卫星电台和纽约WB-BR1130AM提供即时新闻的彭博电台(BLOOMBER GRADIO(SM)。另外,彭博还出版了针对专业投资人士的BLOOMBERG MARKETS(R)杂志和BLOOMBER GPRESS(R)书籍。彭博成为全球财经资讯服务商争相效仿的对象,但至今其在财经资讯服务的实力无人匹敌。

彭博社资深总编李·米勒(Lee Miller)先生说,彭博对财经新闻的追求是5个F,包括:Factual(真实)、First(第一)、Fastest(最快)、Final(准确)、Future(对未来有用)。彭博社的记者都经过严格的专业训练,能够在最短的时间内找到长达几十页的新闻通稿里对投资者未来(Future)的投资最有用的信息,用最清晰(clear)的语言写出来连老太太都能看得懂的财经新闻。[①]

依托先进的财经网络与终端,彭博社在多媒体时代正将财经新闻服务一步步引向互动与个性化。

2.《金融时报》

创刊于1884年的《金融时报》在多媒体大潮中激流勇进,在竭力扩大报纸发行量的同时,采取了印刷媒体和网络媒体齐头并进的策略。在媒体形式日益丰富的今天,报刊发行量的含义已经扩大了很多。多媒体互动时代的发行量是广义上的发行量,这个"发行量"包括

---

① 摘自米勒2009年在清华大学的演讲,见 http://www.media.tsinghua.edu.cn:1081/2009/0703/314.html

网页流量、RSS 订阅人数、电子邮件列表订户、手机报纸等。

早在 10 年前《金融时报》就意识到网络是媒体的未来，大力发展网站，不断更新网络新闻，采用"网络＋报纸"的捆绑销售模式，与报纸形成良性互动。《金融时报》网站的内容每天更新，遇到一些突发新闻、重大新闻，会首先在网站中进行报道，以此和电视抢时间。遇到来不及出版的报道，也会首先在网络上发布。网络版弥补了报纸时效性的不足，而报纸版增加了网络版的深度，两者相辅相成，互相促进。另外，网站还着力开拓网络视频，其中"专家论坛"栏目就通过视频直播，收视率不俗。如今，《金融时报》已经把它的网站成功转化为一个比较重要的收入来源，并集中精力构建这样一个整合资讯的传播平台，将内容打包销售。如今，www.ft.com 是全球访问人数最多的新闻网站之一。

《金融时报》在财经新闻互动与个性化方面也做了很多尝试，如利用网络信息搜集的优势，通过网站了解读者的阅读爱好，将信息反馈给报纸，改变报纸单向传播的先天性不足，促进报纸做到有的放矢。2001 年，《金融时报》率先进行了手机报尝试，现在手机报在欧洲地区已占据重要位置。目前，金融时报正与欧洲一家大型移动通信运营商建立合作机制，准备大力发展手机新闻业务，寻求为财经新闻更广阔的多媒体发展空间。

3.《经济学人》

创刊于 1843 年的《经济学人》，始终秉承"观点的杂志"而不是"新闻纸"的理念，在互联网时代的财经媒体中独树一帜。

《经济学人》的网站是全免费的，并不以时效作为其追求的第一要义。《经济学人》在互联网时代的互动与个性化追求体现在其对海量信息的独特加工上。《经济学人》的核心价值并不是最新的消息，而是它的内容制作团队深度加工后的信息产品包。《经济学人》就像一个秘书，专业地挑选出高质量的信息，并进行更深层次的整理和解读，让读者在最短的时间内能够获得最"精要"的财经新闻。在信息爆炸的时代，能够满足读者"高、精、尖"的个性化需求，充分体现出《经济学人》系统采集和整理信息的能力。正因为此，《经济学人》逆市上扬，直到 1970 年还未能突破 10 万发行量大关的《经济学人》，2008 年仅在美国的发行量就已上升到 80 万份，广告收入增长了 25％。

（三）财经新闻的个人化趋势

在全世界范围内，随着柏林墙的倒塌和苏联的解体，资本得以在全球范围内更自由地流动，越来越多的个人投身资本市场。据统计，美国股民占成年人人口的比重不断增加。从 1965 年的 10％到 1990 年翻了一番；到 1999 年有 7900 万美国人持有股票，占成年人人口的 48％；到了 2002 年，股民人数超过一个亿，股民占到了成年人口总数的 60％。[①]数据显示，

---

① Securities Industry Fact Book 2002，转引自周乃菱：《国际财经新闻知识与报道》，北京：清华大学出版社，2009 年，第 5 页。

2007 年,英国股民人数约占本国人口总数的 23%。[①] 2008 年,在美国,股市开户人数 8000 多万,开户人数占总人口的近 27%,[②] 股民数量的节节攀升使个人投资理财需求倍增,这给全球财经新闻带来了新的挑战与机遇。服务于家庭和个人的理财媒体,弥补了平面媒体时效性差、互动性差的先天不足,各种理财杂志应运而生,成为世界财经新闻的一个非常大的新动向。

在美国,*Smart Money*、*Money*、*Kiplingers* 和 *Worth* 是最知名的 4 本个人理财杂志,《Money》月刊隶属于时代华纳集团,《Smart Money》归属道琼斯旗下。这些杂志大体覆盖了投资、房地产、债务与消费信贷、退休、财务规划、职业、健康、婚姻、汽车、家居等等,尽管涉猎的范围广,但核心内容仍围绕着个人和家庭财务展开。个人理财内容的比例维持在 37%～65% 不等。《Money》的总编曾介绍该杂志的选题标准:不是因为一条财经新闻是否轰动,而是考虑是否与读者的财务至关重要。澳大利亚也有一本名为 *Personal Investor* 的专业理财杂志,主要针对股民及中等收入人群,投资理财类文章占到 85% 左右的篇幅,其余为消费类栏目。理财杂志紧跟投资者、消费者的需要量身定做,凭借其超强的个性化与互动性特点,在短短十几年间发行量直线上升,大有赶超老牌财经杂志《财富》、《福布斯》之势。

第二节　中国财经新闻的发展历程

一、从经济新闻到财经新闻

(一)从经济新闻到财经资讯

1. 泛政治化的经济新闻

中国的财经新闻是从经济新闻起步的。1978 年以前,中国报纸上鲜见经济新闻,少之又少的经济新闻中又充满了浓重的政治色彩。经济新闻主要是配合政治宣传,经济新闻中常常出现的是颇具时代特色的如"三反"、"五反"、"跃进"、"大干快上"等政治宣传口号。更有趣的是,当时"大跃进"时期,竟出现了"跃进"体。如《人民日报》1977 年 6 月 7 日的一条经济新闻的标题是《抢时间 争速度 加快建设步伐》,《解放日报》1978 年 1 月 12 日的一条经济新闻的标题是《千军万马大会战 大干快上争上游》。

直到 1978 年 12 月中共十一届三中全会召开,将党和国家的工作重点转移到了社会主义现代化建设上来。"一个中心(以经济建设为中心),两个基本点"成为国策,市场经济也得以逐渐发展起来,新闻报道中的经济话题也越来越多。现任联想集团董事局主席柳传志曾

① 郄公弟:《股民人数仅占 7.1%:德国人为何不热衷于炒股》,中金在线 www.cnfol.com,2007 年 5 月 21 日。

② 《到了牛市,美国股民为何反而操心少?》,新华每日电讯 5 版,2008 年 1 月 27 日。

回忆说,"记得 1978 年,我第一次在《人民日报》上看到一篇关于如何养牛的文章,让我激动不已。自打'文化大革命'以来,报纸一登就全是革命,全是斗争,全是社论。在当时养鸡、种菜全被看成是资本主义尾巴,是要被割掉的,而《人民日报》竟然登载养牛的文章,气候真是要变了!"。[①] 柳传志的记忆或许有些出入,财经作家吴晓波考证这篇报道应该是《群众创造了加快养猪事业的经验》。但经济新闻的增多是不争的事实。

十一届三中全会后不久,中宣部召开各省、直辖市、自治区党委宣传部长会议,会上确立了新时期新闻工作以经济宣传为主的指导方针,迎来了经济类报纸创办的高潮。1978 年 7 月,经济类报纸《财贸战线》以原《大公报》部分工作人员为主创刊,成为经济类报纸创刊高潮的前奏。1979 年,人民日报社创办《市场报》。1981 年新华社主办《经济参考》。1981 年《财贸战线》改名《中国财贸报》。1983 年 1 月 1 日,以《中国财贸报》为基础,《经济日报》横空出世,中国第一份以经济报道为主的全国性综合性报纸诞生了。在《经济日报》之后,《中国纺织报》、《金融时报》等机关报相继创刊。

改革开放初期,经济新闻主要是宣传国家宏观的经济方针、政策及路线,预测宏观经济形势,介绍行业、部门的生产管理经验或成就等,核心是转变观念,制造舆论,为改革开放鸣锣开道。经济新闻的报道领域从工业学大庆、农业学大寨等生产领域逐步拓展到流通、分配、消费等诸多领域,内容也逐渐丰富起来。文体逐渐多样化,篇幅由长变短,体裁上除了消息、通讯和社论外,还出现了短评、经济随笔、杂谈、记者来信、工作研究、调查报告、采访札记等多种形式。

2. 从经济新闻到财经资讯

1992 年,邓小平南方讲话,同年,党的十四大确立了建立社会主义市场经济体制的改革目标,中国开始从计划经济向市场经济转轨,催生了以市场为依托的财经资讯。

在这样的大背景下,1992 年,中国报纸形成了一股扩版热潮,不仅各经济类报纸增加版面,综合类报纸也纷纷开辟经济专版、专栏或经济类周刊等。如《解放日报》1993 年增加了"行情信息"版,《新民晚报》在 1993 年元旦春节前后开辟"浦江改革潮"、"改革开放新鲜事"专栏,同年,《中国青年报》创办"经济蓝讯"周刊等。

正如前文所述,被誉为中国财经新闻"黄埔"的《中华工商时报》以超前的办报理念在 1989 年面世,以其新潮的版式与密集的信息量给其他媒体带来很大的冲击,但在财经新闻市场极不成熟的 80 年代末 90 年代初,前行举步维艰。直至中国证券市场诞生,财经新闻在中国才有了长足的发展。

1990 年 12 月 19 日 11 时,上海外滩北侧黄浦路 15 号,一幢已有 150 年历史的欧式建筑浦江饭店一层的孔雀厅里,"当——!"一声锣响,宣告了上海证券交易所正式开市营业,也标志着新中国证券市场的正式诞生。股市投资者对财经资讯的需要,形成了以证券新闻为核

[①]　吴晓波:《激荡三十年》,北京:中信出版社,2007 年,第 3 页。

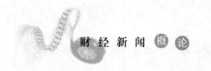

心的财经媒体，三大证券报应运而生。

1991 年 7 月 1 日，《上海证券交易所导刊》创刊，在上海证券交易所内部发行。1992 年 9 月，经国家新闻出版署同意，上海证券交易所与新华社上海分社合作创办《上海证券报》，1993 年 1 月起公开发行。《上海证券报》是中国第一张以提供权威证券专业资讯为主的全国性财经类日报，是中国证监会指定披露上市公司信息和中国保监会指定披露保险信息的报纸。

深圳证券交易所开盘后于 1993 年 11 月 28 日创办《证券时报》，《证券时报》以报道证券市场为主，兼顾经济金融信息，是面向国内外公开发行的财经类专业日报。

由于《上海证券报》和《证券时报》各为其主，更多地为各自的交易所摇旗呐喊，有失公允，监管部门最后下令两份报纸脱离各自的交易所。1995 年，《上海证券报》划给了提供刊号的新华社，《证券时报》则最终归属《人民日报》。

1993 年 1 月，新华社主办的一张全国性证券日报《中国证券报》创刊，对开四版，周二刊；同年成为中国证监会指定披露上市公司信息的报纸。《中国证券报》以证券、金融报道为中心，报道国内外经济大势、宏观经济政策；报道证券市场、上市公司等专业领域情况；关注货币、保险、基金、期货、房地产、外汇、黄金等相邻市场，并在更加广阔的财经领域有着较大的影响力。

三大证券报与中国证券市场共同成长，成为了中国证券新闻乃至财经新闻发展历史的重要见证者。当时三大报的报道重点以证券类财经资讯为主，主要局限在证券、金融领域，视域比较狭窄。

（二）从财经资讯到财经新闻

随着市场经济的改革如火如荼，一部分敢为天下先的人先富了起来，他们也成为消费的先头部队，但是媒体上关于消费类信息却十分匮乏。同时，随着越来越多的人手中有了多余的钱，投资信息需求也变得炙手可热，但以证券新闻为主的三大证券报对于市场上消费者与投资者的需要捕捉得并不灵敏，甚至有些迟钝。

三大证券报因其独特的创办背景而生，同时也因其体制内的背景而限制了其发展空间。"在上世纪 90 年代，三大报的头版除了一些非常重大的政治、财经新闻外（如党的代表大会、'两会'、中央经济工作会议等），基本上是以证券新闻一统天下"。[①] 同时，三大证券报为投资者提供的主要是财经资讯，而对于资讯的分析与解读不足，这与人们对财经新闻逐渐增多的需要是不匹配的。

在财经新闻市场供需不平衡的情况下，各经济类报纸掀起一股开辟财经新闻专版的热潮。如《经济日报》开辟财经新闻版，全面、深刻地报道财经界和产业界新闻事件，剖析大中型企业经营管理战略，预测市场走势；独家报道国际财经资讯，紧跟国际经贸市场发展趋势；

---

① 杨宇东：《新竞争环境下证券报的财经新闻报道刍议》，《新闻记者》，2005 年第 8 期。

跟踪企业经营典型案例,多角度挖掘,对经济界亮点、热点、焦点、难点问题展开深度探讨。发布即时股市行情、外汇牌价及相关的披露信息。

在各类报刊扩版的同时,还出现了大批财经类杂志。如 1992 年,人民日报社创办经济内参《中国经济快讯》。

二、财经新闻的飞速发展时期

2000 年前后,一批市场化财经媒体应运而生。财经新闻也从"小财经"扩展到了"大财经"。

(一)从"小财经"到"大财经"

民营的中国证券市场研究设计中心(联办)于 1992 年创办了《证券市场周刊》,月末版取名《财经》,主编胡舒立。和此前的体制内媒体不同,《财经》从投资到发行均实现了市场化运作。

三大证券报的证券新闻因其依附性办报立场而缺乏客观与独立。而市场化运作的《财经》秉承独立、独家、独到的新闻理念,让读者眼前一亮,如沐春风。的确,《财经》一开始就露出了自己的锋芒,有人曾经评论 1998 年 4 月创刊的《财经》,"刚生下来就成熟地长着胡子"。

刊载于《财经》杂志 2000 年 10 月的《基金黑幕》是中国证券市场第一份对机构交易行为有确切叙述的报告。该报告跟踪了 1999 年 8 月 9 日至 2000 年 4 月 28 日期间,国内 10 家基金管理公司旗下 22 家证券投资基金在上海证券市场上的大宗股票交易记录,客观详尽地分析了它们的操作行为——大量违规、违法操作的事实昭然其中。该报道一经刊出就引发了基金业内的强烈地震,十大基金公司联盟声讨,更引起广大投资者的愤怒。证监会随后出台了各种要求信息披露的文件,同时加强了基金公司的内控管理,基金市场开始进入良性发展阶段。《基金黑幕》是《财经》杂志一举成名的标志性报道,奠定了它在财经报道领域权威、主流地位。

《庄家吕梁》是《财经》揭露证券市场黑幕的又一力作。初生的中国证券市场缺乏规范,庄家横行,暗流涌动。庄家利用中小股民证券知识的欠缺及证券市场监管的不完备,肆意操纵股价、操纵市场,堂而皇之地进行着各种违法操作。2001 年 2 月,《财经》记者胡舒立、李巧宁、李箐将传奇人物吕梁坐庄操纵中科创业股票的内幕曝光于天下,震动了中国证券市场的监管层。

《银广夏陷阱》一文再次成为《财经》震动整个国内证券市场的重磅炸弹。2001 年的 8 月 2 日,《财经》记者凌华薇历经一年潜心采访的成果出炉了,财经网率先刊登出记者凌华薇和王烁采写的《银广夏陷阱》的一文摘要,认为绩优大蓝筹、超级大牛股、"世纪大黑马"广夏(银川)实业股份有限公司(银广夏),过去两年股价暴涨的背后,"是一场彻头彻尾的骗局",银广夏的黄金面具应声脱落,此文迅即引起了中国证监会的全面介入,并引发了一场旨在肃清信息披露弊端的证券风暴。

公正、独立和权威的系列证券市场揭黑报道使《财经》赢得了"扒粪者"的声誉。胡舒立

也因此被誉为"中国证券界最难对付的女人"。

从某种意义上可以说,《财经》推动了中国财经资讯向财经新闻的转变。逐渐壮大的《财经》将报道领域从证券拓展到了经济、金融、政治事件等,从以投资者为核心的小财经(包括证券新闻、金融新闻、公司新闻、产经新闻等)延伸到包括政经新闻在内的大财经领域。主编胡舒立也在这时提出了"大财经"的概念。而在证券新闻一统财经新闻天下的时期,胡舒立的理念并未被业内人士所接受。直至《财经》以《基金黑幕》、《庄家吕梁》、《银广夏陷阱》等一系列证券市场揭黑的报道震撼了证券新闻圈,"大财经"的概念才逐渐被人们承认。

(二)从"大财经"到"泛财经"

随着中国加入 WTO 及改革开放的逐步深入,财经新闻的报道领域进一步扩展到广义的,足以影响经济的一切领域的"泛财经"层面。

1.《中国经营报》

1985 年 1 月 5 日,中国科学技术协会在北京西城洪茂沟的一间木板房里,以 5000 元的家当创办了一份叫做《专业户经营报》的报纸。如今,这份报纸已经有 25 岁了。25 年中,《中国经营报》是在市场与制度的双重压力下生存发展下来的,必须自负盈亏,又不得不在制度的缝隙中生存,每次政策层面的调整,都会给《中国经营报》带来生死考验。25 年中,报纸二易其名(1986 年 8 月,胡耀邦为报纸题字,改名为《中国农村经营报》;1989 年 1 月,薄一波为报纸题字,改名为《中国经营报》)、五易其主,六次改版,八次搬家,常常深陷困境,每每绝处逢生。风风雨雨中,《中国经营报》终于锻造成为今天综合财经类报纸的旗舰、中国报业市场化发展的范本。中国经营报社社长、著名经济学家金碚将这段历程总结为:"在贫困年代诞生,在辉煌岁月成长,一路艰辛走来,呼吁改革开放,伸张发展权利。"

以企业报道见长的《中国经营报》是伴随着中国产业经济改革,与中国的企业一同成长壮大起来的。开创市场化运作先河的《中国经营报》早在《中国农村经营报》时,就强调文章要有"经营味",后来改为《中国经营报》,又是最早组织报道商战的媒体,如河南郑州的商战,真假大战(打击假冒商品);最早报道市场微观层面的企业营销活动,如广告推广、营销手段等等。① 在改革开放的各个时期,《中国经营报》一直恪守"为改革开放鼓与呼,为市场经济的实践者出谋划策"的办报宗旨,服务于中国的商务管理阶层。在刻录时代变迁的同时,也是时代精神的践行者,因此曾被赞誉为"一个时代,一张报纸"。

2.《21 世纪经济报道》

脱胎于《南方周末》经济版的《21 世纪经济报道》成立于 2001 年 1 月 1 日,由南方报业集团与民营企业复星集团旗下复星信息合资的"21 世纪出版服务公司"创办,隶属南方报业集团。《21 世纪经济报道》拥有庞大的记者网络,在工商界影响较大。

1999 年,《南方周末》发行量高达 130 万份,而与《中国经营报》等财经媒体相比,年广告

---

① 查国伟:《一张报纸与一个时代 中国经营报 20 年市场搏击之路》,《传媒》,2005 年第 2 期。

收入竟相差 1000 余万元。时任《南方周末》经济部主任的刘洲伟强烈地意识到：一个以财经为依托的购买力极强的消费群体正在形成。而当时国内只有《中国经营报》一家财经类媒体，财经报纸大有可为。于是，2000 年，刘洲伟与其他同仁一道开始筹办《21 世纪经济报道》。

从诞生之日起，《21 世纪经济报道》就严格遵从国际化商业报纸的游戏规则，实行采编和经营完全分离的管理模式。在内容上，《21 世纪经济报道》定位为资讯国际化运作的参与者，并与国际接轨。尊崇新闻创造价值的理念，秉承彻底新闻彻底领先的宗旨，初生牛犊《21 世纪经济报道》与加入 WTO 的中国一起成长，迅速成为中国财经报纸的领导者。《21 世纪经济报道》以全新的视角分析国际形势、透视中国经济、观察行业动态、引导良性发展，并在中国加入 WTO 的大环境下，立足于国际通行的经济法则，及时有效地反映世界经济格局的变化，跟踪报道中国企业界的动态与发展。

3.《经济观察报》

《经济观察报》由山东省新闻出版局和山东省委宣传部主办，三联集团投资，创刊于 2001 年 4 月 16 日。中国财经类的领军媒体中，《经济观察报》是属于"小"字辈的。但新生的《经济观察报》却还是以其新锐的力量和理性的建设者气质，平地而起，横空出世，从外观到理念完全超乎中国读者和传媒人的思维惯性之外，以异乎寻常的方式和速度在本土高端读者群中确立了声誉，在传媒市场掀起了一股势不可挡的"橙色风暴"。橙色新闻纸《经济观察报》有一连串响亮的称谓："一家民营企业全额投资的报纸、一家从头到脚都是新人的报纸、一家纯粹市场意义上的报纸、一家打破垄断媒体投资坚冰的报纸、一家充满了理想主义和英雄主义色彩的报纸……"因其内容罕见的高质、大胆、丰富而充满生机和设计精美，创刊不久便被列为中国三大财经类报纸之一。

有趣的是，《经济观察报》创业之初并不被人看好。《经济观察报》的创业团队有七个人组成，人称"七君子"。"七君子"出身各异，有来自《中国经营报》的，有曾就职《中华工商时报》的，加上中国的传统观念中认为文人相轻，认为文人在一起是很难默契的，合作起来会矛盾重重，"七君子到底能走多远"的质疑不断。但"七君子"竟以骄人的成果向国人展示了求同存异亦能创造神话的范本。

《经济观察报》以分析性报道为主，注重评论和宏观领域的解读。《经济观察报》在做分析性报道的过程中，主要从以下三个层面入手，第一是新闻事实，这个层面要求事实准确，并能全面描摹事实。第二要深入挖掘这个事实的背景。第三，要在背景的映衬下，从宏观背景出发分析经济事件的影响和意义。在第三个层面，主要凸显专家学者的作用，注重以专业眼光和行家手法鉴别、加工财经资讯，这也是它赢得读者的关键因素。

《经济观察报》以中国社会拥有财富、拥有权利、拥有思想、拥有未来的"四有新人"为读者对象，依靠专业的报道、规范的写作，有选择的信息，独到视角的专栏，着力打造全球商业分析、资讯领域第一的华文媒体集团，传达新兴的、行动能力强的价值观和生活态度。

三、互联网时代财经新闻走向多元

经济全球化时代,作为第三大经济体的中国为世界所瞩目。世界关注中国,更多的是关注中国的经济。中国经济的崛起,为中国财经媒体成为国际一流媒体创造了机遇和条件。

在这样的大背景下,中国传统财经媒体在互联网的冲击下转向网络寻找新的生存空间。大量的传统媒体开办网站,商业化的网络财经媒体也纷纷涌现,并出现了新型的多媒体财经新闻集团,喧嚣的互联网时代,财经新闻走向多元。

(一)互联网时代的财经新闻:多元化与个性化

从1997年《上海证券报》开办电子版(www. ssnews. com. cn,现改为 www. cnstock. com)以来,其他的财经媒体也相继触网。新浪、搜狐等门户网站开辟财经频道,财经新闻的市场竞争变得火热起来。新世纪以来,传统财经媒体经历了网络化的艰苦蜕变,新生的财经媒体也推出了独具个性的财经新闻服务,这些变化从以下财经媒体可窥见一斑:

1. 和讯财经

和讯信息科技有限公司成立于1996年,是联办控股有限责任公司旗下公司,是国内最早从事 Internet 网络服务和金融资讯服务的高新技术企业之一。和讯公司从中国早期金融证券资讯服务脱颖而出,建立了第一个财经资讯垂直网站和讯网。经过十几年的发展,和讯网逐步确立了自己在业内的优势地位和品牌影响,成为国内最有影响、最受欢迎的财经垂直门户网站之一,拥有“财经报道”、“和讯投资”、“和讯论坛”等诸多金牌栏目。

自2004年开始,和讯从一个提供金融理财服务的专业网站,向以个人门户为基础、社会化网络为组织、Web2.0技术为支撑的社区类门户网站过渡。和讯网创造性地提出了“财经世界、品质人生”的口号,倡导一种全新的财经服务理念,即“以财经服务为核心,建设中国新兴中产阶级网络家园”,根据多年的客户资源积累,将服务对象定义为中产阶级。在和讯网上打造出中国第一个兼具财经资讯、投资理财、休闲消费功能,突显个性化服务特性的互动平台。为此,和讯网推出 Web2.0个人门户服务,以个人门户为基本单元,集交流、理财、休闲、培训于一体,融专业化、个性化、交互性、娱乐性为一身,在不断丰富完善股票、基金、银行、外汇、期货、黄金、保险等财经资讯和理财服务的同时,围绕中高端客户日益增长的多层次需求,陆续推出房产、汽车、IT、商旅、商学院、读书、高尔夫等频道,为用户提供多元化的服务选择。

3G 时代,和讯创办手机和讯网,用户通过手机可以随时随地登录手机和讯网,自由自在看新闻、查股票、写博客,享受3G带来的乐趣。

2. 第一财经

2003年8月成立的第一财经传媒有限公司是上海文广新闻传媒集团旗下的全资子公司。第一财经的历史可以追溯到上海电视台财经频道。上海电视台对于创建财经频道的努力由来已久。早在1999年,上海有线电视台就创办了财经频道。2001年,为了在上海锻造出强势的电视财经媒体,上海电视台、东方电视台、上海有线电视台三台合并成立上海电视台财经频道。2003年7月,上海电视台和东方广播电台财经频率统一更改呼号为第一财经。这对中国的传媒业来讲特别是对于中国的广播电视业来讲是具有里程碑意义的事情,因为这是中国传媒历史上第一次电视台与广播电台的整合。2004年,第一财经将《上海经济报》收归名下,11月15日,由上海文广新闻传媒集团、广州日报报业集团、北京青年报社三方投资的《第一财经日报》创刊,2008年2月,《第一财经周刊》创刊。这些媒体共享"第一财经"品牌,成为国内第一家跨广播、电视、报纸运营的多媒体平台。

第一财经致力于为中国广大投资者和经济界人士,以及全球华人经济圈提供实时、严谨、高质的财经新闻,打造具有公信力和强大影响力的全媒体金融与商业信息服务集团。

第一财经诞生之前,就把"做一个多元化、多平台、多渠道的财经媒体集团"作为目标。在搭建传媒产业价值链的时候,第一财经把较有影响力的广播、电视和日报包括以后的杂志、研究院、财经通讯社等,统一集结在第一财经品牌之下。第一财经传媒有限公司董事、总经理高韵斐提出:"我们不是一个单独的报纸、频道、频率,复合效应将肯定达到1+1+1>3。"

目前第一财经控股旗下六大平台及一个"脑库":第一财经电视、第一财经日报、第一财经广播、第一财经周刊、第一财经网站和第一财经中国经济论坛,2007年,第一财经研究院成立,是孵化第一财经未来发展的"脑库"。第一财经还将建立通讯社和出版平台,打造成为真正的多媒体内容供应商。同时,第一财经还将提供资讯增值服务,生产财经资讯、宏观及行业研究报告、指数以及企业咨询业务等财经媒体衍生产品,并提供论坛、榜单、会展和培训等财经公共产品服务。第一财经研究院成立后,相继发布了中国私募基金排行榜(每月一次)、金融理财产品排行榜、企业社会责任排行榜,等等。这些数据分析,又成为第一财经最鲜活的财经新闻源。

第一财经跨媒体市场化运作主要是实现了三个共享,第一个是人力资源的共享,第二个是信息资源的共享,第三个也是最重要的是品牌资源的共享,品牌资源是更能够从成本上产生一个规模的经济效益,也是能够确保第一财经在市场上的主流地位和保持市场份额的一种重要手段。

第一财经的远见与超前引发了业界的争议,2004年第一财经联合《北京青年报》和《广州日报》创办《第一财经日报》的时候,就有人说这份报纸是活不长的。对于第一财经跨媒体运作的宏伟蓝图,一些业内人士更是颇有微词,他们认为第一财经这样一种战略构架在中国目前的经济状态下是没有市场空间的。作为中国第一家市场化运作的多媒体财经新闻提供商,第一财经任重而道远。

3.新华社金融信息平台

新华社金融信息平台建设是《国家"十一五"时期文化发展规划纲要》确立的一项国家工程。经济全球化对金融信息服务提出新的需求,推动了新华社在金融信息服务领域迈出新的步伐。2006年,金融信息平台建设项目全面启动。

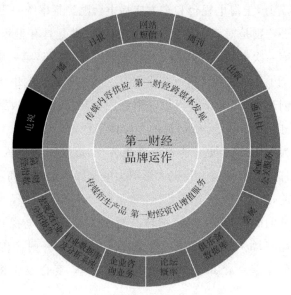

图 2-1

2007 年 9 月 20 日正式运行的新华 08 是新华社采用先进的信息与通信技术,自主研发的金融信息平台。新华 08 将实时资讯、行情报价、历史数据、研究工具、分析模型和在线交易融为一体,是一项堪与路透、彭博媲美的金融信息综合服务系统。新华 08 现已获批为国家扶持的文化产业重大项目。

目前,新华 08 由十二个子系统构成:一是资讯系统。每天 24 小时播发全球资本市场以及 50 多个行业资讯。二是行情系统。实时同步展示全球主要交易所的行情,以及国内外主要商品价格。三是数据系统。系统提供中国宏观数据、中国行业数据、主要国家和地区宏观数据三大类结构化数据。四是债券系统。系统提供人民币债券综合分析服务。五是模型系统。能提供的 17 种金融模型,分析精确到小数点后 8 位。六是咨询系统。每天提供新华社经济分析师采写的经济分析报告。七是交易系统。产权交易通道即将开通,债券、外汇交易方案已经专家论证。八是发布系统。不仅向用户提供资讯,还通过新华 08 发布用户的资讯。九是视频系统。视频系统节目可通过 PC 终端、手机、楼宇、大屏幕、列车等点播和收看。十是手机系统。可通过 Symbian、Windows mobile、Blackberry 三大手机平台提供服务。十一是英文系统。十二是个性化服务系统。用户提出角色需求,新华 08 提供个性化服务。

新华 08 视频终端通过新华 08PC 终端、数字电视、手机、流媒体等提供在线视频服务,主要栏目包括财经要闻、证券市场、每日价格播报、新华 08 金融讲堂等,是新华 08 终端全方位、多元化服务体系的重要组成部分。互联网时代新华社的财经新闻服务囊括多种媒体渠道,背靠中国最雄厚的通讯社,一步步走向多元化、互动性与个性化。

4. 中国网络电视经济台

中国网络电视台于 2009 年 12 月 28 日正式开播，域名为 www.cntv.cn。中国网络电视台（China Network Television，简称 CNTV）是中国国家网络电视播出机构，是以视听互动为核心、融网络特色与电视特色于一体的全球化、多语种、多终端的网络视频公共服务平台。

网罗全球最全面、最新鲜的经济视频资讯，以及全国最优秀的经济视频节目，中国网络电视经济台专注于为网民搭建一个经济视频资讯与互动相结合的功能性平台。中国网络电视经济台整合全国电视，包括中央电视台的财经视频，致力于为用户提供专业经济视频资讯的互动服务平台，包括最新最全的经济视频资讯，专业深入的经济新闻调查与评论，最有价值的投资理财参考等经济视频内容。其内容主要包括财智生活、消费调查频道、公司调查频道和经济视频数据库四部分。

与传统财经电视不同的是，中国网络电视经济台利用网络优势增加了原创频道，市民参与式新闻成为网络电视经济台的新宠。这一方面拓展了中央电视台的财经新闻的报道领域，另一方面整合了社会新闻资源，真正做到了互动与个性化。

经济视频数据库聚集中央电视台、地方台、媒体机构、原创视频，以来源、播出时间及内容逻辑为双主线，提供直播、点播、预告等功能，搭建业内最全的经济视频数据库。同时提供便捷的检索服务，让网民不超过 3 次点击即可找到自己想要看到的视频节目。

总之，中国网络电视经济台在多媒体时代为财经新闻用户提供的是一个多语种、多终端、互动分享的平台，用户享受的是个性化、全方位的财经新闻网络视听互动服务，在经济全球化的今天，"沟通一个世界，分享共同未来"成为现实。

5. 财新传媒

2009 年底，胡舒立带领原《财经》杂志的核心团队成员创办了财新传媒，继续秉持新闻专业主义的原则，向公众提供有深度、高质量、可靠的财经新闻。胡舒立的这次重新创业，不仅仅是重复《财经》当年的辉煌，而是在重点打造纸质媒体《新世纪》周刊的基础上，发展成为提供财经新闻及资讯服务的全媒体集团。

在这样一个定位下，财新传媒包括了财经周刊《新世纪》、高端政经评论月刊《中国改革》、经济学连续出版物《比较》、财新会议、财新视频与财新电视、网络社交平台思享家、原创财经新闻和专业资讯客户端财新＋（产品包括 iPhone 客户端、Android 客户端、Wap 站、Kindle 等电子书及财新《新世纪》iPad 版）、财经英文期刊《财新中国经济与金融》（Caixin-China Economics & Finance）、财新培训等，经过近两年的努力，在财经新闻界成为领先的媒体集团。

在财新传媒的媒体版图中，视频是一个重要的新兴板块。财新视频以财新网视听频道为平台，推出多档精品节目，如实时报道、财新时讯、快评 5 分钟、宏观名家谈、财经大广角、海外特派员、记者采访录、影音纪事等，并在多家视频网站建立了展示专区。财新视频还与

第一财经、阳光卫视等开展了深入合作,与第一财经传媒联合打造的日播电视节目《首席评论》亦同时在第一财经电视和宁夏卫视播出。

英文期刊《财新中国经济与金融》(Caixin-China Economics & Finance)在 2011 年的创办,不仅对于财新传媒,对于我国的财经新闻"走出去"都具有重大意义。我国经济的持续发展,使我国经济总量已经稳居世界前列,对世界的经济、政治格局都产生了巨大影响。在这种形势下,来自中国的财经领域的声音必须能够有效地发出去,在世界财经新闻的"思想市场"中产生影响。胡舒立及其团队在此前创办《财经》时早已积累了良好的国际声誉,2009年底创办财新传媒后又很快建立公信力,这使得她们的英文期刊具有了坚实的基础。财新传媒的目标是在两年内将《财新英文周刊》的读者数量增加 1.6 万到 2 万,目标读者是香港地区的金融专业人士和引导舆论的领军人物。

(二)财经新闻的理财化趋势

近年来,投资理财类新闻逐渐成为财经新闻的一个重头戏,也是最受读者关注的内容之一。这和中国经济飞速发展,富裕人士迅速增多紧密相关。据美林和凯捷集团在北京联合推出的 2008 年度《亚太区财富报告》数据显示,截至 2007 年底,中国内地富裕人士(《报告》所称富裕人士是指拥有 100 万美元以上资产的个人,不包括自住的房地产)已达 41.5 万,较 2006 年增加 20.3%,相比之下,印度富裕人士有 12.3 万人,英国有 49.5 万人,美国有 300 万人。中国这 40 多万富裕人士拥有的财富总值达 2.12 万亿美元,平均资产值为 510 万美元。仅次于日本,中国已稳坐亚太地区第二大富裕人士集中地。[①] 不断增加的富裕阶层对于投资理财的需求大幅增加。

另一方面,越来越多的中国人投资股市,据《北京晨报》报道,2007 年 5 月,中国股民开户数已过亿。[②] 从不断增加的股民数量、股民开户数来看,中国经济已经进入了一个大众投资时代,丰富、及时、权威、可靠的财经资讯和专业的分析、评论有着巨大的市场需求。由中国社会调查事务所在京、津、沪、穗四地所做的一项问卷调查显示,74% 的被调查者对个人理财服务感兴趣,41% 的被调查者明确需要个人理财服务。[③]《2009—2012 年中国个人理财业投资分析及深度研究咨询报告》指出,预计中国富裕人士的年均资产在未来几年将以 13% 左右的比例增长,2009 年中国(大陆)的管理资产已增长到 2.63 万亿美金,而整个大中国市场的管理资产在 2009 年已突破 5 万亿美金。未来 10 年里,我国个人理财市场将以年均 30% 的速度高速增长。至 2015 年我国中高端消费者人数约为 850 万;到 2012 年,我国中等收入及富裕人群的寿险消费将占整个市场的 35%,潜力巨大。[④] 专家预计,未来 10 年我国个人理财市场将以年均 30% 的速度高速增长,中国的个人理财市场将成为继美国、日本和德国之后

---

① 贺宛男:《财经报道概论》,上海:复旦大学出版社,2009 年,第 280 页。

② 高翔:《中国股民开户数过亿》,《北京晨报》,2007 年 5 月 31 日。

③ 贺宛男:《财经报道概论》,上海:复旦大学出版社,2009 年,第 280 页。

④ 数据摘自《2009—2012 年中国个人理财业投资分析及深度研究咨询报告》。

极具潜力的市场。大众投资时代的中国百姓需要专业可靠的投资参谋。

表 2-1　2003—2008 年城乡居民人民币储蓄存款余额

年　份	城乡居民人民币储蓄存款余额（亿元）	增长速度（％）
2003	103618	19.2
2004	119555	15.4
2005	141051	18.0
2006	161587	14.6
2007	172534	6.8
2008	217885	26.3

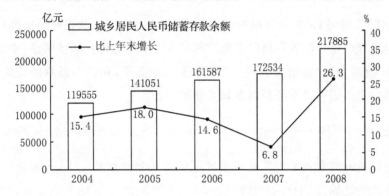

图 2-2　2004—2008 年城乡居民人民币储蓄存款余额及其增长速度

在这样的大背景下，理财杂志迅速走俏。《理财周刊》、《投资有道》、《私人理财》、《卓越理财》、《钱经》等理财杂志如雨后春笋般涌现。新浪、搜狐、网易、腾讯、TOM 纷纷开辟理财频道。

创刊于 2001 年 3 月 18 日的《理财周刊》，是国内第一本实用型个人投资理财专业杂志，逢周一在上海出版，全国发行。理财行业的拓荒者《理财周刊》2001 年提出"你不理财，财不理你"的"理财"概念时，应者寥寥。如今秉承实用性、专业性、故事性统一理念的《理财周刊》已经成为国内发行量最大、影响力最广的投资理财类专业杂志，拥有包括平面媒体、网络平台、教育培训、会展服务、手机无线服务在内的专业、立体的传媒资源。《理财周刊》同时还围绕"理财"这条产业链办展览，开学院，搞网站，出图书，致力于为读者提供丰富多样的服务。杂志在北京、广州、香港等地派有常驻记者。杂志内容主要包括股票、基金、保险、贷款、不动产投资、集藏、创业，以及各种经济趋势分析与理财规划方法等。

表 2-2　理财类杂志的基本状况

媒体名称	编辑部出版	主办单位	创刊日期	出版日期
理财周报	理财周报社	南方报业传媒集团	2007 年 7 月	周刊,每周一
理财周刊	上海理财周刊社	上海世纪出版股份有限公司	2001 年 3 月	周刊,每周一
私人理财	私人理财杂志社	家庭杂志社	2004 年 1 月	半月刊,每月 1、15 日
钱经		华商报社	2004 年 4 月	月刊,每月 1 日
新理财		财政经济出版社	2003 年 1 月	月刊,每月 1 日
大众投资指南	大众投资指南杂志社	天津市新闻出版局	1993 年 5 月	月刊,每月 25 日
科学投资	科学投资杂志社	中国检验检疫科学研究院	1996 年	月刊,每月 1 日
第一财经周刊	《第一财经周刊》编辑部	上海广播电视台 上海东方传媒集团有限公司	2008 年 2 月	周刊,每周五

　　2004 年,《私人理财》、《大众理财顾问》和《钱经》相继创刊,专业财经报纸《每日经济新闻》、《第一财经日报》也专门开辟理财专版。2005 年,中央电视台经济频道《中国证券》推出理财板块,第一财经频道《理财金算盘》栏目开播。2008 年,和讯与汤森路透集团合作开发投资理财产品。个人理财类财经新闻更加兴旺起来。

本章小结

　　1. 国外财经新闻的发展经历了从商业情报信息到专业财经资讯,再从专业财经资讯到大众化财经新闻的过程。

　　2. 国际财经新闻是从追求短平快的商情信息发展而来的。20 世纪 30 年代,美国经济经历了一段飞速发展的黄金时期。在市场需求多样化的要求下,财经新闻的报道形式也日趋多样化。

　　3. 在过去的 30 年中,国际财经新闻在全球化的浪潮中经历着一次次历练,从边缘走向主流,并不断走向成熟。其中,美国财经新闻因美国世界第一经济体的地位始终引领着国际财经新闻的潮流。

　　4. 新世纪互联网时代,财经新闻走向多媒体,从媒体形态上形成了平面、广播、电视、互联网共融共通的局面,同时,在互联网技术的推动下,走向互动与个性化。彭博社是多媒体时代全球财经媒体的先锋。创建于 1981 年的彭博资讯(Bloomberg L. P.)是一家全球性的信息服务、新闻和传媒公司。彭博仅用了 22 年的时间,就将它的金融数据市场的销售收入超越了具有 150 年历史、世界上最大的资讯公司——路透集团。

　　5. 在全世界范围内,随着柏林墙的倒塌和苏联的解体,资本得以在全球范围内更自由地流动,越来越多的个人投身资本市场。各种理财杂志应运而生,成为世界财经新闻的一个非常大的新动向。

　　6. 中国财经新闻的发展经历了从经济新闻到财经资讯,从财经资讯到财经新闻,从"小财经"扩展到了"大财经",从"大财经"到"泛财经"的过程。

7.经济全球化时代,作为第二大经济体的中国为世界所瞩目。中国经济的崛起,为中国财经媒体成为国际一流媒体创造了机遇和条件。大量的传统媒体开办网站,商业化的网络财经媒体也纷纷涌现,并出现了新型的多媒体财经新闻集团,喧嚣的互联网时代,中国的财经新闻走向多元。

8.中国经济飞速发展,富裕人士迅速增多。投资理财类新闻逐渐成为财经新闻的一个重头戏,也是最受读者关注的内容之一。

思考题

1.国外财经新闻经历了怎样的发展历程?试举例说明。

2.国际财经新闻是怎样从边缘走向主流的?

3.互联网时代的财经新闻有何特点?试举例说明。

4.为什么理财类财经新闻成为世界财经新闻的新动向?

5.中国财经新闻经历了怎样的发展历程?

6.互联网时代中国财经新闻的特点?

7.近年来在中国为什么投资理财类新闻成为财经新闻发展的新趋势?

第三章　财经新闻策划

从 20 世纪 90 年代以来,新闻媒体的竞争日趋激烈,随着媒体数量的迅速增长、互联网的兴起与迅猛发展,信息不断得到共享,新闻策划越来越受到媒体的重视。虽然从 20 世纪末开始,新闻策划的争论一直不断,但新闻策划的实践却如火如荼。财经新闻的策划有哪些原则要遵循,在财经新闻的策划中应采取什么方法和策略? 这些是本章要回答的问题。

　　财经新闻策划的内涵与分类

　　财经新闻策划的原则

　　财经新闻策划的方法与策略

第一节　财经新闻策划的内涵与分类

财经新闻策划是源于新闻策划这一种概念下的一个属概念。所以新闻策划的许多内涵及方法、原则也同样适用于财经新闻策划。但由于财经新闻策划集中在财经新闻领域,对财经新闻策划的要求也有与其他新闻策划不同之处。从财经新闻策划的内涵来说,既有广义的财经新闻策划,也有狭义的财经新闻策划。广义的财经新闻策划涵盖了财经媒体的形象品牌策划及具体财经新闻报道的策划,而狭义的财经新闻策划只是指具体的财经新闻报道策划,这里探讨的是广义层面的财经新闻策划

一、财经新闻报道策划的内涵

(一)新闻策划的内涵

在新闻策划一词出现之前,新闻策划的活动在媒体的实际运作中就已经存在。那时,媒体对新闻策划的活动称之为报道计划。主要是定期召开选题会,确定一个时期报道的重点,有计划地安排各个选题进行报道。但是那时候的新闻报道计划并没有着眼于媒体的定位、媒体的形象打造及突出报道的特色和深度的挖掘,还有着非常浓的计划经济时期的新闻报道的特点,显得过于呆板和被动,不能根据实际情况的变动而及时地调整。

　　新闻策划一词的提出并受到关注是从20世纪90年代开始,随着新闻传播行业改革的不断深化,传媒产业化程度的日益加深,同时通讯技术的发展,特别是互联网的出现,信息传播的渠道越来越多,媒体间的竞争也越来越激烈。只注重一事一报以及对时效性的追逐已经不能满足受众对新闻全面、深入了解的需要,也无法使自身在众多的媒体中引发关注,对特色、对个性的追求成了媒介努力打造自身形象、争夺生存空间的手段。如何根据媒体的定位做好策划,使新闻事件的报道更能吸引受众关注成为媒体逐渐聚焦的重点。

　　对新闻策划的研讨和争论从20世纪90年代以来从未停息。1994年5月,中国地市报研究会在河南省平顶山市召开了首届全国地市报"报纸策划"研讨会。来自全国地市报研究会及新华社、《人民日报》等首都新闻界50多位代表参加了这次研究会。这次研讨会主要就地市党报的总体策划、编辑策划、采访策划、重点报道策划、专版专栏策划、版式版面策划以及地市党报走向市场的策划问题进行了研讨。这是中国对新闻策划最早的学术研讨活动。1996年《新闻广播》第2期和第4期中的文章以及《新闻记者》同年第10期一些报道中的观点,四川《新闻界》杂志和上海《新闻记者》杂志于1996年和1997年几乎同时设立专栏讨论新闻策划,持续了一年多而且十分激烈。1996年至1998年,各新闻刊物谈论的最多的就是这个话题,1996年和2001年,中国人民大学新闻学院和华中科技大学新闻与信息传播学院还分别组织召开了有关新闻策划问题的学术研讨会,到1999年时,新闻策划已经成为一个初具规模的新闻学研究课题。

　　关于新闻策划的争论最初的焦点主要集中在新闻是否可以策划上。反对者认为新闻是不可以策划的,如果记者自己主动设计、规划一件事在前,事实在后,这样就违背了先有事实、后有记者参与的新闻规律。赞成者认为,新闻记者从哪些角度介入新闻事件中,如何配置新闻资源需要进行细致的策划,新闻策划是不可少的。争论归争论,新闻策划的实践始终在媒体中进行着,而且发挥着越来越重要的作用。反对者的声音主要来自学界,他们担心的是新闻策划会造成新闻造假,但从实践中来看,新闻从业者所致力的并不是制造新闻,而是如何在报道新闻中进行有效的事先策划。因此,许多学者认同的是新闻策划最好用新闻报道策划一词来代替,这样才会避免对新闻策划的歧义。

　　新闻策划一词真的会产生歧义吗?新闻是不可策划的吗?要解答这一疑问,需要从事实与新闻的关系入手,新闻学原理告诉我们:事实是第一性的,新闻是第二性的,事实是客观的,新闻是主观的。因此事实的存在是不以人的意志为转移的,是固有的,而新闻是人的主观意识和能动的表现。捏造事实,也就违背了物质第一性和客观性的原理,是不容许的。例如:2007年7月8日晚7时,北京电视台生活频道(BTV-7)《透明度》播出"纸做的包子",节目通过隐蔽拍摄的方法,揭露了不法商贩用废纸箱作肉馅包包子的全过程,节目一播出,立刻在社会上引起轰动,相关监管和执法部门前去查处。但真实的情况是记者訾北佳接到有包子馅中有使用纸纤维成分的举报电话,在经过察访后没有得到相关证据下雇佣他人伪造现场、伪造事情经过后在媒体播放,力图制造轰动效应。如今该事件尘埃落定,制造'纸馅包

子'事件的记者訾北佳被判处有期徒刑 1 年,北京电视台被全面整改。这起虚假新闻严重败坏了国家声誉,严重损害了广大人民群众的切身利益,严重违背了新闻职业精神与职业道德,严重损害了新闻媒体的形象和社会公信力。这是一起典型的捏造事实的事件,这条新闻是一条不折不扣的假新闻。但新闻策划与捏造事实是不同的,新闻是对事实的报道,而不是再现,记者只能无限地接近事实而不能绝对地呈现事实。新闻是记者对事实主观思考的结果,因此新闻是应该策划的,策划的目的是为了让新闻更接近事实,更能反映全面的、本质的真实。

事实的真实性是很复杂的,有局部真实与整体真实之分,有现象真实与本质真实之分,真实性的呈现分布也一样,往往呈现在记者面前的是局部的、现象的真实,而隐藏其后的才是整体的和本质的真实,而受众需要的是全面的真实,既包括局部真实,也包括整体真实,受众需要的是本质的真实。这些需要记者经心的策划与深入地调查,透过现象看本质,把全面的、本质的真实呈现给受众,要实现这一点,没有精心的策划,是做不到的。当然,新闻策划还包括对媒体定位的策划,对媒体形象包装的策划及对具体媒介单元(栏目、版面)的策划等从宏观到中观以及微观的各个领域,新闻策划的内容是很广的。目前学界和业界为了避免概念不清引起的麻烦和争论,大多主张将新闻策划改为"新闻报道策划"的提法,但通过以上分析,笔者认为无此必要。

如何给新闻策划下个定义呢?综合相关学者的定义,笔者将新闻策划的定义概括为:新闻策划是新闻报道的主体遵循事物发展和新闻报道的基本规律,结合本媒体的实际,围绕一定的目标,对现有的新闻线索和新闻资源进行有创意的设计,以求最佳传播效果。

从本质上说,新闻策划是一种创意性的活动,它的前提是遵循事物的发展规律和新闻报道的规律,为达到一定的目标,在结合媒体自身实际情况的基础上,对新闻线索的挖掘和利用,对现有新闻资源的有效配置,达到所期望的最佳传播效果。

(二)财经新闻策划的内涵

随着中国经济的快速发展,经济全球化的程度越来越高,财经新闻的发展也呈现出迅猛势头,其细分门类也日益多样,以满足政府决策者、产业投资者、企业经营者、研究者以及普通民众的需求。作为现代经济的血液,金融已经越来越多地与社会各界发生着密切关系,股票、基金、债券、期货、理财产品、存款利息、贷款利息等金融产品和金融资讯,越来越频繁地进入到社会各界的工作和生活中,许多消费者也逐渐一身数任,既是消费者,又是投资者,还有的可能是经营者,这使得他们对经济政策、各经济领域的变化、国际经济走势会更加关注,对财经新闻实用性的要求也越来越高。从媒体数量来看,20 世纪八九十年代,内地只有《经济日报》、《经济参考报》、《市场报》、《中华工商时报》等少数几家经济类报纸,竞争的氛围还没有形成,时至今日,我国内地已经形成了一个规模相当庞大的财经媒体群,分布在报纸、杂志、广播、电视、互联网、手机微博的各类媒体,形成了争奇斗妍的竞争态势,在传媒业中后来居上。财经新闻也从早期计划经济色彩的经济新闻称谓,经历了以证券、金融报道为主的狭义财经新闻时代,而后到了 21 世纪发展到宏观、中观、微观各个经济领域的广义财经新闻时代。

无论从媒体自身的立足和发展的角度还是满足受众需要的角度,财经新闻都需要进行细致周密、富有特色的策划。财经新闻策划是指新闻报道的主体遵循事物发展和新闻报道的基本规律,结合本媒体的实际,围绕一定的目标,从经济学的视角,对现有的财经新闻线索和新闻资源进行有创意的设计,以求最佳传播效果。中央电视台一年一度的"3·15 国际消费者权益日"专题晚会,至今已连续举办了 20 届,如今,"3·15"已经成为保护消费者权益的代名词。这一节目就是财经新闻策划的成功案例,它紧紧围绕与百姓生活密切相关的消费者权益的内容,充分发挥央视媒体的优势,利用多渠道的消费领域的新闻资源,打造出这样一台影响深远并且权威性强的专题晚会。

二、财经新闻策划的分类

与其他类别的新闻策划一样,财经新闻策划也有着很强的目的性。一是将媒体的定位、特色通过策划鲜明地表现出来,使财经媒体彰显出独特的气质;二是打造有影响力的节目或栏目单元,增强媒体的影响力;三是在具体财经新闻事件与活动中有效策划,使报道在众多相同相似题材的报道中脱颖而出。鉴于财经新闻策划所担负的任务和要实现的目标,从内容上将财经新闻策划分为三个大的类别:

(一)宏观策划

宏观策划主要指对财经媒体整体定位与编辑方针的策划。如:成立于 2001 年 1 月 1 日的《21 世纪经济报道》,从推出之日起就尊崇新闻创造价值的理念。该报的定位是为决策者、意见领袖精心打造的专业财经媒体,为中国政商精英决策提供最具价值的专业财经资讯。做"硬新闻"、"重大事件决不落场",推崇"公信力至上",以"摆事实、讲道理"的风格实践新闻的独立及客观性。并实行采编与经营分立的原则。这种整体上的内容和风格定位,使《21 世纪经济报道》区别于面向大众、普通消费者的媒体,在报道的选题和编写上紧紧遵循报纸的定位要求,确立稳定而独特的形象。

与这样一个定位相适应,《21 世纪经济报道》在我国的重大政策变局、重要财经事件中往往能够高屋建瓴,高举高打,体现出财经大报的风范。2002 年,中共十六大确立了新的中央领导集体,2003 年初组建了新一届政府,新的中央领导集体确立了"科学发展观"和"和谐社会"建设两大改革主题。根据这样一个情况,2003 年年底,《21 世纪经济报道》策划了一个名为"中国世纪"的年终特刊,参与本次报道的主编 1 人,编委 7 人,策划人员多达 21 人,报道篇幅长达 100 版,从五个大的方面集中讨论、展望新世纪中中国社会经济发展的现状与未来。由五个板块组成一个完整的"中国世纪",这五个板块分别是:《天问》、《天下为公》、《国家穿越》、《效率中国》和《建设的力量》,对应的分别是对学者、企业家的专题访谈,政经报道,区域经济报道,财税政策与金融资本报道,科技与人力资本报道。在各个板块中,又注意提炼出吸引读者的概念,如《天下为公》这个政经板块提炼出执政为民、新政府元年、铁腕吏治、

有限政府等概念,《效率中国》提炼出增长杠杆、财税新伦理、金融新洋务、资本摇篮、新土地运动等概念,令人耳目一新。五个方面各有侧重,又相互联系、相互支撑,形成了强劲的舆论影响力。像这样的大型报道,没有报纸的整体策划和报社人员的通力合作,是无法完成的。

《第一财经日报》的策划定位也是如此。2004年11月,中国第一份全国性的综合财经日报《第一财经日报》面世。《第一财经日报》采用跨媒体的办报模式,该报其他媒体形式如电视、广播、周刊、网站等一起共用第一财经品牌,形成立体式传播的态势。其主要受众为中国的商界领袖、创业家、管理精英、金融投资人士、政策制定者和相关知识界等,力求覆盖中国最具消费力的高端主流人群。

(二)中观策划

中观策划主要指对传播财经信息为主的节目或栏目单元在受众选择、报道深度、报道风格等方面的策划。中央电视台财经频道《环球财经连线》是以国际化视野为特色和追求的综合财经资讯节目,它以北京为出发点,放眼全球,选取有国际影响的中国新闻,有中国关注的国际新闻,给国内新闻一个国际视角,给国际新闻一个国内落点。全球市场、全球关注、全球资源、全球智慧,横跨十二时区,纵贯南北半球,力求给观众带来环球财经旅行的全新感受。

中央电视台财经频道另外一个栏目《中国财经报道》是一档财经深度调查和评论型节目。面对不确定的全球市场,栏目始终坚守在经济的最前沿,以力求"选题精准"为节目理念,坚持不懈地用独特的视角"聚焦争议话题、解密市场玄机、关注重大变革、剖析典型案例",在业界产生了广泛的影响。

广东南方报业传媒集团的《南方周末》,其宗旨是"读懂中国,影响中国",《南方周末》经济版的读者定位是:"'关心中国经济转轨、经济走势和经济现象的人',这样的人往往理性而视野开阔,并且或多或少都存在一些理想主义情怀,他们读报的动机是关心,而不是实用、不是利益切身相关。因此《南方周末》经济报道强调趋势性、宏观性,强调公关事件、公共福利、公众人物。"[①]我们认为,《南方周末》经济版这一定位是比较合适的,它将自己与党报的经济报道、专业财经媒体的报道比较好地区分开来,找到了自己的位置。

(三)微观策划

微观策划是财经新闻策划当中最重要的策划活动,它是对某一财经事件的报道、某一财经专题或是某一财经活动报道的策划,它包括确立主题、选取角度、采访写作及播出或刊出方式、时间等的策划。微观策划是否得力直接决定中观策划的结果能否体现,也影响着宏观策划的结果是否清晰展现。如:创刊于2001年4月16日的《经济观察报》的特色在于遵循理性、建设性这一主旨,充分表现新兴的、行动能力强的价值观和生活态度。我们来读一下2010年3月1日出版的《经济观察报》,这是一期两会的特刊,共56版,由于是在两会前夕出版的,因此选题大部分围绕着该年两会代表委员的提案和建议展开的,且每一篇都通过采访

---

① 沈颢主编:《财经新闻二十一讲》,北京:中国经济出版社,2012年,第102页。

融入了记者理性的思考,充分体现了报纸理性、建设性的特点。其中第 40 版上的报道是关于 2010 年两会代表提得比较多的低碳经济的选题。本版共刊登两篇关于低碳经济的报道,一篇是关于低碳城市试点保定的报道,另一篇是在此报道之外对低碳概念的一篇解读式的报道:《低碳城市的概念还不是很清晰》。在低碳生活成为今年逐渐升温的一个热门词之时,这篇报道适时地也是理性地对人们关于低碳的概念作了厘定,并采访了中国社科院城市发展与环境研究所所长潘家华,对我国发展低碳经济、建设低碳城市的可行性和必然性进行分析,同时也探讨了目前我国建设低碳城市存在的障碍及国际上可供借鉴的经验。无论从报道的角度还是采访的嘉宾以及记者的提问都体现出了《经济观察报》一贯倡导与践行的独立思考的精神和风格。

在具体的财经重要事件报道上,《21 世纪经济报道》也体现出财经大报的政策高度、视野与新闻敏感性。2004 年 5 月 27 日,深圳中小企业板正式启动,标志着我国多层次资本市场开始形成。《21 世纪经济报道》在 2004 年 5 月 17 日就获知了相关信息,但当晚中央电视台就播出了这条新闻,他们只好仓促上阵,在 5 月 19 日做了一篇报道,但感觉没做出《21 世纪经济报道》的品格。当天下午,报纸的发行人沈颢决定,在周六(5 月 22 日)推出一个专题报道,将这一题材的内涵充分发掘出来。香港特约记者罗绮萍采访香港联交所行政总裁周文耀,主题是深圳开设中小企业板对香港资本市场的影响。上海站记者赵洁获取第一批上市公司的名单,深圳方面的记者则深入发掘本地新闻资源。经过精心策划,多方采访,5 月 22 日,当来自上海、深圳、香港的五篇报道同时面世时,引起的反响是轰动性的。尤其是《八新股星夜赶考中小企业板》被多家媒体转载,而且该文透露的很多细节在十多天后被证实是十分准确的。罗绮萍所撰写的《两地市场无竞争,上市企业各取所需》在香港引起强烈关注,被香港媒体广为转载。在 5 月 27 日深圳中小企业板正式启动后,《21 世纪经济报道》乘胜追击,又策划了《中小企业板破茧》专题报道,报道由专访香港证监会主席沈联涛、专访原中国证监会副主席高西庆、专访第一家上市公司、专访保荐人等多篇独家报道组成,使中小企业板报道的政策内涵、市场影响等都得到了充分挖掘。

第二节　财经新闻策划的原则

与社会新闻和时政新闻相比,财经新闻策划更注重专业性,即体现出专业的财经知识修养,这与消费者与投资者对财经媒体的期望是相辅相成的。另外,财经新闻的策划必须有新意,这是由财经新闻本身的特点决定的,财经新闻大多不是事件性的新闻,容易让人有枯燥乏味之感,所以如何通过策划体现出创意,便是财经新闻策划的一个重要落脚点。财经新闻策划还应该在如何引导受众、做好分析、预测方面有所侧重。具体在策划中应遵循的原则有如下几个方面。

一、真实性原则

真实是新闻的生命,和其他类型的新闻策划一样,财经新闻策划是对新闻报道的策划,而不是对事实的策划,如果记者策划在先,后有事实,那就有新闻造假的嫌疑,所以从本质上来说,新闻策划是对新闻报道的策划,而不是对新闻事实的策划。但财经新闻策划要注重挖掘出一个财经事件的全部真实和本质真实。因为事实有局部真实与整体真实、现象真实与本质真实之分。新闻的真实性是指要表现出事实的整体真实和本质真实。与一般的社会新闻不同,财经新闻往往是非事件性新闻,真正能反映出真实风貌的事实往往隐藏在显在的事实内部,是隐性的事实。这种隐性的事实才是财经新闻要挖掘的本质,所以财经新闻策划除了保证那些显性事实的真实性外,还要通过有创意的策划将这种潜在的本质表现出来。

《中国经营报》2007年的一篇深度报道《外资坐庄中国股市揭秘》的报道就通过周密而又具有前瞻性的策划,透过表面事实挖掘出了本质的真实。2006年至2007年的中国股市备受关注,上证指数从2005年6月的998点上涨至2006年3月的1300点附近盘整,接着又一路到2006年底前的2900点左右,而且"牛劲"十足。国内主流的论调集中在即将到来的奥运利好,以及中央多年执行积极的财政政策和稳健的货币政策所带来的流动性过剩。这似乎是一个不争的显性的事实,但是当时中国货币市场上也出现了这样一种迹象:在人民币升值的预期下,全球外国直接投资来势汹汹,FDI长期居高不下。一份某券商监控股市资金的报告显示,在2006年年中除去各个层面上可能流入股市的资金,至少有净流入股市的3000亿元人民币完全无法获悉来源。《中国经营报》的记者们在了解了这些信息之后,认为在表面利好的信息之外,一定有某种使中国股市大涨的力量在起作用。他们就是要通过各种可行的办法将真正使股市上涨的因素找出来,即将隐藏在表面现象背后的事实挖掘出来。他们分别通过寻找可靠的"线人"、获取第一手材料,再通过第三方论证、编辑记者有效的分工、向专家索取可靠的数据等一系列的途径和方法,最后将外资通过何种途径、如何流入中国股市以及规模等内在的事实报道出来。由此可见,没有周密可行的策划是无法获知本质真实的。

二、专业性原则

财经新闻的受众大多是消费者和投资者,这些受众在了解新闻的同时,更需要获取一些消费方面的指导和投资方面的有用资讯,以便为他们的消费和投资决策提供依据。只对事实进行简单的陈述和再现,已经无法满足受众对信息全面了解的需求,尤其是财经新闻发展到了今天,在报道内容上越来越细化,已从泛泛的财经新闻细分为政经新闻、产经新闻等具体的行业领域。做专业的财经新闻已经成为业界的共识,所以对财经新闻策划就要力求做到较高的专业性,既要做好财经新闻的解释工作,也要做好财经新闻的分析及预测。

中国的股指期货从2002年酝酿的那天起,历经8年的时间,于2010年2月22日正式办理用户的开户申请,由于股指期货开户的门槛较高,所以此前专家就曾预言股指期货开户的热情不会很高。为了在专业性方面给广大投资者以有效的指导,使投资者对股指期货的认识更加透彻和深入,中央电视台财经频道《经济半小时》推出了一期专题节目《股指期货第一天》,从策划的着眼点看,主要在权威性与专业性两方面,通过各方面专家的访谈,对股指期货交易流程、规则及相关风险及风险控制策略等进行了全方位的报道,从专业性的角度,解除了许多投资者对股指期货的疑虑。和讯网 2010 年 4 月 13 日的新闻中,有一篇揭露国内某家证券公司的高管人员涉嫌老鼠仓的报道。这篇报道在披露了这一事实之后,又从专业的角度详细解释了什么是老鼠仓、老鼠仓的技术手法、如何监管屡禁不止的老鼠仓以及境内外比较重大的老鼠仓案例。通过这些内容的整合,使读者全面了解老鼠仓的相关知识。

专业性还体现在对新闻事实的深度挖掘上。《南方周末》2009 年 3 月 12 日的"两会"特别报道《预算里的财与政》就是这样一个在每年例行的报道中从专业角度深入思考,发现了报道创新点的成功案例。《南方周末》经济版发现,人代会审议的五个报告中,其他四个都是事后评价,只有财政部门预算报告是事前审议。而 2009 年正是我国政府为了应对国际金融危机,决定投放 4 万亿元刺激经济增长的关键年份。而 4 万亿元如何分配、地方政府在获得了国家投资后如何在资金上配套,在人代会上将会有明晰体现。于是,《南方周末》经济版就把财政部门预算报告作为"两会"报道的一个重点加以操作,形成了《预算里的财与政》专题报道,该报道占据了 21～23 版的三个版面,由编者按《预算性财政政策》,两篇现场报道《一场预算报告审议小组会议实录》、《"找钱"的大会!"分钱"的大会》,一篇解密式报道《历时九月,连闯六关:国账如何出台》,一篇评论《预算公开一小步、国家前进一大步——2009 预算报告点评》,共五篇文章组成。这五篇文章,有介绍专题报道意图,有现场新闻,有综述,有评论,将该年度"两会"新闻的财经专业性充分发掘出来。

三、创新性原则

创新在英文中是 Innovation,这个词起源于拉丁语。其原意有三层含义,第一,更新。第二,创造新的东西。第三,改变。从新闻策划的角度来讲,创新就是指突破原有的思路和模式,设计、创造和重构一种新的形式或者得出一种新方法的意思。[1]财经新闻创新的过程就是突破财经新闻在选题、报道角度及报道形式等方面的常用模式,实现一种全新的模式,做到人无我有,人有我新。这种创新性原则既体现在对媒体整体形象的宣传与品牌的包装中,也体现在对具体财经新闻报道的采访写作中。在媒体竞争异常激烈的今天,各媒体纷纷运用富有创新性的策划宣传自身。如 2010 年的 2 月 11 日是《南方周末》创刊二十六周年的纪念日,除了举行一些活动之外,《南方周末》也不放过在本媒体上宣传自己、强化自己形象。结合《南方周末》的办报主旨:在这里,读懂中国。在报纸的版面里插入了一幅图片,这幅图片主题是:南方周末,根在中国。图片中将《南方周末》绘成一棵挺拔的松柏,它的根绘成中国的地图版图。既形象地象征了《南方周末》致力于报道中国深层次的事件,同时也让读者

---

① 肖鲁仁:《经济新闻采写导论》,长沙:湖南师范大学出版社,2008 年。

眼前一亮,很有创新性。

在报道中的这种创新性更要坚持。2007年6月11日,《中国经营报》朱紫云的一篇报道《真正的风险暗流:明星基金如此做短线》就是在报道选题的策划上有所创新的一篇作品。2006年年底以来中国股市从熊市转向牛市,众多新基金密集发行,基金销售异常火爆,2007年被戏称为"全民炒股"时代,基金公司也成为狂热的炒股大军中的一员。当年媒体关于基金的报道大多停留在基金发行、基金投资思路、趋势判断等方面。可是基金到底如何交易,在中国资本市场上基金到底如何摆脱投机炒作嫌疑,秉持价值投资的理念规范运作,这些方面很少有媒体涉足。记者正是抓住了这一无人问津的切入点,通过艰难的采访,揭示了基金短线操作的风险性。该报道刊发后,转载率很高,在投资者当中引起了对基金到底是价值投资还是短线投资、基金应该如何价值投资的广泛讨论。报道引起了证监会的重视,该基金公司后来被证监会点名整改。

从媒体定位策划的角度看,中国的财经媒体也各有创新之术。

《中国经营报》早在1996年时,就确定其目标读者为"生活在经济发达地区城市里,受过高等教育,在经济组织中担任中层以上管理职务的30岁至50岁的男性公民。他在公司中对一个部门的运作全权负责,有一定人员、资金的决策和管理权;他关注竞争对手、行业的发展变化,关心工商资讯和国家经济政策"。该报以中、微观的新闻视角为切入点,注重满足中小企业的经营者生产、经营、投资方面的需求。由于定位明晰,其发展也比较稳健。

《经济观察报》在2001年创办时根据自身资源情况,与《中国经营报》强调新闻的实用性、《21世纪经济报道》的"新闻创造价值"的理念不同,他们确定了"理性、建设性"的理念。在人力资源的开发上,他们强调明星式运作,通过设立"首席记者"、"首席编辑"等方式突出许知远、覃里雯、迟宇宙、仲伟志等主笔和记者的明星效应。在新闻报道的特色上突出其评论性,在一定意义上实现了扬长避短,在报纸创办的早期获得了声誉。当然,不可否认的是,早期《经济观察报》的评论性文章,有明显的"激扬文字、挥斥方遒"的"书生意气"。这种倾向一旦超过限度,就会给人以阳春白雪、孤芳自赏之感。

最近几年的《经济观察报》的评论文章继承了早期的理想主义、人文情怀的优势,评论的选题往往事关国家乃至世界大势,价值取向上认同普世价值和现代社会理念。这就是为什么2006年年底,《南方周末》在其年末特刊之年度致敬中,将年度专栏颁给了《经济观察报》的"观察家"版的根本原因了。《南方周末》在致敬理由中写道:"一个社会是否有思想,只要看看这个社会里严肃媒体是否有思想就知道了。作为一家严肃媒体,《经济观察报》的思想主要体现在该报的'观察家'版块,在一定意义上,'观察家'的思想深度,代表了中国严肃媒体的思想深度。"

我们来读一下2012年6月8日《经济观察报》"观察家"版中一篇评论的结尾一段,就可以感受到这种气息:

史蒂夫·乔布斯去世之后，众人纷纷表示痛惜与哀悼，同时也有不少中国企业家摩拳擦掌，纷纷往自己身上贴标签，表示要学习乔布斯好榜样。但跟乔布斯有过接触的投资人田溯宁说，他觉得乔布斯还不是很容易学，因为苹果产品背后是一套完整的软件架构，而这个软件架构背后又是一种观念，"即你认为知识应该怎么获得更有效，资源应该怎样配置更好……软件的核心是一种知识的重新组织过程，涉及一种世界观"，"实际上就是一个人对世界的认识，认为世界应该是怎样的，乔布斯认为世界不应该是混乱的，知识需要管理、编辑和重新组织，所以他建立起一个围墙中的花园"。

谷歌同样如此。拉里·佩奇和谢尔盖·布林创立谷歌，就是要通过搜索让知识获取成本无限降低，在知识上达到民主，因为以往通过对信息和知识的垄断是可以建立起不平等的。

Facebook要上市时，马克·扎克伯格说了句话，大意是，赚钱根本不是这家公司的目标，这家公司的目标是要践行一种社会使命，即让世界更加开放，更加紧密相连。

在目标仅是赚很多钱的人或者根本瞧不上商人的人来看，这些都可以被视作说说就算的漂亮话。但对整个国家和社会而言，这却是一种现实，那就是在一架永不停息制造各种创新、创造出大量财富的机器背后，除了我们所说的那些资本退出机制、初始创业难易程度等之外，竟然还有一个世界观和价值观的框架在支撑着。

有一些思想家如托尼·朱特认为，资本主义就是一种生活方式，甚至可以嫁接到独裁政权上。但是，独裁政权上嫁接的资本主义可以制造出有钱人，但一定不能生出创新公司和伟大公司，更别提一架创新机器。最简单的例子是，乔布斯可以当面斥责总统奥巴马，认为其政策不当；托尼·朱特认为皮诺切特时期的智利也成功发展了商业，那请问哪个智利大商人敢对独裁者皮诺切特说半个不字？一个唯唯诺诺、灵魂不自由的人能成为一个伟大的企业家吗？

到最后你会发现，商业和万物一样，都不是孤立存在的。它是一个生态系统的产物。也是这套系统最终造就了创新机器和死魂灵的区别。

（李翔：《创新机器与死魂灵》，《经济观察报》，2012 年 6 月 8 日）

四、实效性原则

实效性原则是由财经新闻报道的目的所决定的。财经新闻报道的目的不仅仅是向受众报道财经领域的新事物、新动态、新风尚、新变化等时效性强的重大信息，更重要的是要向受众传达经济领域当中的新政策，并进行详细解读，使各项政策能及时深入地被广大受众接受和理解，同时还要对各种经济现象、经济活动进行分析、预测，以便引导大众的投资和消费，为社会经济的发展发挥实效性的作用。与时政新闻、社会新闻、文化体育新闻相比，财经新闻的实效性是最突出的，因此，财经新闻的策划也不能忽略了实效性的原则。

2010 年的 4 月 16 日，股指期货将正式上市，在中国的资本市场，股指期货是新兴的事

物,投资者对其或多或少都有些畏惧,在即将上市之时,最需要的是引导投资者以一种平和的心态来看待股指期货市场。请看下面这篇新华网在4月9日推出的综合报道。

该以怎样的心态迎接股指期货时代

据上海证券报报道,昨天下午,上海举行了股指期货启动仪式。下周,首批四个沪深300股票指数期货合约就将在中国金融期货交易所挂牌交易了。投资人现在最要紧的是调整心态。毕竟适当性制度强调的有钱、有知识、有经验的"三有政策",都不如有一个良好的心态。

股指期货是什么?就是用杠杆买基金。无论从股指期货字面含义拆分,还是作为金融衍生品的源头剖析,股指期货均可解析为两部分:指数基金和期货,这两者融合衍生出——配备期货交易制度的指数基金——股指期货。所以,股指期货就是一个指数基金。

马上要推出的股指期货标的是沪深300指数,而沪深300指数是300个优质蓝筹股的组合,相当于一个大指数基金。普通股票基金大部分只投20至50只股票组合,即使ETF50、180、300等指数型基金,投资组合也小于或等于300个股。因而不论从波动的稳定性还是对上证指数的拟合度,一个300只股票的组合均要优于30只股票的组合,从这点上说,股指期货是比基金还要安全的基金。

当然,股指期货是装备先进期货交易制度的指数基金。期货和股票的最大差别,在于交易制度。对比现行基金和股票交易制度,期货有T+0、双向交易、保证金交易三大优势,交易先进性体现在两方面,一是众所周知的保证金制度产生的杠杆效应,另一个是最佳交易工具,T+0和双向交易,不仅保证随时可以买进卖出,更使涨跌都可以操作。股指期货由于融合了期货交易制度,这使其成为远优于基金的交易工具。

既然不论安全性还是交易便利性,股指期货都远优于基金,那为什么不少投资者对股指期货总想退避三舍,监管机构也推出适当性制度限制投资者进场呢?其根本在于股指期货的宽松交易制度是一把双刃剑,在赋予最大交易自由同时,更激发人潜在投机本性。因而,可以这么说,股指期货的高风险,其实不在股指期货本身,而在投资人的错误心理,这集中体现在两个方面:

其一,作为交易工具,股指期货的T+0和双向交易,使其可能成为市场上取代权证炒作的最佳品种。权证近年之所以被热炒,仅是因为T+0的交易优势。而期货还有双向交易,成倍增加了任何一个微小波动的交易机会,放大了投资者短线交易得失心理,进而诱使投资者不断追逐。

其二,期货保证金交易特有的杠杆效应,会放大投资者贪婪和恐惧心理。做对趋势时,遇到调整,出于爆仓恐惧不敢像股票一样持仓;做错趋势时,不断放大仓位和杠杆去抄底。假如股指期货在2008年就已推出,那些不断叫喊"4800点调整到位"、"3700点不可能再跌"、"3000 点是铁底"的投资者,是绝难避免满仓杠杆诱惑下的爆仓悲剧。

而事实上,2008 年 10 月的商品市场已爆出大量的穿仓悲剧。

"利用杠杆买基金"的股指期货操作理念,是建立在认清股指期货本质的基础上的。其出发点是,像指数基金那样假定股市长期总是上涨的,以规避滥用交易工具导致的投机和赌博风险,适当运用杠杆,获取比普通指数基金更高收益和更好管理下跌风险。由此引出三个原则:

原则一,正常情况下,不轻易使用杠杆。不用杠杆就可以像基金一样持仓,不存在爆仓风险。即便不使用杠杆,因为保证金交易,仍剩余大量资金,或存银行获取利息或短期应急,收益也高于普通基金。

原则二,遇到股市暴跌时,利用杠杆抄底。股指期货由于保证金交易,手上仍有大量现金,可避免熊市末期没钱抄底干着急的被动局面,而前提是算好最坏的爆仓点位。

原则三,下跌调整时,摊低持仓成本。在下跌调整时,利用手上剩余资金,采取逐步逢低买入策略,在控制好杠杆倍数下,增加合约份额摊低持仓成本,这样就不用在下跌时为没钱补仓发愁。但这种方式,只适合大资金操作。

即将推出的四个沪深 300 股票指数期货合约,在许多地方都带有尝试性质,以便摸索方向,积累经验。笔者期待接着会推出总值较低的合约,适合广大基民参与以及能灵活调整杠杆头寸;同时也期待经过一段时间的探索,监管机构放宽适当性制度,使得更多的普通投资者可以参与。

（作者:于文计,来源:新华网综合,2010 年 4 月 9 日）

这篇综合报道就有着非常强的实效性,一是及时,在股指期货上市的一周前,再次对股指期货的常识性知识进行普及,尤其是透彻分析了对股指期货市场的畏惧心理的成因,加深了人们对股指期货的认识。其实在股指期货正式办理开户之日起,就有许多媒体相继对股指期货的知识做过介绍,但在临近上市时再做一次针对性更强的介绍,时机是最恰当的。另外,为了消除人们对股指期货的一些不必要的畏惧,文章又详细介绍了股指期货的特征、交易规则、安全性等内容,给那些对股指期货望而却步的投资者又上了实用性很强的一课。所以,在这一时机,新华网能够围绕股指期货这一主题进行这样一次报道策划,就是充分考虑了财经新闻的实效性原则。

第三节　财经新闻策划的方法与策略

财经新闻策划是一种创意活动,创意无定法,因此并没有,也不应该有一成不变的方法与策略来统领财经新闻的策划。但由于财经新闻报道的宗旨的明确性规定,财经新闻策划

仍有一些可作参考的要领。纵观目前国内外财经新闻报道当中出现的新的动态、新的模式，财经新闻的策划也应该在以下几个方面进行思考。

一、宏观策划的方法与策略

宏观策划主要是指针对财经媒体整体形象及定位的策划，也就是对财经媒体品牌的策划。宏观策划的要旨是要体现出财经媒体的差异化特征，并围绕这种差异化特征进行形式多样的强化与展示。

（一）着眼于媒介所处的宏观与微观的环境

财经媒体是急剧扩张的媒体，媒体数量的激增为财经媒体的生存发展提出了严峻的考验，在对财经媒体整体形象与定位的策划中，对媒体所处宏观与微观环境的考量与分析是做好宏观策划的前提。任何一个媒体都处在一个长时期内相对稳定的经济环境与社会环境当中，每一个媒体由于所处的具体位置不同，面临的宏观环境也有所不同，因此，要结合本媒体的实际生存环境进行有的放矢的策划。

媒介所处的宏观环境包括国家或一个地区现行的基本经济与政治制度、法律法规、民情民俗等。宏观环境也包括一个国家和地区目前的经济状况，如经济实力、产业布局、大众生活水平等。不同的宏观环境决定了财经媒体定位、规模、受众群体的组成，媒体的生产成本等要素。除了宏观环境，微观环境在财经新闻策划中的作用也是非常重要的，微观环境指媒体自身内部从业人员的构成情况、设备及技术条件，以及本媒体在同一地区内相关媒体当中的地位等。这些因素对媒体的市场占有率、媒体的发展规模都有重要的制约作用，因此在对媒体进行整体形象与定位的策划时既不可忽略宏观环境，也不可忽略微观环境。如《21世纪经济报道》总部设在广州，能够及时掌握改革开放最前沿地区的风向标，抓住经济信息的最新脉络，同时，它又在上海、北京设分部，在中国的政治文化与经济中心占据一席之地，无疑使自己的视野更加开阔。处在这样一种宏观环境中，它在对自身整体形象及定位的策划中就本着权威性、引导性的原则，加以精准的操作。同时，创办于2001年的《21世纪经济报道》恰巧诞生在中国经济迅猛发展的时期，大众投资与消费的热情也异常高涨，它有着南方日报报业集团成熟与稳定的市场占有率，同时一大批富有经验的财经记者使诞生初始的《21世纪经济报道》就表现出底气十足，无论是人才支持还是南方报业在读者群中的基础，都使得该报对自己成为一张领军行列的报纸充满自信。因此《21世纪经济报道》对自己的定位是：为决策者、意见领袖精心打造的专业财经媒体，为中国政商精英决策提供最具价值的专业财经资讯。

（二）把握媒介的受众定位

一份财经媒体以什么样的风格与形象呈现在受众面前是与受众的定位分不开的，随着财经新闻专业领域的细化，受众的细化程度也越来越高，不同受众对媒体的报道深度、专业程度及风格品味的要求是不一样的，所以，如果想最大程度地获得目标受众的认可，就必须对本媒体在受众群中的定位有明确的指向，这样，才能突出媒体的特色。比如，全国三大经济类报纸之一的《中国经营报》始终将中国的商务管理阶层定位为自己的受众对象,因此,无论在报道的选题、报道的风格都力求为这一阶层服务,为读者提供全方位的资讯产品。立足经济前沿,捕捉财经资讯,挖掘商业价值,以行动践行着中国新商道建构者的历史使命。美国《华尔街日报》也是如此,它始终是美国最高端的报纸,其目标受众的平均家庭年收入是15万美金。

（三）确立最能展现媒介特点的传播形式

在明确了媒介本身的定位以及受众定位之后,接下来需要思考的就是以何种形式向受众展示媒介的定位及服务对象,也就是建立媒介的识别系统,树立媒介自身的品牌形象。即以何种形式向受众推介自己、包装自己。通常这种包装包括以下几个方面:

1. 精心设计的视觉效果

包括报纸的报头字体、颜色、版面设计,杂志封面设计、纸质,电视频道的背景颜色、文字、声音设计等方面。比如:《经济观察报》使用高成本的进口橙色新闻纸区别于其他的报纸,报头用黑色的宋体字标出。每周四出版,共56版。《第一财经日报》则是用蓝色字体标出,宁静悦目的蓝色是其主色调,每期32版。《21世纪经济报道》则采用了墨绿色作为报头字体的颜色,凝重的黑灰色作为其主色调,每周五和周二出版,每期24版。再如,中央电视台财经频道以深蓝色为主色调,它的各个栏目几乎也都是以深蓝色为主色调,统一视觉效果。《华尔街日报》的报道风格以严肃见长。在版面上始终采用传统的黑白灰三种配色,直到1991年才在广告部分出现过少量的色彩。报纸上绝大部分为文字报道,图片新闻很少,和以活泼著称的《今日美国》形成鲜明对照。

2. 统一的口号式标语

一句话的口号式标语往往能够将媒介的内容侧重、宗旨目的提炼出来,便于受众识别。无论是哪种类型的媒介都可以锤炼概括出自己的口号式标语。如《经济观察报》在报头上方以红色底纹白色字体醒目地标注出该报的宗旨:理性、建设性。《第一财经日报》则在报头上方以小号的红色字体标出"对时代负责"的宗旨。中央电视台财经频道的每一个栏目都有自己的口号,如《经济与法》栏目的口号是:"一切皆有规则",《经济半小时》的口号是"观经济大事"。

3. 策划、组织、参与各种资讯传播与社会活动

这是媒介运用现代营销手段来树立自身品牌形象的一种方法,目的是强化自身在受众中的形象,扩大自身在受众当中的影响力。媒介既可以利用其他媒介如公共交通设施中的广告栏进行形象塑造,也可以在本媒体中进行自我宣传。同时也可以策划、组织、参与各种形式的论坛、评奖等活动,打造媒介品牌形象。如《21世纪经济报道》力争做中国商业报纸的领导者,除了保证"重大事件要在场"之外,同时也注重"重大会议要在场",为了达到这个目标,除了定期主办一些顶级商务会议之外,还积极参与承办或协办一些重要会议。目前已成功举办的会议有:21世纪圆桌论坛、21世纪中国医院投资论坛、西部投资论坛、博鳌21世

纪房地产论坛、博鳌21世纪经济论坛、2004中国经济高峰会等，一些论坛已形成规模，并成为定期举办的论坛甚至成为经济界盛事。

二、中观策划的方法与策略

虽然作为整体的财经媒体在受众定位上有一个相对固定的群体，但由于媒介内容容量比较庞大，报纸的版面众多，电视栏目纷呈，因此，每一个版面、每一个栏目的策划也非常重要，而且也要有所侧重。媒介单元的策划方法与策略大体应把握以下几个方面：

（一）把握具体单元的节目或栏目在内容和受众上的定位

报纸的不同版面，电视频道的不同栏目，在内容与受众方面的定位都是不一样的。如《经济观察报》每期共有56版，主要有要闻版、经济版、特别报道版、市场、银行、数据、保险、证券、基金、上市公司、汽车、蓝筹地产、新闻分析、评论、文化等版面。每个版面由于内容不同，所面对的读者群也都是不尽相同的，每一类读者群的阅读需求、关注点也都是不同的，因此，对具体栏目或版面的策划就要适应不同读者群的需求。

（二）把握具体单元在整个媒介中的定位

由于财经媒介有一个大致固定的受众群，因此，无论具体单元的受众群怎样细分，也不能使媒介整体受众群有所分散，否则将影响整个媒介的定位与形象。在众多的版面与栏目中，一定有几个版面或栏目的受众群是和媒介整体的受众群保持一致的，这些版面或栏目一定是媒介中的主干版面或栏目。在对具体单元进行策划时，要找出这些对媒介起着支撑作用的重点版面或栏目，它们担负着体现媒介形象与特色的主要任务，其他的版面或栏目主要应在活跃版面或频道，增加趣味性与知识性等方面进行策划。如中国三大经济类报纸之一的《中国经营报》共有56个版面，它的读者群的定位是商务管理阶层，而它在报道方面一向以视角独特，深入报道为主见长，因此在众多的版面中，事件、要政、封面故事等版面尤其引人注目，因为能够体现该报风格与特点的重点报道大致都是出自这些版面，因此，这几个版面也就成为《中国经营报》最为倚重的单元。

（三）确立具体单元在新闻报道中的方向与重点

虽然受众为同一群体，但具体报道的角度、选题的视角也不尽相同。究竟应该选择什么样的角度，是做一般解释性的报道还是深度挖掘，是采用短篇幅的报道还是长篇大论，是作局部探讨还是涵盖所有相关的内容，这些都是在对具体单元在报道中的内容选择、报道方向与重点的确定等问题中需要考虑的。久负盛名的美国《华尔街日报》每天的读者大概有2000多万人，它在许多方面都值得全球的传媒人称道，其中，对每个版面的精心打磨和策划更是给人留下了深刻的印象。"一份报纸希望在全球畅销最快捷的办法，就是把中国放在头版"，这是新闻集团CEO默多克、也就是《华尔街日报》的新东家2009年10月9日在道琼斯公司北京新办公室开启仪式致辞中的点睛之语。《华尔街日报》对头版的选题、排版、报道的风格等的策划都是非常精细入微的。《华尔街日报》中文网总编袁莉曾深有感触地说："每次的头版文章不改得接近崩溃是通不过的。"但最终结果都让她无比欣慰，也使她真正理解了《华尔街日报》编辑们常说的一句话:"没有流过眼泪的头版不是好头版。"

三、微观策划的方法与策略

微观策划即经济专题或选题包括重大节日或活动报道时的策划及某一财经选题的报道策划。这是财经新闻策划所涉及的最重要的内容,也是最能体现财经新闻策划能力的部分。因为它直接决定一篇财经报道的成效。

(一)明确主题与受众

当记者有了明确的选题之后,接下来要确定的就是将围绕什么主题进行材料的搜集。无论在重大的活动或节日的报道里,还是在具体的财经新闻的报道中,选择一个集中的主题都是策划的首要任务。如中央电视台每年 3 月 15 日的"3·15"晚会,一年一度,主题集中在揭露消费中的陷阱、维护消费者权益这个方面,围绕这一主题,集中相关的素材,使该晚会始终以一种固定的形象呈现在观众面前。如同样是报道吉利收购沃尔沃这一财经事件,不同的媒体在报道中的角度却是不一样的。新华社的报道是这样的:

沃尔沃集团:我们只是吉利并购案的"第三者"

新华网博鳌(海南)4 月 10 日电(记者韩洁、周慧敏) "吉利收购沃尔沃"是迄今为止中国汽车史上最大的一笔跨国收购案。

这桩被吉利董事长李书福称为"穷小子"娶了"富小姐"的跨国婚姻,对沃尔沃集团意味着什么? 沃尔沃品牌是否会受到影响? 10 日博鳌亚洲论坛开幕之际,记者专访了出席论坛的沃尔沃集团高级副总裁潘伟博。

"我们不是并购案的甲方乙方,吉利不持有沃尔沃集团的任何股份。"

吉利此次斥巨资接手沃尔沃轿车业务 100% 的股权。而事实上,这块业务早在 11 年前就由沃尔沃"出售"给了福特集团,只是品牌未变。

记者:吉利董事长李书福把沃尔沃比作动物园里的一只"老虎",称这只老虎将被放出笼外,追逐新的机遇。您如何看待吉利收购沃尔沃轿车业务之举?

潘伟博:近年来全球轿车领域并购事件接连不断,此次中国汽车厂商收购瑞典汽车厂商无疑是当今汽车业的典范案例。对于沃尔沃集团来说,早在 1999 年,沃尔沃集团就将轿车业务出售给了福特,双方通过沃尔沃商标公司共同拥有沃尔沃的品牌使用权。此次吉利并购后,将代替福特和沃尔沃集团共享沃尔沃品牌,所以我们不是这次并购案的甲方乙方。

需要强调,现在的沃尔沃集团是世界第二大重型卡车和大型客车制造商,没有轿车业务。沃尔沃集团书面声明明确,无论是福特还是吉利,都不持有沃尔沃集团的任何股份。

记者:沃尔沃前年出现巨亏后,去年销售额再降 10.6%,此次并购案能否借机走出亏损阴影?

潘伟博:福特与吉利的交易将使沃尔沃汽车在中国的销售实现快速增长,从品牌合作的角度看,将是一笔"双赢"的合作。未来沃尔沃集团和吉利的合作将仅限于对沃尔沃品牌的共同使用,今后在中国市场上赞助博鳌、沃尔沃帆船赛等品牌推广活动也将会与吉利共同开展。

沃尔沃品牌是否会被拉低?

汽车业的历史上不乏品牌收购失败的案例,例如中国国有汽车巨头上海汽车对韩国双龙的收购,四川腾中对悍马的收购。吉利13年前才造出第一辆汽车,如今却将拥有80余年历史的贵族品牌沃尔沃收购,基于两家的品牌差异,这起收购案甚至不能用"蛇吞象"来简单诠释。

记者:沃尔沃轿车素以安全、坚固闻名。但当吉利收购沃尔沃轿车业务后,一些消费者也担心,沃尔沃的品牌会因此降格,您是否也有同样的担心?

潘伟博:我并不担心。沃尔沃品牌是一个强势品牌,多年来我们一直重视这个品牌的品质、安全和环保。现在吉利从福特手中接牌,相信吉利对于沃尔沃轿车的品牌价值也有透彻的认知。

吉利要扩大沃尔沃轿车在中国的生产,对于沃尔沃品牌来说这是一个机遇,可以更好提升沃尔沃在中国的知名度,我们和吉利将通过沃尔沃商标公司来共同管理这一品牌。

记者:您认为这样的跨境合作在文化和技术的融合上是否面临挑战?

潘伟博:技术方面融合的挑战固然有,但这一问题在其他国家都存在,并非中国独有的技术融合困难。相比之下,我认为,不同企业文化带来的挑战更大于技术融合的挑战,哪怕是瑞典本国企业间的并购,也可能在文化融合上面临很大挑战。

中国能否成为沃尔沃"第二个本土市场"?

越来越多的西方汽车制造商为了卸掉其亏损汽车业务,将目光投向兴趣高涨的新兴市场。与此同时,越来越多来自中国、印度等新兴市场的汽车制造商通过跨境收购进入西方汽车市场。全球汽车格局将走向何方?

记者:从2008年印度塔塔集团收购豪华车捷豹和路虎、到此次吉利收购沃尔沃,是否意味着全球汽车业的重心正从欧美传统市场向新兴市场东移?

潘伟博:应该说,传统的国际三大汽车市场是以北美、欧洲和日本为重心,但国际金融危机影响的蔓延使得"铁三角"的主导地位受到影响,以中国和印度为首的亚洲国家正在崛起成为第四大汽车市场,这一点从沃尔沃卡车在全球市场的销售就能体现出来,以中国、日本,印度和韩国为主的亚洲市场在沃尔沃全球市场中的份额越来越重,目前已经占到沃尔沃全球销售额的20%。

记者:吉利曾表示,将致力于拓展沃尔沃汽车在中国本土市场的销售来替代其海外市场的损失。

中国是否会成为"沃尔沃的第二个本土市场"？

潘伟博：中国市场一直是沃尔沃集团的投资重点，沃尔沃与吉利的合作有助于沃尔沃品牌在中国市场更广泛地传播。沃尔沃集团进入中国已经超过 18 年，目前集团旗下所有业务领域和部门均已进入中国市场，业务覆盖 20 多个省区市。

2009 年受国际金融危机影响，沃尔沃经历了销售额的大幅滑坡，但中国市场的销售成为全球亮点，这得益于中国经济的快速复苏。沃尔沃期待今后加快在中国市场的本土化产品开发，更好地融入新兴市场发展。

（作者：韩洁、周慧敏，来源：新华网，2010 年 4 月 10 日）

对这样一宗"蛇吞象"的并购事件，从并购前到并购成功这一过程中，各路媒体纷纷跟进，大多从吉利并购的利与弊这一角度切入，道出所有对吉利关心的人的忧心。在博鳌亚洲论坛上，当新华社记者见到沃尔沃集团的高层人士时，他们选择了另外一个角度切入，即吉利收购的沃尔沃与沃尔沃集团的关系究竟是怎样的，而这一角度只有采访沃尔沃集团的高层人士才会得到最恰当的答案。而同样几乎在同一时间发表的关于吉利收购沃尔沃的报道却是从吉利收购沃尔沃的幕后选取的角度。

吉利收购沃尔沃幕后：罗斯柴尔德家族布局中国

罗斯柴尔德（Rothschild）家族，曾被誉为世界上最神秘的金融家族。很多国内人士对它的接触，是从《货币战争》一书开始的。

上周日吉利成功签约收购沃尔沃后，罗斯柴尔德家族再次浮出水面。日前，本报记者从罗斯柴尔德（又译作"洛希尔"）父子（香港）有限公司了解到，在吉利 200 人收购团队中，在欧洲有着逾百年历史的罗斯柴尔德银行团队帮助吉利成就了中国最大一宗海外汽车业收购案。公司工作人员介绍，该机构总部位于英国伦敦，目前在香港、上海、北京都设有办事处，在中国主要从事投资银行业务。

吉利背后的罗斯柴尔德团队

路透社日前报道称，中国最资深的女银行家之一、两名顶尖的瑞典籍汽车业内人士、一名伦敦市长的儿时伙伴，由这四人领导的罗斯柴尔德银行团队帮助吉利成就了中国最大一宗海外汽车业收购案。

路透社称，有知情人士表示，罗斯柴尔德银行（洛希尔国际投资银行）大中华区总裁俞丽萍（Jennifer Yu）和银行负责汽车业务的三巨头之一梅瑞克·考克斯帮助促成了该交易。俞丽萍帮助吉利疏通与中国政府的关系。痴迷汽车的考克斯则在复杂的知识产权问题谈判上发挥了关键作用。考克斯曾是高盛的合伙人，2002 年来到罗斯柴尔德银行。

汉斯—奥诺夫·奥尔森和培尔·吉林哈默也是不得不提的人物。前者是罗斯柴尔

德公司的顾问,后者是罗斯柴尔德欧洲公司的副董事长。

奥尔森曾担任沃尔沃的首席执行长和董事长,随后任职福特公司的首席营销长。一名消息人士表示,奥尔森是一个"典型的瑞典商人,克制、分析力强",他帮助吉利与沃尔沃的员工、工会和供应商进行沟通。吉林哈默曾在沃尔沃的前母公司 VolvoA B 工作过 23 年,他还同时是汤森路透集团信托董事会主席。

吉利一方的顾问团队还包括英国富尔德律师事务所企业业务律师克里斯·鲍恩以及知识产权专家阿芙丽尔·马丁戴尔。

最值得一提的是,洛希尔国际投资银行大中华区总裁俞丽萍(Jennifer Yu)在吉利成功收购沃尔沃中起了很大的推动作用。

……

(作者:佘慧萍、李恬,来源:《南方都市报》,2010 年 4 月 6 日,有删节)

关于吉利收购沃尔沃的资金来源一直是个谜,人们都想知道是谁帮助李书福完成了这一"蛇吞象"的收购,这篇报道就力求从罗斯柴尔德家族的身上找到答案,所以选取了这样一个角度来帮助人们了解吉利收购沃尔沃的资金来源之谜。

(二)把握最佳时机

财经新闻很多是非事件性的新闻,或者是长时间进行中的财经事件。比如关于人民币升值问题,这不是一条事件性新闻,却是国内外关注的一个很重要的金融动向。又如每年一度的铁矿石价格谈判,虽然是财经事件,但由于每年的铁矿石价格谈判从十二月开始一直持续到下一年的三四月份,时间很长,并不是随时都有新的进展,所以虽是财经事件,但也不是随时随地都适合介入报道。何时介入报道,如何介入,怎样报道,这些是财经新闻策划时需要重点把握的环节。铁矿石价格谈判一直是国内钢铁行业及相关制造业、房地产业关注的热点,但是在前几年,很少有媒体做集中的报道。而在 2009 年,陆续有媒体对铁矿石价格谈判进行关注并报道,原因是在最近几年中,中国由于国内房地产、铁路建设等行业的高速发展,一跃成为世界上最大的铁矿石进口国,铁矿石价格的涨幅成了中国有关行业非常重视的一个问题。2009 年由于全球经济危机的影响,各国经济发展速度放缓,中国也不例外,全球铁矿石的需求量下降,于是铁矿石价格在经历了连续几年上涨的情况下,首次出现了下跌的局面。但由于 2009 年中国并没有接受日本新日铁公司与巴西淡水河谷达成的价格,而是与澳大利亚第三大铁矿石生产企业达成了更低的价格,可并没有得到世界三大铁矿石供应商的认同,所以,2009 年铁矿石价格谈判是无果而终。在 2010 年的铁矿石谈判即将开启之际,中央电视台财经频道就是在这样一个时机下介入了报道,一来详细梳理铁矿石谈判的历史,厘清人们的一些误解,另外为即将到来的铁矿石谈判提供舆论支持,2009 年 12 月 5 日,中央电视台财经频道《中国财经报道》适时地推出了《铁矿石价格暗战》节目,较好地把握了报道的时机,引起了广泛关注。

（三）要注意专业性与趣味性、权威性与服务性的结合

在 20 世纪五六十年代及更早的时候，财经新闻并不是面向大众的报道，大多是关于股票信息的介绍。当时最主要的财经报纸之一的《华尔街日报》的财经新闻专业性太强而且枯燥，作用类似于投资教科书。当时有一个说法，针对有人说《华尔街日报》不好看，该报有关人士反驳说："要看好文章，去看莎士比亚好了。"可见早期的财经新闻并不适合大众阅读，更谈不上通俗性和可读性。但是现在的财经新闻不仅面向大众，而且也已走向全球化，信息和经济的全球化使财经新闻的竞争环境越来越激烈，经济对社会各领域的进一步渗透使得普通民众的工作、学习、生活与经济活动、经济政策之间的联系更为紧密，越来越多的普通民众不仅作为消费者，还进而晋身于投资者行列，这些因素都使得财经新闻的受众迅速增加。因此以什么样的形式吸引受众，在注重财经新闻专业性的同时如何兼顾它的趣味性，在为受众服务的同时又如何保证向受众有效传播财经知识，这些都是财经新闻在策划过程中要着重思考的问题。中央电视台一年一度的"3·15 晚会"，在这方面的策划就堪称典范。1991 年起，中国消费者协会与中央电视台等部门联合举办"3·15 国际消费者权益日"专题晚会，至今已连续举办了 20 届。在中央电视台一个品牌连续保持 20 年的生命力，只有两个栏目，一个是"3·15 晚会"，还有一个是《经济半小时》。"3·15 晚会"之所以能在 20 年中始终在观众当中保持很强的吸引力，是因为它把握了群众生活的改善、消费领域越来越宽、消费的方式也发生了很大的变化这样一个现实，并且在晚会的策划方面把消费领域中的陷阱与大众的消费生活紧密结合起来，并在趣味性、知识性、服务性与专业性方面完美结合。晚会每年都有一个响亮的主题，这些主题的确立都是根据过去的一年在消费生活当中最主要的问题领域，并随着消费方式、消费结构的不断变化，每年更换一个主题。2010 年的主题是新规则、新动力。深入揭露行业的潜规则，存在的问题找出来。使专业性与服务性很好地结合。在对晚会的策划中，晚会的主创人员不断创新，以求在形式与内容上增加晚会的趣味性。如：2010 年的晚会现场的布置背景采用了一个方盒子作为背景，暗示着规则的规矩性。在合作的形式上，有许多的网络媒体等新媒体加进来，提升了互动便捷性，在形式上独具特色。在内容上更是首次推出了"十大行业消费满意度大调查"。这是"3·15 晚会"20 年来首次面向全国消费者进行的全方位消费大调查。每年晚会前，晚会剧组都会向社会公开寻找知情人和有关线索。2010 年 2 月，"3·15 晚会"剧组陆续发布了一系列"3·15 征集令"，从家电、汽车、电视购物、网络购物等投诉热点入手，面向社会广泛征集晚会意见和线索，这些都在趣味性与服务性方面吸引了观众与消费者。另外，每年的晚会都有国家食品药品监督管理局等权威部门参与，每年"3·15 晚会"以前都有政府的权威发布，还有北京 12315 热线在现场接受全国消费者投诉，还有每年会评选"3·15"的权威人物。这些增强了晚会的权威性，同时也使晚会的认可度越来越高。

本章小结

1.财经新闻策划是指新闻报道的主体遵循事物发展和新闻报道的基本规律,结合本媒体的实际,围绕一定的目标,从经济学的视角,对现有的财经新闻线索和新闻资源进行有创意的设计,以求最佳传播效果。

2.财经新闻策划分为三个大的类别:宏观策划、中观策划和微观策划。

3.财经新闻策划应遵循的原则有真实性原则、专业性原则、创新性原则和实效性原则。

4.宏观策划的方法与策略:着眼于媒介所处的宏观与微观的环境、把握媒介的受众定位、确立最能展现媒介特点的传播形式。

5.媒介单元的策划方法与策略:把握具体单元的节目或栏目在内容和受众上的定位、把握具体单元在整个媒介中的定位、确立具体单元在新闻报道中的方向与重点。

6.经济专题或选题的策划方法与策略:明确主题与受众、把握最佳时机、要注意专业性与趣味性、权威性与服务性的结合。

思考题

1.财经新闻策划的内涵是什么?

2.财经新闻策划的原则性有哪些?如何理解这些原则性的含义?

3.举例说明在各类财经新闻策划中应采取何种方法与策略。

4.财经新闻策划与其他类型新闻策划的主要区别在哪里?

5.分析一两篇财经新闻策划的方法与策略。

第四章 财经新闻的采访与写作

在新闻领域,由于财经新闻专业性强、实用性强等特点,其采访和写作相对较难,对财经记者提出了更高的要求。财经记者娴熟采写技能的造就绝非一日之功,一名成熟的财经记者需要较长的养成时间。在日本将一个大学毕业生培养为成熟的财经记者,需要8年左右时间。在美国如申请《华尔街日报》的财经记者职位,申请人一般要有10年以上的工作经历和获得新闻奖项的经历。本章介绍了财经新闻采写的一般规律和技巧,但财经新闻的采写才能无法直接移植,要想拥有出色的采写技能,需要长期的积累。

 本章要点 ·······································

财经新闻的采访特点
财经新闻的采访准备
财经新闻的采访实施
财经新闻的写作要求
财经新闻的写作技巧
常见的财经新闻体裁

第一节 财经新闻的采访

俗话说"七分采访,三分写"。新闻采访是一门实践性和创造性很强的学问,是财经报道中一项最基础的工作。可以说,没有采访就没有财经新闻。

一、财经新闻的采访特点

财经新闻关系到国计民生和人们切身利益的新闻,具有专业性、实用性、时效性、前瞻性、可读性等诸多特征。由于事关国计民生和人们切身利益,财经新闻报道在信息的真实性、准确度、报道的时效性等方面有着极为严格的要求,要求报道迅速及时,信息精确,尽可能量化。财经报道一旦出现失误,为受众提供了片面甚至错误的财经信息,可能误导受众做出错误的决策,给受众带来严重的经济损失。

（一）采访时间：时效性强

财经领域有大量的事件性新闻，如突发性新闻、公司业绩、市场行情、市场收盘报道等，受众得知这些新闻信息的早晚会给他们带来实际的经济影响。如成品油提价的新闻，受众获取信息的早晚直接影响受众所做的决策，给受众带来直接的收益或损失。因此受众对这类报道的时效性要求很高。

这要求财经记者在报道此类新闻时，要准确及时，要有"抢新闻"的意识。记者在获取此类财经信息时，要在第一时间传播出去。如2010年4月15日，国家统计局公布了2010年第一季度主要经济数据指标，中国经济新闻网在8分钟之内，快速发布了以下快讯。

> 统计局：一季度GDP为80577亿元，同比增长11.9％。
>
> 国家统计局：一季度CPI同比上涨2.2％
>
> 一季度货币供应量增速高位回落，新增贷款同比减少
>
> 一季度中国进出口总额6178.5亿美元，同比增长44.1％
>
> 一季度中国社会消费品零售总额36373亿元
>
> 一季度工业品出厂价格（PPI）同比上涨5.2％
>
> 一季度全社会固定资产投资同比增长25.6％
>
> 一季度城镇居民人均可支配收入5308元，同比增长9.8％
>
> 全年粮食播种10946万公顷，比上年增长47万公顷
>
> 统计局详解一季度经济：增速快主因是政策刺激
>
> 国家统计局公布一季度主要经济数据指标（全文）
>
> 统计局：一季度GDP同比增长11.9％，CPI上涨2.2％

动态财经新闻的时效性的重要由此可见一斑。对于动态财经新闻，媒介之间竞争的就是时效性的竞争，在内容上没有多大差别。在真实准确的基础上抢报道时间，抢时效，是这类新闻报道的重点。

（二）采访内容：专业性强

同其他新闻报道领域相比，财经报道是一种专业性很强的报道。财经新闻报道中隐含着抽象、复杂的经济学知识，多是数字、图表、模型和一些抽象的决策、趋势、预测等，受众在解读这些信息时容易产生障碍，拉大信息和受众的距离。请看下面这则报道：

> 2010年一季度，银行间债券市场累计发行债券7691.7亿元，同比增加53.6％。3月份，银行间债券市场发行债券3822.3亿元，较上月增加114.6％。截至3月底，债券市场债券托管量为13.7万亿元，其中银行间债券市场债券托管量为13.4万亿元，占债券市场债券托管量的98％。

一季度,银行间债券市场发行的债券以 5 年期以下债券为主。从期限结构变化趋势看,3 月份,5 年期(含)至 10 年期债券发行比重较上月明显上升。

(牛娟娟:《一季度金融市场总体运行平稳》,来源:《金融时报》,2010 年 4 月 28 日)

过多的数据和术语充斥于报道,生硬而枯燥,增加了受众阅读和理解的难度。如果我们的财经新闻多是诸如此类报道,结果只能引起受众的厌烦,敬而远之。那么,如何让财经新闻受到受众欢迎呢?这就要求财经新闻记者熟练掌握相关的经济学知识,能够用通俗的语言表述抽象的经济信息,做好信息和受众之间的桥梁。

(三)采访对象:难度较高

财经报道的采访对象或是制定国家经济政策、履行监管职责的政府官员,或是事务繁多、身家丰厚的企业老总,或是才高八斗、学富五车的经济学家。他们既不像娱乐明星般喜欢曝光,又不像普通人那样有时间、有意愿回答记者问题。这些人常出于低调、担心泄露商业机密等诸多原因回避媒体、记者。

这增加了财经新闻采访的难度,要想达到理想的采访效果,需要记者有较强的新闻突破能力,做好充分的采访准备。例如 2004 年关于中航油(新加坡)事件的报道,《财经》杂志的调查性报道《成败陈久霖》在众多报道中脱颖而出。这篇报道之所以做得出色,一个重要原因就在于《财经》记者接触到了较为核心的事实和关键性的人物,较好地还原了事件原貌。而从其他媒体的报道可以看出,他们大多在做外围采访,没有采访到事件的核心人物。

财经新闻采访难度较高不仅会体现在以上方面,还会因为财经新闻与利益博弈密切相关,从而导致采访、获取信息过程中呈现为歧见纷呈、莫衷一是的混乱状况,这时,一方面是关键信息难以获得,另一方面是过量信息的堆积,反倒遮蔽了真相。2005 年 10 月,被称为"南通第一民营企业""宝港油脂"由于资金链断裂,被宣告破产。事件发生后,媒体纷纷报道,而信息源一开始都来源于与"宝港油脂"有资金和业务往来的上海五矿公司。上海五矿公司通过媒体传递这样的信息:"宝港油脂"因为上海五矿公司催要欠款导致资金链断裂,而南通地方政府出于地方利益保护目的,拖延还款,为南通的银行先行瓜分"宝港油脂"资产提供便利条件。

而实际情况远远比上海五矿公司介绍的更为复杂:"宝港油脂"本是一家民营企业,其资金链从一开始就很脆弱,之所以能够在短短的五六年里异军突起,是在这段时间里"宝港油脂"与南通港口集团、上海五矿公司之间出于共同利益,相互借势,发展起来的。具体地说就是,"宝港油脂"利用南通港口集团国有企业的背景,获得银行和上海五矿公司的信用担保,从而发展其食用油产业,而"宝港油脂"的发展又给南通地方经济带来利益。这种利益关系在 2005 年 3 月南通港口集团改制后发生根本改变,当时香港保华集团投资 4.3 亿增资南通港口集团并持有港口集团 45％股份,改制后的南通港口集团不再为"宝港油脂"提供信用担保,由此导致该公司破产。

从上述陈述中我们看到,"宝港油脂"资金链断裂案是多方利益博弈的一个案例,"宝港油脂"、南通地方政府、南通港口集团、南通金融机构、上海五矿公司都是利益相关方。当时南通地方政府及相关国有企业出于种种原因没有出来说话,而上海五矿公司出于占据先机的意图,做了一个有利于自己的表述。很多媒体在没有经过多方采访、核实的情况下就加以报道,在某种意义上成为了上海五矿公司利益博弈的工具。

像"宝港油脂"案这种情况,在近年来的财经新闻实践中变得越来越普遍,这是我们作为财经新闻从业者要特别谨慎小心的。由于市场经济发展日益深入,利益已经成为国家、企业、个人进行社会活动的关键词,财经新闻在很大程度上已经成为这种利益博弈关系中的一个重要因素。要想使财经新闻成为社会公器,我们不仅要有良好的职业道德修养,还要有坚实的财经新闻专业素养,能够兼听各方意见,广采诸家信息,然后分析、研究、判断,做出平衡报道。

2007年4月,娃哈哈集团与法国达能集团就双方合资问题发生激烈争斗,法国达能集团指责娃哈哈集团老总宗庆后不遵守协议、破坏规则,宗庆后则高举民族主义大旗斥责外国大型企业大肆并购民族企业,导致民族企业和民族品牌纷纷退出市场,外资企业的大规模并购将影响中国经济安全。宗庆后的这一说法得到了很多网民、中国饮料制造商、娃哈哈销售商的大力支持,一时间众说纷纭,各执一词。

值得欣慰的是,财经新闻界大多数媒体和记者对娃哈哈与达能的合资纠纷采取了较为冷静、理性的态度去看待,很多媒体都能充分收集、分析各方信息,做出了较为客观的报道。在这些报道中,《中国经营报》2007年8月31日的《娃哈哈与达能纠纷真相》表现尤为突出,记者紧紧抓住"利益"这根主线,顺藤摸瓜,从和利益相关的线索中去破解疑问。不仅揭解开了达能与娃哈哈合资的真相,还用事实揭示出宗庆后单方撕毁合同的利益推手。

作为优秀的财经记者,在我们进行采访时,不要害怕采访对象利用我们,如果我们有足够的专业分析能力、判断能力,我们完全能够因势利导,获取重要信息,写出精彩报道。把自己打造成与采访对象旗鼓相当的对手,不仅能够圆满完成采写任务,还能赢得采访对象的认同。

二、财经新闻的采访准备

"采访一分钟,案头十分钟"。财经新闻采访是一项极具挑战性的任务,记者要想漂亮地打好这场仗,就决不能打无准备之仗。采访前的充分准备,是保证采访成功的第一步。采访前准备越充分,越有助于记者深入了解采访对象,与采访对象顺利地沟通,成功完成采访工作。意大利著名女记者奥莉娅娜·法拉奇1980年在《华盛顿邮报》上发表了对邓小平的访谈,访谈获得了较高的赞誉,被誉为"这是邓小平历史性的、出色的答记者问"。这次访谈成功的关键之一就在于法拉奇在访谈前所做的出色采访准备。在获得采访邓小平的机会后,法拉奇大量搜集相关历史资料,对中国的"大跃进"、"文化大革命"等历史熟稔于心,对邓小平的历史背景,以及他在"文化大革命"中的遭遇了如指掌,甚至连邓小平自己"从来不知道"

的生日都了解得一清二楚。所有这些为她对邓小平进行成功的访谈奠定了基础。

如同其他新闻采访一样，财经新闻的采访准备包括平时的积累和临时的准备。

（一）平时的积累

在新闻报道领域，财经新闻报道是专业性最强、难度最大的。财经新闻记者的养成时间也是最长的。西方新闻界认为，培养一名社会新闻记者需要一年，培养一名时政新闻记者需要三年，而培养一名财经记者通常需要八年甚至更长时间。财经记者的养成是修养、知识、技能不断积累的过程，平时的积累对财经记者的成长非常重要。

1.提升自身职业道德修养

学会做记者要先学会做人，良好的职业道德修养是做一名合格财经记者的先决条件。新闻职业道德是用于调整新闻行业内外矛盾关系，规范新闻传播职业行为的一种社会规则。它是以新闻职业责任为核心的一个综合价值体系，是新闻传媒及其从业者在新闻传播活动中应当遵循的行为和道德规范。

1991年1月19日，中华全国新闻工作者协会第四届理事会第一次全体会议通过了《中国新闻工作者职业道德准则》，并于1994年4月、1997年1月和2009年11月进行修订，准则对新闻工作者提出了"全心全意为人民服务"、"坚持正确舆论导向"、"坚持新闻真实性原则"、"发扬优良作风"、"坚持改革创新"、"遵纪守法"等职业道德要求。在"发扬优良作风"的准则中，更是明确提出"坚决反对和抵制各种有偿新闻和有偿不闻行为，不利用职业之便谋取不正当利益，不利用新闻报道发泄私愤，不以任何名义索取、接受采访报道对象或利害关系人的财物或其他利益，不向采访报道对象提出工作以外的要求"。为了抵制"有偿新闻"的不正之风，1993年中共中央宣传部、新闻出版署联合下发了《关于加强新闻队伍职业道德建设、禁止"有偿新闻"的通知》。2005年3月，为了加强新闻职业道德建设，规范新闻采编人员行为，维护新闻界良好形象，促进新闻事业健康发展，中共中央宣传部、国家广播电影电视总局、国家新闻出版总署联合下发了《关于新闻采编人员从业管理的规定（试行）》。

在新闻实践中，大批记者和媒体也认识到了加强记者职业道德修养的重要性。在席卷全球的金融风暴中，因主持"直击华尔街风暴"节目成名的主播芮成钢说："财经主播、记者和财经官员一样，是不应该买股票的，因为这个里面有利益冲突。就算要买也应该有数量限制，而且要向社会公开，不得在任何媒体推荐。"《华夏时报》总编辑水皮认为财经记者利用职位优势炒股获利，一定会影响到今后报道的客观性。《第一财经日报》则参照《华尔街日报》、路透社的管理规则，"非常严格地不让跑条线的记者买卖这个条线上的股票，不允许从业人员把内幕消息变成自己的利益"。

在新闻记者的职业道德修养方面，西方发达国家的职业道德准则和约束体系可供我们借鉴。西方新闻业同行在多年的报道实践中，在新闻报道领域建立了较规范的职业道德准则和约束体系。早在1874年瑞典舆论家联谊会成立时就强调要提供正确的消息给读者。1908年，美国密苏里大学新闻学院院长威廉斯博士公布了《记者守则》八条，其中强调新闻

媒介要为大众服务,要坚持一个超然的地位,就是永远是以一个旁观者的身份介入社会生活,用平静、客观的笔触去描写你所看到的新闻事实。在实践方面,美国《华尔街日报》招聘的财经记者不仅要求有多年金融新闻报道经验以及良好职业口碑,还严格规定财经记者不能直接或间接接受超过顾客服务标准的礼物或服务等,以免影响报道质量。英国《金融时报》要求财经记者要与信息来源保持一定距离,防止两者之间过于密切的关系影响记者的独立判断。日本经济新闻社规定,记者要彻底排除与采访对象的利益关联。同时日本经济新闻社对记者收入所得信息进行严格管理(限制内部交易,严禁透露社内未公开的信息),一旦发现记者利用职务进行交易,马上开除。

2.储备以经济学和新闻学为主的多学科知识

做一名合格的财经新闻工作者,还需要储备以新闻学与经济学知识为主的复合性多学科知识。

首先,财经记者要有新闻学方面的知识储备。财经新闻首先是新闻,其次才是财经新闻。只有熟悉新闻学基本理论,掌握新闻传播的基本规律,财经记者才能在诸多财经事件中抓住新闻线索,判明新闻价值的大小,抓住新闻的核心要素,顺利进行采访和写作,成功进行财经报道。

其次,财经记者要有经济学方面的知识储备。财经记者的经济学知识储备可以分为两类:一类是经济学基础知识,包括宏观经济学和微观经济学的基本知识;一类是财经记者所报道行业或领域的专业知识。经济学基础知识,主要靠记者的刻苦学习和长期积累。所报道行业的专业性知识,除记者自身努力学习和实践积累外,通过相关培训学习也是一种重要的手段。

除了储备新闻学和经济学相关知识,财经记者还需要掌握外语、历史、政治、文化、科技等其他学科基本知识和技能,这些知识和技能作为框架性的背景知识,对财经新闻多方位的立体传播形成了有力支撑。

以上是财经记者所需积累的知识。从财经新闻界从业人员知识结构现状看,经济学知识的欠缺尤为突出,积累相关的经济学知识对财经记者来说尤为重要。特别是在当前财经报道越来越专业化,分工越来越细致的情况下,竞争和市场需求对财经记者提出了更高的要求。经济学相关知识不仅是记者进入财经传媒业的门槛,也是制约财经记者今后能否进步的重要基础。

《21世纪经济报道》香港特约记者罗绮萍是一个在采访时具有很强突破能力的人,她之所以能够采访到很多重要人物,一个是她超强的学习热情和学习能力,一个是她的英语能力。罗绮萍在"21世纪路劲财经奖学金班"的讲座上坦承她的英文并不特别好,但她敢于大胆用英文进行采访。2004年10月,罗绮萍去新加坡采访,打算采访东盟秘书长王锦荣。王锦荣要求用英文采访,罗绮萍如期完成了采访任务。罗绮萍的英文采访能力使她在《21世纪经济报道》里很快就脱颖而出,采访到了包括获得诺贝尔和平奖的"穷人银行家"尤努斯教授在内的重要财经人物和事件。

随着中国经济持续稳步发展,中国经济与世界经济的联系也日益密切,中国的财经记者对国外政府官员、企业高管、学者的采访也会越来越多,英文水平的低下,将会影响财经记者事业发展的空间。

3. 增强财经新闻采写技能

很多媒体负责人在提及财经记者素质时,不约而同提到了采写能力的重要性。然而,娴熟采写技能的练就并非一日之功。提高新闻采写技能,新闻记者在不断提升自己的职业道德修养和储备相关知识之外,还要不断在实践中学习、锻炼,用职业态度来锤炼采写技能。

要充分认识到采写的重要性,培养扎实的采访作风和娴熟的写作技能。很多财经新闻作品之所以没有影响力和穿透力,其中很重要的原因是作者采访不够深入,所做采访只是一种浅尝辄止的外围采访,未能真正接触核心事实,采访到核心人物,因此对新闻事件的本来面目也就不能有客观深入的反映。重视采访和提高采访技能,是记者的基本职业态度。在财经新闻写作方面,初学新闻写作的人,可以学习、模仿成功媒体或著名记者的写作风格,但要在模仿和学习中逐步掌握新闻写作的技巧,并上升到对财经新闻写作规律的把握。在写作中,财经新闻记者尤其要注意锤炼和培养自己的描述能力和独立思考的能力。

一些重要的财经新闻由于涉及的关系、人员、利益复杂,其真相往往隐藏在扑朔迷离的假象中,这种新闻的采写,更像是侦探破解复杂案件,它需要时间、耐心、严谨的态度、努力的工作。新华社河南分社记者谢登科,为了调查郑百文造假上市、内部管理混乱问题,花了近两年时间,采访上百次,接触100多人,收集了6本笔记本的资料,在此基础上,他写出了《假典型巨额亏空的背后——郑百文跌落发出的警示》。《假典型巨额亏空的背后——郑百文跌落发出的警示》一文播发后,引起了强烈广泛的社会反响。中央有关部门领导对郑百文事件高度重视,由国家有关部门组成的调查组对郑百文巨额亏空问题展开调查,并进行了查处。

4. 积累财经报道人脉资源

平时的积累除了以上几点外,人脉资源的积累也是非常重要的。特别是财经动态信息的采写,关键不在写作,而在于信息来源。而信息的获得有赖于记者长期人脉资源的积累。有了报道资源和人脉,才能获得更多的新闻来源,找到更权威的采访对象,有更加深入的见解,提升新闻报道的价值。

那么,财经记者如何积累人脉资源呢?记者何华峰这样建议:"首先需要确定关系范围,一开始目标明确不要太广,比如说报道零售业就可以从几家有影响的百货公司开始;其次维护关系要有绩效,不能害人家,不可以做骗人、歪曲的报道;第三就是在信任的基础上,通过专业知识赢得对方,可以利用自己信息面广的优势为他们提供一些信息,让他们觉得除采访外,和你交往还有收获。"

著名财经记者胡舒立在人脉资源上的经营广为人知,下面是其中两则:

1999年底，适逢中美两国刚刚签署"入世"协议，广东举办了一个中国入世的高级研讨会，好不容易请来中国恢复关贸地位的首席谈判代表、经贸部副部长龙永图到会，此公当时可谓是炙手可热的人物，在广东开完会议后即将飞赴美国参加西雅图世贸组织年会，龙所以有言在先，到广东出席会议的条件是拒绝会见任何传媒。然而胡舒立飞来广州，却可以一面在金桥大厦的大堂里与我们随意聊天，一边拿着手机打到龙永图下榻的地方，直通通地就对龙的秘书说，告诉龙部长我是胡舒立，龙永图居然还真的就过来接了胡的电话，胡在电话里与龙部长交谈甚欢。胡说："龙部长，这次在广东会议上我就不打搅你了，但我希望能够在西雅图再采访你。"龙客气答曰："好的好的。"旁坐的熊晓杰欣美不已，并万分感叹："跟龙永图都这么说话，当记者当到这个份上，值了！"①

胡舒立一个重要的人脉来源是80年代、90年代设计了中国经济体制改革的体改委（办）或其相关人士，王岐山、周小川等人都是胡舒立的重要内线。直到今天，《财经》杂志的一条报道主线就是国企改革。无论是电信拆分、上市，还是中石油、中石化的改革，包括农村新土地革命等，都明显地沿袭了她一贯的关注重点。当然，其消息来源也沿袭了她多年的人脉资源。90年代初，第一代海归派归国，他们带来了一个重要的概念，资本市场。当时，按照朱镕基指示，部级以上官员全体学习资本市场。建立资本市场并运用新的工具改革国企成了经济体制改革的新内容。在此前后，胡舒立两次出国，直接采访报道了当地有影响的公司购并案。但是，这段经历最主要的意义在于使她得以切入新崛起的海归派，其中最为铁杆的是原中银国际总裁方风雷（尽管此人作风、意识上一点不海归）。方风雷为胡舒立迅速切入国际投资银行提供帮助。因此，早年的体改委和后来的投资银行界人士，是胡舒立在诸多重要事件中得以获得第一手资料的重要桥梁。②

也正是有胡舒立长期积累的广泛人脉资源，《财经》杂志才有了《基金黑幕》、《谁控制了冯明昌？》、《成败陈久霖》、《琼民源》、《君安震荡》等一篇篇重磅报道的相继问世。

积累人脉资源需要时间，对于一个刚入行的新人来说，这无疑是很大的挑战。诚恳的态度是赢得采访对象信任、积累人脉资源的有效手段。

（二）临时的准备

财经新闻采访临时的准备主要包括准备采访资料、熟悉采访对象和拟定采访计划等几方面。

1. 准备采访资料

如果是突发性新闻事件的采访，记者应尽快奔赴现场，没有时间可以不做采访前准备，

---

① 佚名：《京城媒介江湖大腕》，http://home.donews.com/donews/article/4/42777.html。

② 佚名：《关于胡舒立的几个花絮》，http://xiaosanzi.blog.hexun.com/828257_d.html。

到现场视情况而定。如果是延缓性新闻(非突发性新闻或预知性新闻),比如会议采访,节日报道,大型活动采访,到某个行业企业采访等等,记者预先可以计划行程,就要做好采访前的资料准备工作。

做好采访资料的准备工作,有助于记者顺利实现与采访对象的沟通,提高采访效率。了解采访对象的背景资料,有助于记者提出精彩的问题,同时也可以避免采访中出现不当表现。

采访资料的准备工作,可以从三方面着手,一要准备采访对象的基本资料,如年龄、职业、兴趣爱好以及个人经历等;二要准备相关新闻事实的背景材料;三要准备相关的理论知识。这些资料可以通过查阅相关文献、以往的媒体报道获取,也可以通过预采访掌握情况。

2.熟悉采访对象

熟悉采访对象既可以进一步补充相关资料,又可以使采访对象更愿意接受记者采访,和谐采访气氛。

熟悉采访对象可以从两个方面着手。一方面可以通过材料熟悉采访对象。在进行新闻采访前,记者要通过多种渠道获取关于采访对象的相关资料,如采访对象的简介、特点、专长以及采访对象与所采访问题的利害关系等。另一方面,可以通过采访对象熟人熟悉采访对象。只有对采访对象有了较充分的了解,记者才能提出更深入细致、切中要害的问题,才能获得有价值的新闻。

3.拟定采访计划

采访计划,指记者对于采访活动的基本设想,包括采访目的、要求、步骤、方法、时间,以及找什么人,提什么问题,阅读什么资料,还有采访中可能出现的困难和处置的方法等。采访作为一种目的性较强的活动,事先拟订好采访计划,可以避免盲目性,争取采访的主动。

如何制订采访计划,要因人因事而定。一般来说,简单的采访活动,拟出概要的计划(访问提纲)即可;重大事件、重要人物、专题新闻、综合新闻的采访,则需要拟出较为详尽的采访计划和访问提纲。无论是哪种情况,采访的目的是为了获取充足的材料,为写作新闻服务。为达到这一目的,在拟订采访计划时,要注意考虑以下几个方面:

第一,明确采访要解决什么问题,从而规划总的采访要求和各单项采访的要求。

第二,确认重点采访对象、一般对象以及采访应该涉及的领域、部门和现场。

第三,设计采访方式、采访顺序和时间安排等。

第四,选择采访的突破口。

以上这四个方面,组成了采访全过程的整体构想。但是采访中所面临的客观情况是错综复杂、千变万化的,即使事先拟订的采访计划再周密详细,也很难在实际的采访中不折不扣地实现。因此,记者应当根据变化的客观情况灵活调整计划,拟订新的访问纲目。为了能够及时做到这一点,在拟订计划时,最好多设几套方案,一种方案行不通时,立即更换另外一

种,免得措手不及,同时也要培养临场的应变能力。

4.其他准备

关于采访的临时准备,除上述几方面外,还应当做好必要的思想准备。如采访小人物、小事件不要马虎大意,采访大人物、大事件也不要紧张和自卑,树立采访的责任心和自信心。面临一些艰巨的采访任务,还要做好吃苦、冒险的精神准备。

采访工作的一些必需品也要事先准备妥当。如文字记者要准备好采访本、笔、录音设备等物品,摄影记者在临行前要将相机、电池、闪光灯等设备检查一遍,广播电视记者要准备好录音机、摄像机等器材。这些必备的物品,临场时缺少一样,也会影响正常工作,造成难以弥补的损失。

三、财经新闻的采访实施

(一)提问

在采访的实施阶段,最重要的一个问题是怎样向采访对象提问。一位成功的新闻记者,首先是一名出色的提问者。记者采访的问题涉及采访对象的专业、行业时,记者的问话应该具有一定的专业知识水准,这样才能赢得采访对象的信赖与尊重,才能引发采访对象的兴趣与共鸣。

一般来讲,记者的问题可分为开放式问题和闭合式问题。

所谓开放式问题,就是问题比较概括、抽象,对回答的内容限制不严格,给对方充分自由发挥的余地。开放式提问在新闻采访中常用于访谈的开始阶段,适于转入话题、搜索情况、调节气氛、发现遗漏、缓冲记者的压力等情况,可缩短记者和被采访对象的心理、感情距离,为采访营造一个相对宽松自由的氛围。但是由于开放式问题较为松散和自由,难以深挖,通常很难一个问题就问到点子上。

所谓闭合式问题,就是问题比较具体、单纯,范围限制很严格,对方一般要作较为直接明确的回答。对采访对象而言,闭合式问题提问具体、范围严格,回答起来比较方便。同时,封闭式提问留给对方回答的自由余地较小,限制对方扩散发挥,便于采访者对某个事件或某人的观点进行追问。

在实际采访中,"开放式"与"封闭式"是相对的,开放度小便接近于封闭式,封闭度小便接近于开放式。开放式提问与闭合式提问的优点与缺点是互补的,将二者有机结合起来灵活运用,才能达到事半功倍的效果。

2003年两会期间在人民大会堂小组会后,众记者围堵采访戴相龙。中央电视台记者王小丫先提问题:"您刚刚完成由人民银行行长向天津市长的角色转换,请问您的感受是什么?您如何看待今年我国经济增长7%?"对这一宽泛的问题戴相龙没有回答,只说另找时间坐下来慢慢聊。接着另一中央电视台记者张雪梅进行了封闭式提问:"一、请问您准备为天津人民做些什么?""二、请问您希望天津人民给您一个什么样的评价?"对于这两个问题,戴相龙立刻给予了回答:"发展经济,维护社会稳定……""一个好市长!"

这个采访实例告诉我们,要灵活运用提问方式。在环境、时间允许的情况下,采访对象能够静下心来专心访谈,可用开放式问题调节气氛。在环境、时间不允许时,记者宜采用封闭式提问。

在财经新闻的提问中还要注意问题不要太空洞;问题要问到点上,不提外行问题;不要借提问机会卖弄自己的知识,受众更想获悉的是采访对象的想法而非记者的观点;不要提暗示性太强的问题,这样的提问容易诱导受众,使采访材料失去真实性。

说到底,提问是一门艺术,运用起来并没有什么固定的格式,运用之妙存乎一心。

(二)观察

现场观察,是一种无声的采访,是记者进行采访活动的一个重要手段。记者只有在现场学会观察,善于观察,不断发现更多的新闻事物,运用恰当的思维方式去挖掘事实所蕴涵的更深的新闻价值,才会写出准确、鲜明、生动、形象的新闻作品。

记者进行现场观察,要会观察。首先,观察要明确观察目的。目的明确后,才能有效地把注意力集中起来。其次,在观察时注意抓特征,抓细节,练就一双目光犀利的"新闻眼"。细节能增加新闻的信息含量和真实性,使故事具备较强的现场感和形象直感度;细节往往具有以一当十的说服力;细节越生动,受众的神经中枢越能保持长时间的接受兴趣。美联社记者休·马利根指出,"生动的细节可以使纸面上的文章留在人们的心灵上,渗透到人们的情感中去。"再次,在观察的同时还要善于思考,只有这样能提高观察成效,并使报道具有一定的深度。

《财经》杂志副主编马克2003年12月的一次重要报道活动充分显示观察在采访中的重要意义。2003年12月4日,当时在《南方周末》工作的马克受命采写"谁来推动京津冀经济一体化"专题报道,这一报道与长三角经济圈、珠三角经济圈的报道形成一个整体,同时推出。当时长三角经济圈、珠三角经济圈的报道已经顺利完成,唯独马克负责的环渤海经济圈没有进展,接受采访的专家说,环渤海经济圈根本没成形,这个选题没有意义。马克于是顺势进行逆向思维:为什么其他两个经济圈已经风生水起,而环渤海经济圈却迟迟没有动静呢?马克认为,经济一体化就是人流、物流、资金流的叠加,"三流"的资料搞清楚了,这个问题就解决了。马克先去查找有关资金流的数据,发现北京和天津之间的相互投资少于他们和欧亚大陆以及太平洋地区的相互投资。而物流、人流就要靠记者的现场观察和询问了。对于物流,马可采取的是坐出租车在京津唐高速路上数车牌,一共数了50辆货车,发现京津之间的车特别是集装箱车很少,很多车是从江苏、山东等地开过来的。对于人流的调查,马克在天津住的宾馆周围1里以内的地方随机询问,是否有亲戚或朋友在北京工作的,问了七八个人,只有一人有这个情况。马克通过数据查询、现场观察询问,获得了重要的一手资料。从此再进一步分析,就得出了这次报道的重要结论。

因此,我们看到,新闻采访中的现场观察,不仅是记者进行采访活动的一个重要手段,更是记者必须掌握的一项本领。财经记者只有在具体的新闻采访活动中熟练地掌握了现场观

察的方法和内容,并且灵活运用,才能做出出色的财经新闻报道。

《华尔街日报》2002年5月8日一篇名为《快餐店锱铢必较 餐巾纸越发越少》的文章,就显示出作者敏锐的观察能力和分析能力。记者观察到,快餐店提供的餐巾纸越来越少,那么这是怎么回事呢? 记者通过一系列的调查数据分析,得出了纸张成本上涨、快餐市场利润缩减的结论。

这个案例告诉我们,现场观察,往往能够获得真实、关键的信息,从这些关键信息入手,可以得出新鲜的结论。

（三）突破能力

由于财经新闻涉及国家政策、地方利益、企业利益,在财经新闻的实际采访中,往往会遇到很多阻碍。这个时候,突破阻碍获取真实准确信息就成为采写成功的关键。

《21世纪经济报道》依靠该报创办前《南方周末》记者的传统,在采访突破能力显示出超强的优势。《21世纪经济报道》政经新闻中心总监汪生科在2004年就成功地做了一个产权改革的报道,报道成功的关键就是采访突破能力。当时汪生科从《京华时报》上看到一则简讯,说国资委主任李荣融将到东北调研产权改革问题。报社感觉这是一个重要选题,决定派汪生科奔赴东北现场采访李荣融,获取一手信息。但是由于这是国资委的一次重要工作,除了新华社记者外,并未邀请其他媒体参加,因此,李荣融在东北什么地方、什么时间调研,全然不知,这完全需要记者将自己的全部潜能充分发挥出来。汪生科首先给黑龙江、吉林、辽宁三省的国资委打电话,得知李荣融调研第一站是黑龙江省国资委。到哈尔滨后,汪生科又打了30个电话,获得了座谈会的准确时间地点。于是,第二天汪生科赶到了座谈会地点,并且成功进入会场,获取了全部会议资料,及时写出了报道。

从这个案例我们可以看到,财经记者的社会活动能力、沟通能力、应变能力十分重要。从事财经新闻工作,一定要分析自己的性格特点,找出自己的优势和不足,在实际采访中扬长避短,成功突破阻碍,获得重要信息。

第二节　财经新闻的写作

一、财经新闻的写作要求

很多媒体负责人在提到财经记者的素质时,不约而同地提到了写作能力的重要性,认为一个合格的财经记者要有很好的表达能力,能讲出优美的商业故事。财经报道专业性强,涉及的图表数字、专业术语较多,没有娴熟的写作技巧,这些图表数字和专业术语无形中就会给读者增加读者的阅读障碍。因此,掌握娴熟的写作技巧对财经记者来说非常重要。

财经新闻的写作需要注意以下几点。

（一）准确

对财经新闻而言，准确是财经新闻存在的前提。财经新闻的准确比时效更为重要。如果记者采集的数据和事实不准确，或者对观点的描述有偏差，那么这条新闻就站不住脚，错误的信息很可能导致受众做出错误的决策，给受众带来经济或精神上的损失。

2005 年 5 月 12 日《华尔街日报》刊登了一则新闻——《蹩脚翻译引发全球外汇市场一日疯狂》，讲的是中国新闻社驻香港记者一篇关于人民币汇率的新闻引发了全球外汇市场的轩然大波。

蹩脚翻译引发全球外汇市场一日疯狂

对于中国新闻社（China News Service，简称：中新社）驻香港记者关向东而言，作旅游报道或许比作财经报道要得心应手得多。可上周六偏偏是她值班，而精于财经报道的同事却在休假，而那一天她偏偏就用从香港当地报刊的新闻报道和分析文章中东摘一点西摘一点凑成了一篇关于人民币升值可能造成的影响的文章。

四天后，她的这篇文章在日交易额上万亿美元的全球外汇市场引起了轩然大波。随着美元汇率的大幅下挫，从新加坡到斯德哥尔摩，一时间世界各地外汇交易员和基金经理们恐慌的电话声响成一片，成堆的电子邮件几乎要挤爆他们的邮箱。不过，随着那篇因为蹩脚的翻译而产生误导的文字很快从互联网上消失，这场风暴也很快平息了下来，然而风暴虽平，它造成的损失却已无法弥补。

一家名望并不显赫的半官方新闻社的一名普通记者的一篇文章竟能引发如此大的市场风暴，同时也让措手不及的交易员蒙受了巨大损失，这一方面暴露出目前中国媒体差强人意的编辑水准，另一方面也凸显了当前美国不断向中国施压要求人民币升值的形势下外汇市场人人战战兢兢、如履薄冰的紧张状态。

关向东从中新社在香港的编辑部发出的是一篇中文报道，但是到昨天下午，这篇报道被翻译成文理不通的蹩脚英文登上了一向有中国共产党喉舌之称的《人民日报》的网站上。翻译的英文报道中赫然宣称中国将在下周中美经济官员会晤后宣布人民币升值。

接着，当互联网搜索引擎搜索出的这篇英文报道出现在彭博资讯（Bloomberg）伦敦办公室的电脑屏幕上时，这条消息迅速以标题新闻的形式传向了全球各地。

"这着实让市场大吃一惊，"摩根大通（J. P. Morgan Chase & Co.）的亚洲货币策略师克劳迪奥·派伦（Claudio Piron）如是说。消息传出时他正在新加坡。他说当时交易员们即刻开始抛售美元，同时买进一切可以染指的亚洲货币，主要是日圆、新加坡元和印度卢比。之后，当彭博及竞争对手路透（Reuters）开始对消息可信度表示怀疑时，交易员们又马上开始买回美元。派伦说，有些交易员因反应不及而就此被套，很多人为此而懊恼不已。

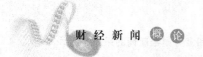

关向东说她对这一切也是异常惊讶。"我想不出怎么会产生这么大的轰动,"她说。她坚持认为她所做的就是从香港当地的报纸上搜罗关于人民币升值可能对香港产生的影响的观点——她在文章中引述观点时没有注明来自哪家报纸,而多将这些观点含糊地归于"观察人士"。从实际情况看,她所引述的观点的主要来源是左翼报纸《大公报》的一篇社论。

但接下来发生的事情就很难再说是关向东的错了。《人民日报》网络版拿到她的这篇报道后便派给了一位兼职翻译,而这位翻译交出的译稿中说,中国已决定在一个月内和一年后分别让人民币升值 1.26% 和 6.03%。实际上关向东文章中引述自当日香港报纸的这两个数字所表示的只是不可交割人民币远期市场交易报价所反映出的市场对人民币升值幅度的预期。另外,《人民日报》网站上登出的这篇从中文翻译过来的英文报道既未标明记者姓名,也未注明消息来自中新社。

彭博的标题新闻出现在交易终端屏幕上时正值亚洲交易时段即将结束、欧洲交易时段即将开始之际。

在斯德哥尔摩,为瑞典经纪公司 Hagstromer & Qviberg 管理中国证券交易的赵炳浩(Frederic Cho)先是用公司内部扬声器系统向目瞪口呆的公司同仁报告了这条消息,随后便开始在互联网上搜索这篇报道,疯狂地给在亚洲的记者和金融界熟人打电话。"在我看来这没道理,"他说。哪国的中央银行会提前一周宣布对本币进行价值重估,而且还有确切的数字?

在上海,渣打银行(Standard Chartered Bank)首席中国经济学家王志浩(Stephen Green)也同样感到困惑。"我的第一感觉就是这太奇怪了,"他说。他拿起电话开始联络中国的相关监管机构。最终,他的研究小组从互联网上挖出了这条翻译出来的英文消息以及原始的中文报道,并推断出了事情的原委。他立即给渣打所有人员发了一条电子短信,解释说问题在于翻译错误。

曾几何时,一篇文章或报道要想登在《人民日报》上须先得到政府部门的首肯。外国记者往往会在字里行间仔细推敲来搜寻可能暗示政策变化的蛛丝马迹。如今这已成为历史。处于激烈商业竞争压力下的中国官方媒体现在往往也需要抢新闻,新闻的基本准则——准确性——也不免因此受到影响。外部世界显然还没有跟上这种形势变化。

可毕竟"《人民日报》是中国政府的喉舌呀",摩根大通的派伦说。

或许正是因此,全球外汇市场才会在彭博新闻见诸交易终端后几分钟内出现大约20亿美元左右(据派伦估计)的交易额。市场普遍相信,一旦人民币升值将会引发亚洲地区更大范围内的货币价值重估大潮。目前亚洲各国和地区的中央银行一直都在大规模干预市场以便压低本币汇率从而使自己在出口上享受竞争优势。

彭博认为自己在这条新闻的处理上没有错。其长驻纽约的发言人朱迪斯·泽鲁斯尼亚克(Judith Czelusniak)说,如果中国政府的报纸刊登消息说中国将放松汇率控制的话,那是大新闻,彭博自然应予报道,不报才是失职。她说,在《人民日报》宣布这条消息翻译有误后,"我们也立即作了相应的报道。"

路透更是乱上添乱,发布消息说,彭博援引《人民日报》消息报道称,人民币将升值。该社地区主管编辑亚当·考克斯(Adam Cox)说:"市场开始出现波动时,我们便进行了追踪报道。"他说他的团队在搜寻市场波动的根源时从外汇市场交易员处听说那是彭博一篇关于人民币的报道引起的。而当他的手下最终找到这篇报道时,他说发一篇援引彭博报道的路透报道便成了很自然的事情。"这算不上真正意义上的延误,"他说。

《人民日报》网络版的编辑把那篇英文报道从网上撤下来之后公开就此表示了歉意,尽管其中多少带点为自己辩白的意思。一位不愿透露姓名的编辑说:"我们很遗憾(这篇文章的)翻译不够准确,这是我们的错。"但这位编辑同时也使劲指责中新社,说中新社记者的文章中"含糊其词的地方太多,所以才导致误译"。

中国前一次于1994年调整汇率体制的时候,官方新闻机构新华社(Xinhua News Agency)就此发布了一篇2,500字的报道,不辞辛劳地就调整细节作出了详尽的解释。消息是于元旦正式宣布的。顺便说一句,那一天恰好也是星期六。

高盛(Goldman Sachs)昨日晚间发布的一份研究报告题为《在译文中迷失》,对昨日外汇市场发生的一切进行了分析,反映出了亚洲地区的投资银行业当前的无奈。

摩根大通的派伦说昨天在办公室真是"忙疯了",现在就要收工去好好喝一杯。

从《华尔街日报》的这篇报道可以看出,这篇不实报道之所以出炉,并造成恶劣影响,原因有三。一是外行人报道财经新闻,信息来源单一,新闻报道不专业。二是蹩脚的英文翻译直接导致错误财经资讯的产生,"不可交割人民币远期市场交易报价所反映出的市场对人民币升值幅度的预期",在翻译后成为官方决策——"中国已决定在一个月内和一年后分别让人民币升值1.26%和6.03%"。三是人民网在转发翻译过的新闻稿件时没有标明消息来源,《人民日报》的权威性和公信力提升了假新闻的可信度,加快了假新闻的传播速度,扩展了假新闻传播范围。这则错误财经报道的后果是给全球外汇市场带来了恐慌和危害——"在日交易额上万亿美元的全球外汇市场引起了轩然大波",全球外汇市场"在彭博新闻见诸交易终端后几分钟内出现大约20亿美元左右(据派伦估计)的交易额"。

财经活动的复杂性与专业性,及受众对财经新闻价值的特殊诉求,要求财经新闻工作者一定要做到准确客观。一方面财经记者必须具备足够的经济专业知识,另一方面在财经报道中,财经记者不能仅凭单一的新闻来源提供的信息写新闻,记者至少要从两个不同来源核实信息的真准度。

(二)简洁

除了准确,财经新闻写作还要做到清晰简洁、一目了然。如果一个句子读者需要两遍才

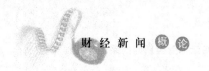

能读懂,甚至还读不懂,这样的财经新闻作品就是不合格的作品。简洁清晰是财经新闻写作的重要原则。《华尔街日报》对于新闻写作的基本要求,就是力求用简洁的语言来说明复杂的问题,用生动活泼的语言叙述枯燥乏味的商业活动。在谈到美联社的财经报道时,美联社商业主编凯文·诺贝莱特(Kevin Noblet)也说,"我们强调简洁清晰的财经报道"。美国合众国际社曾就句子用词的长度问题拟了一个表格:

句子的易读程度	句子用词的平均长度
最易读	8 个词以下
易读	11 个词
较易读	14 个词
标准	17 个词
较难读	21 个词
难读	25 个词
很难读	29 个词以上

从上表可以看出,句子越长越难读。财经新闻要做到简洁清晰,记者在写作时要多使用短句子,多使用主动句式,行文注意多分段。这些都有助于文章的简洁,提升财经新闻的可读性。

(三)通俗

财经新闻还应通俗易懂。财经新闻面对的信息源大都是专业性、技术性强的信息,这些信息抽象,普通受众接受有一定的难度。从事财经报道的记者要做好"形象翻译"工作,把专业性和技术性变为通俗性和大众化。

前些年我国经济由卖方市场转向了买方市场,中央提出扩大内需,实行积极的财政政策。记者在进行相关报道时就要做好术语"积极的财政政策"的翻译。记者詹国枢是这样解读的。

> 什么叫积极的财政政策呢?有经济学家概括出了两句话,一句叫"百姓不买政府买"。一句叫"现在不买将来买"。
>
> 百姓不买政府买——老百姓不是不愿意掏钱买东西吗?那不要紧,你不买,好的,由政府掏钱买吧。买什么呢?当然不是买日用百货,而是修公路,拉电网,搞建设嘛。
>
> 现在不买将来买——如今政府哪里掏得出那么多钱呢?不要紧的,现在没钱,可以借呀,从哪里借?向银行借,发国债呀。也就是拿将来的钱,办现在的事嘛。[1]

---

① 詹国枢:《詹国枢说新闻写作之五:通俗是一种境界》,《新闻与写作》,2007 年第 9 期。

短短两句话,把深奥的、学术性的术语,换成通俗的、大众化的语言,把"积极的财政政策"说得清清楚楚,明明白白。

财经新闻要写得通俗易懂,需要记者有一定的专业知识积累及较高的文字表达能力。具体而言,记者的财经报道要做到通俗,一要认真钻研专业知识,弄清各种经济术语。只有成为内行,讲起"故事"来才更贴切,更生动。二要注重报道选题的现实性和生活性,尽量选取和老百姓生活息息相关的话题,才能更好地运用故事化的表现手法。三要重视写作方法的创新,可尝试多种写作方法,让财经新闻增加趣味性。

二、财经新闻的写作技巧

财经新闻由于其专业性等特性,往往可读性差。要想增强财经新闻的可读性,我们可以在财经新闻写作时采取一些技巧。

(一)做好"术语"翻译

财经新闻是对国内外社会经济生活及与经济有关领域的新闻报道,所报道领域包括宏观经济政策和形势报道、区域经济报道、行业报道、资本市场报道、公司报道、消费市场报道等,这些领域都有自己的行业特点,有行业的专业术语,如"贴现债券"、"掉期利率"、"外汇储备额"等等。一般而言,这些专业术语只为多数业内人士了解,外行人不易看懂。但公众对财经信息的需求量日益增大,财经新闻受众范围越来越广是一个趋势。财经报道应尽可能让更多人看懂。记者在写财经新闻时,对专业术语一定要做好"翻译"工作。

《人民日报》记者马宏伟在介绍诺贝尔经济学奖获得者、美国经济学家罗伯特·福格尔提出的"技术生理演变"概念时,通过形象的"翻译",向读者清晰地说明了人力资本投资回报的复杂经济学问题。

为什么休闲多的人反而富有

劳动是财富之父。一分耕耘一分收获。不懈努力,勤奋工作,是享受美好生活的必要条件。然而,仅就自食其力者而言,我们也经常看到这样的现象:富裕国家的人们的劳作时间和劳动强度大大低于贫穷国家,休闲、旅游、度假是其重要的生活方式;富裕的人们的劳作时间和劳动强度也大大低于穷人。这就提出了一个问题,为什么那些"日出而作、日落而息"的人大多贫穷,而那些经常享受阳光、海滩的人却反而富有呢?

对于一个经济体来说,这是发展阶段问题。诺贝尔经济学奖获得者、美国经济学家罗伯特·福格尔提出了"技术生理演变"概念,用以解释过去一个世纪中富裕国家经济发生的本质变化。所谓技术生理演变,是指快速技术发展和人类生理进步的协同作用。它克服了三个世纪前普遍的慢性营养不良,由此带来的人类生理改进又成为推动发达国家经济增长的重要因素。技术生理演变的另一个表现是消费结构及工作与休闲时间分配的改变。一个世纪前,西欧和美国家庭一家之主的绝大部分自由支配时间用于谋生,而现在他们中的大部分人每天用于休闲的时间比工作的时间还要多。也就是说,这

些人已足够富有,谋生不再是主要的事情,在大多数情况下,他们做事是为了事情本身所带来的乐趣。因而,休闲并不等于懒惰,而是一种使人惬意的生活方式。正如爱尔兰作家萧伯纳所言:"劳动是做我们必须做的事情;休闲是做我们喜欢做的事情;休息是什么事情也不做,让我们的身体和心智消除疲劳。"

对于个人来说,这是对人力资本投资的回报。不难发现,休闲时间较多者大都受过良好教育,从事比较复杂的脑力劳动。据统计,从20世纪50年代到80年代,美国大学毕业生与高中毕业生的收入差距扩大了一倍多,高等教育的个人收益率上升得相当快。到20世纪末,随着以信息技术为代表的新技术革命的迅猛发展,不同教育水平的人收入差距更大了。高收入以及生活无忧是享受休闲和创造的基础。

无论是发展阶段的结果,还是对人力资本投资的回报,休闲多的人反而富有体现了知识和创新在经济增长和个人发展中的作用。据报载,瑞典等北欧国家人均国内生产总值和人均收入都居于世界前列,但这些国家同时又是世界上生活最悠闲的国家,一个瑞典人一生只有8%的时间在工作。生活如此悠闲,为什么还能创造如此巨大的社会财富呢?答案除了认真、高效,还有创造;而高效的一个重要来源也是创造。由于工作不紧张,北欧人乐于从事另一份工作——改良技术。瑞典是世界上专利申请数目最多的国家之一。在全球"最有创造力的国家"排行榜中,北欧国家在创新能力方面正在赶超美国,瑞典已经超过美国而位居榜首。

为什么知识和创造具有如此大的魔力呢?这是由知识和创造不同于其他生产要素的独特性质所决定的。从投入端来看,知识产品可以同时参加任意多的生产过程。也就是说,新的知识和技术被创造出来以后,就可以迅速复制、扩散和渗透,而不受资源稀缺规律的制约。从产出端来看,其他要素一般要受边际收益递减规律制约,即在技术水平和其他要素投入量不变的条件下,连续追加投入一种生产要素,超过临界点之后,其边际收益将出现递减的趋势。但知识和人力资本的积累却可以产生递增收益,而且知识的扩散和渗透还会不断改进其他要素及其使用,从而使其他要素的收益以及总的规模收益递增。

可见,知识的增进、技术的进步带来财富的增长、人类生理状况的改善以及闲暇的增多,人们就有更多的时间去从事感兴趣的创造性活动,而这又加快了知识和技能的积累,从而形成了休闲与财富同步增长的社会经济现象。当前,资本的主要形式正在从厂房、机器等转变为人力资本或知识资本。无论对于国家、企业还是个人来说,市场竞争和个人生活的成功与否,正愈来愈由这些非物质资本的数量和质量所决定。

(作者:马宏伟,来源:《现代商业银行》,2006年第9期)

"技术生理演变"作为人力资本投资回报方面的一个复杂经济概念,其专业性和技术性会把多数受众排斥在外。为了让受众了解相关理论,作者用"为什么休闲多的人反而富有"

这个公众关心的话题作为标题,拉近了经济学概念和普通读者的距离。而后又通过举例子等多种写作手法深入浅出地讲解相关知识,使公众了解了人力资源投资的重要性。"技术生理演变"这个复杂的术语,经过作者的"翻译"后,受众就很容易理解了。

做好"术语"翻译的关键在于真正理解"术语",把"术语"吃透,弄明白,然后把它抽象出来,通过举例子、讲故事等受众愿意接受的形式将信息传达给受众。

(二)灵活使用数字

数字是准确、简洁、有力、直观的新闻语言,在财经新闻的写作中代表说服力和可信度。财经新闻离不开数字,财经记者更是免不了要与数字打交道。数字运用得当,会起到画龙点睛的作用;运用失当,则会使读者厌烦。

重视数字,用好数字是财经记者的基本功。如何巧妙地运用数字,让数字多一些形象,少一些抽象,是财经新闻写作中必须考虑的问题。

在比较中用好数字。比较是人们认识事物的一种有效方法。单个数字毫无意义,只有比较,才能体现数字的价值。在财经报道中仅仅做这样的表述"今年我国实际使用外资90.63亿美元"是不够的,还应该告诉读者"去年我国实际使用外资81.58亿美元"才更有价值。在比较中使用数字,要确保数字具有可比性。我们经常听到诸如此类的说法:"20年前我刚参加工作时,每月工资是300元,现在我每月的工资收入4500元,20年我工资长了4200元。"这种忽略利率变化和通胀因素的比较是不具可比性、没有意义的。

在比喻中使用数字。数字是抽象的概念,在比喻中使用数字可以使抽象的概念变得具体形象。比如讲到四川乐山大佛的大小,可以直接描述为"大佛身高71米,头长14.7米,宽10米",还可以进行形象的比喻,"乐山大佛有25层楼高,相当于32个篮球巨人穆铁柱的身高。……它的每个脚背上可以停放5辆解放牌汽车,脚的大拇指甲上,可以摆上一桌酒席"。两种表述方式相比,显然后者更胜一筹。借助比喻,把乐山大佛的高度、宽度转换为人们熟知的人、车、楼、酒席的高度、宽度,枯燥、抽象的数字顿时生动鲜活起来。

在折算中使用数字。单纯的数字放在报道中,受众很难对它产生兴趣。但如果对数字进行折算处理,把数字与人们普遍关注的事物联系在一起,数字中蕴涵的丰富内容就会形象地展现在受众面前,数字就会成为受众关注的对象。比如在提到上海洗车用水量时,单纯数字——"上海一年用在洗车上的自来水超过1500万立方米",很难激起读者阅读兴趣,而折算后的表述——"相当于3个北京昆明湖水量",不仅受众容易理解,而且深化了报道主题。

在安娜·谢芙琳和格雷海姆·瓦茨所著的《当代西方财经报道》一书中,将财经报道中数字图表运用的原则归纳为以下几条:让数据为报道服务,而不是让报道为数据服务;如果你认为数据对理解报道要表达的内容是很基础的很有必要的,那么你也不要在导语中使用超过两个数据;一般的新闻长度是400个字左右,不要用超过10个数据;让数据在你的文章里均匀分布,不要让它们挤在一起;把应该放在一起的数据放在一起;如果文章中已经有诸如长句子、专业术语等因素,就尽可能少用数据;可以考虑把一些数据制作成图表;不断核对

数据。这些原则可供我们在财经新闻写作中借鉴。

（三）多些细节描写

文学作品的细节能具体生动地反映出事物的特征，刻画出人物的个性，增强作品的艺术感染力。新闻作品也是一样，通过精心选择的细节来反映事物的特征，突出报道主题，起着以一当十的作用。

抓细节是财经新闻写作常用的手段。细节可以是财经新闻人物的典型语言或典型动作，也可以是财经新闻事件中的一个小插曲或一个场景。这样的细节往往是生动的，可以表现财经新闻主题。在财经新闻写作中，运用这种手法的好处是让读者有置身事件中的感觉，使新闻更加生动、立体、易懂。如《财经》2004 年的一篇调查性报道《成败陈久霖》中有大量的细节描写。

> 12 月 5 日，周日中午，湖北黄冈市浠水县竹瓦镇宝龙村。43 岁的陈久霖跪在祖父的坟前，上了一炷香……
>
> 陈久霖 12 月 1 日抵京。当晚 6 点，他接到了来自新加坡《海峡时报》的电话，遂在电话中简短表示："我对不起投资者。但我已经尽了力了。"在此之后，陈在几次有限地接受新加坡媒体电话问询时，"我已经尽了力"这句话，每常脱口而出……
>
> 12 月 3 日清晨，中航油（新加坡）丑闻曝光后的第三天，《财经》记者来到了新加坡。
>
> 在 Suntec 大厦 31 楼的中航油（新加坡）总部，从外面的走廊，可以透过玻璃看到里面半透明玻璃区隔的会议室。气氛紧张，接待台前身穿蓝色制服的专业保安正在踱步。公司的发言人云大卫（Gerald Woon）客气地把记者带到楼下，连续抽了两支烟才说，由于还没设定公开的解决方案，公司和特派小组不能向媒体表态……
>
> "纵有千千罪，我心坦然对，竭忠为大众，失误当自悔。"他给记者看了一首自作的诗，竭力显得镇定……
>
> 陈久霖的老家湖北黄冈浠水县，距武汉有两小时车程，而他出生的宝龙村，离县城又有 30 里路。从村口通往陈家是一条有些蜿蜒的水泥路，看去有些不起眼。几年前，陈久霖在新加坡出书挣了一笔稿酬，修了这条路，余下的捐给了民政部……
>
> （作者：张帆、王晓冰、李箐、傅凯文，来源：《财经》，2004 年第 24 期）

这些生动的场景、动作、语言描写将陈久霖这个人物鲜活展示在读者面前，为读者了解陈久霖的行为，解读中航油（新加坡）破产事件提供了有力的材料。

（四）巧用背景材料

背景材料指记者掌握的和报道事件有关的历史性事实材料，它可以是记者长期积累的知识储备，也可以是临时搜集到的资料。财经报道往往涉及经济领域的多个方面，不交代必要的背景，很难彰显其新闻价值。财经报道中恰当地使用背景材料，有助于充分展示新闻内涵,深化报道主题,帮助受众完整理解新闻的内容和意义。

新闻报道中的背景材料可分为纵向背景材料和横向背景材料。

纵向背景材料有历史纵深感,能让受众对事情发展的来龙去脉有清晰的了解,帮助受众理解报道内容。如《财经》杂志的《庄家吕梁》就是使用纵向背景材料的典型例子,通过回溯庄家吕梁的个人发展历程,揭示了吕梁从组织基金进入企业筹划重组,到在二级市场控盘指挥,再到直接通过新闻舆论为自己造势,坐庄"中科系"股票的过程。

吕梁本属文化人出身,早年间既画画又搞文学创作,20世纪80年代中期从河北进北京后一直是自由撰稿人。1988年,吕梁有中篇小说《国运》在巴金任主编的《收获》杂志发表,其实验性的写作手法在一些文学评论人士中颇受好评;次年,当时文坛相当活跃的大型文学双月刊《东方纪事》改版,一批著名作家主持各个栏目,老作家汪曾祺出任总顾问,《人民文学》杂志编辑朱伟出任特邀编辑,而"特邀美编"就是吕梁——事实上吕梁不仅是美编还是作者,在《东方纪事》上,他先后发表的长篇报告文学《龙年邪说》、《疯狂·理智——1989年中国现代艺术展印象》等,都给人留下了深刻的印象。

吕梁从90年代初开始到深圳炒股。当时股票市场在报纸上声音微弱,而吕梁既做生意又写稿件,为一些有影响的报纸充当不拿薪水、只领酬金的记者,报道为什么要有股市和如何发展股市的大是大非。1992年5月2日,《中华工商时报》周末版从第一版开始,以三个整版的篇幅,刊出了他刚刚完成的长篇《1990—1991年中国"股市狂潮"实录》节选。1992年深圳"8·10事件"发生,吕梁在该报刊出了整版报道,题为《百万股民"炒深圳"》,因其痛快淋漓的描述、深刻的反思,很是轰动一时。

从90年代前中期开始,吕梁沉寂下来,不再以文人身份在媒体上曝光了。他自己的解释是从此下了海,从1996年正式算起,先是搞咨询,后来也直接指挥一些资金的投资运作。他在深圳、上海市场有动作,到1997年还曾在香港市场有动作。据说1996年12月《人民日报》特约评论员文章发表之前,吕对此就曾有预言;1997年秋又组织资金适时撤出香港,躲过了此后红筹股的重创,也博得不少好评。

当然,这后来的"名气"主要是在证券投资界的圈子回旋撞击,吕梁活得很低调。直到1998年,他见到了老相识朱焕良,那位深圳著名的个体庄家。

(作者:胡舒立、李巧宁、李箐,来源:《财经》,2001年第2期)

使用纵向背景材料,需要记者对背景材料进行高度概括和归纳,概括和归纳能力也是财经记者应该具备的基本功。

横向背景材料的使用在财经报道中也很常见。在新闻报道中,通过提供背景材料进行横向比较,既可以提升财经新闻的价值,又可以让受众通过背景材料对新闻做出客观判断。

无论纵向背景材料还是横向背景材料,在财经新闻写作中始终都要把握为报道主题服

务这一根本原则。背景材料是财经新闻的有机组成部分,是为说明、深化主题服务的。在财经新闻写作时,背景材料要精选、巧用,既不要喧宾夺主,又不要游离于主题之外。

（五）灵活运用引语

引语的使用在一定程度上可以降低财经新闻报道的专业难度,改变新闻稿的节奏,使新闻事件或人物鲜活生动,增强报道的可读性。没有引语的新闻稿是没有活力的。在错综复杂的财经报道中灵活运用引语,可以使财经报道更加平衡、全面、丰富、理性。

在财经新闻写作时,记者需要根据财经报道的需要来决定引语的形式、方式。

从形式看,引语可分直接引语和间接引语。

直接引语直接引用语句、段落、短语、分句,可以原创性地再现人物的讲话,达到"同期声"的效果。在财经新闻写作中,适当地保留一些人物精彩、有特色的话语,可以使文章增色,增强可读性。

间接引语是记者在采访完成后,通过自己的思考、选择,用自己的语言对财经新闻人物的表述意思进行重新叙述。间接引语往往和记者叙述共同组成对一个句子的完整叙述,间接引语里在方便读者进行阅读的同时也削弱了新闻的真实性。

那么,什么情况下用直接引语,什么情况下用间接引语呢?一般来讲,当值得引述的材料较多时,其中新闻价值较大的言论应该使用直接引语,新闻价值相对较小的可使用间接引语;记者希望一笔带过的内容、或记者出于过渡的需要不想详加引述的内容,宜使用间接引语。

在我国的财经新闻写作中,尤其要注意直接引语的运用。特别是在以下情况下尤其要重视直接引语的使用:新闻人物讲了一些非同一般的话,特别是重要人物讲了一些针对性很强、所表达的意思很重要的话;新闻人物讲了一些生动、幽默、寓意深邃、令人回味的话;直接引语使稿件具有现场感和信息源的权威性。

三、常见的财经新闻体裁

如同其他新闻类别一样,财经新闻分为消息、特写、深度报道等多种报道体裁。

（一）财经消息

财经消息是最常见的财经新闻体裁,被誉为"新闻报道的主角"。在财经报道中,突发性新闻、数据信息、公司业绩、市场行情、市场收盘报道等多采用消息体裁进行报道。

财经消息具有时效性强、简明扼要、适应范围广等特点。同其他报道领域的消息相比,财经消息对信息的准确性要求格外严格,要求信息准确甚至精确,这样容易使消息报道流于枯燥。因此,在财经消息的写作中要注意增强消息的可读性。

一般来讲,财经消息的结构相对简单,常见的是"导语—解释—引语"或"导语—引语—解释"的"三段式"结构。如 2004 年 12 月 7 日《华尔街日报》关于中航油事件的报道。

中航油总裁返回新加坡接受调查

中国航油（新加坡）股份有限公司（China Aviation Oil（Singapore）Corp.，C47.SG）发言人称，已被暂时停职的公司总裁陈久霖将离开中国大陆，返回新加坡，接受新加坡当局对陈久霖在位期间中国航油出现巨额交易亏损而展开调查的询问。

中国航油新加坡发言人 Gerald Woon 周一在接受短暂的电话采访时表示，陈久霖已计划很快飞返新加坡。中国航油上周承认，公司因从事风险较高的衍生金融产品交易而亏损5.5亿美元左右。

Woon 称，截至目前，陈久霖一直配合中国航油母公司和新加坡当局的调查。他补充说，中国航油将在周一晚些时候就陈久霖返回新加坡的安排发表声明。

陈久霖在1997年自中国大陆前往新加坡主管中国航油的运作。记者周一打通其手机时，陈久霖拒绝对记者提出的有关问题发表评论。

他对记者表示，记者应当致电公司发言人。

新加坡警方和证交所官员已针对中国航油从事衍生品交易亏损一事展开调查。中国航油是新加坡上市公司，垄断中国大陆的航空煤油进口业务。

中国航油上周公布其石油衍生品亏损，并称公司已向法院申请破产保护。

目前，陈久霖已被暂停中国航油总裁一职。

陈久霖上周返回中国大陆，新加坡证交所官员现已要求其返回新加坡。

陈久霖向新加坡法庭递交的一份书面陈述显示，中国航油的母公司已在10月份出售了其持有的15％的中国航油股份，并将出售持股的收入作为借款投入中国航油，以帮助后者弥补日益加大的亏损。

直至上周，中国航油一直没有就上述安排或衍生品出现巨额亏损一事向少数股东进行披露。中国航油称，公司正在制定债务重组计划。

在这篇财经消息中，"导语—引语—解释"的"三段式"结构体现得比较典型。导语部分先指出核心新闻内容——中航油总裁返回新加坡接受调查；紧接着是引语部分——通过对中国航油新加坡发言人 Gerald Woon 话语的间接引用展开"陈久霖飞返新加坡"的事实；然后是解释部分——简单介绍陈久霖接受调查以及采访 Woon 的原因。接下来报道次重要事实——中国航油从事衍生品交易亏损一事，仍采用解释、引语相互穿插的方式。

（二）财经特写

财经特写是描绘财经新闻事件或财经新闻人物中富有特征的一个片段或一个侧面的一种体裁。

财经特写可以分为新闻场景特写、财经人物特写以及花絮或侧记等。

1.新闻场景特写：不着重叙述新闻事件的全过程，而是精心截取事件中的精彩场景片段。

中越河口口岸特写:边境闹市的繁华一天

(中新社河口1月1日电记者 甘娜 蒋晨)1月1日上午8点,在云南省河口瑶族自治县中越南溪河公路大桥的一侧,伫立着中国河口口岸联检中心。与平常一样,边防武警战士正在举行开关前的升国旗仪式。放眼望去,在大桥的另一头越南老街省准备入关的越南商贩已排成长龙。

昨夜的河口悄然下了新年的第一场雨,南溪河两旁的亚热带植物被冲刷得青翠欲滴。老人们说,河口已经好几个月没有下雨了,这是好兆头。随着雄壮的《义勇军进行曲》最后一个音符落下,戴着斗笠、挑着蔬菜水果的越南妇女,戴着头盔、推着改装自行车的越南男人争先恐后地向关口涌去,为的是在市场占一席好位子,好赶快卖完带来的东西,然后再采购其他的商品回去。同时,也是为了抢一个好彩头——谁最先跑在市场里,谁今天就最顺利。

在中越南溪河公路大桥的下游不远处,正是河口通往越南老街的米轨铁路,每天一列列满载货物的国际列车从这里往返于中越铁路大桥。而在距此两公里的上游,就是著名的中越红河公路大桥,它于2009年9月1日建成试通车,大型货车和集装箱在这里通关。这也是这个边境小城的一大特色,一个口岸在不到五公里的范围内就拥有三座能连通两国的大桥。

在河口做边贸和物流生意的普腾飞说,随着2010年1月1日中国东盟贸易区的全面建成,中国自东盟进口的产品中,将有超过九成产品实行零关税,这将为很多云南企业节省一大笔成本。同时,随着交通条件的改善,河口的区位优势将更加凸显,也将极大促进中越两国的经贸往来。

在当地著名的越南街,异国风情浓郁的越南商品让你眼花缭乱,有实木家具、吊床、刀具、绿豆糕、拖鞋、热带瓜果等。在这里,随时都能看到穿着各式花布衬衫、头戴斗笠的越南人快乐地行走着,他们的到来使得临近中越大桥的"越南街"人潮如涌、热闹非常。一位阮姓的越南商人操着不太标准的中国普通话告诉记者,在这里做实木家具生意已经五年了,这里环境好,人也友善,已经把这里当成了自己的第二个家。

从今天开始,中国东盟自由贸易区全面建成。河口县副县长万玉传说,河口作为昆河经济带中的桥头堡,将迎来空前的历史发展机遇与挑战。河口将加快口岸基础设施建设,积极推进中国东盟河口国际贸易中心及中国东盟边民互市交易市场的建设工作。在优势农产品、电力、化工出口方面加大工作力度,培育新的增长点,打造河口精品国际口岸城市。

(作者:甘娜、蒋晨,来源:中国新闻网,2010年1月1日)

2.**财经人物特写**:与人物通讯的重在表现人物的先进性相比,人物特写重在表现能突出新闻人物的特点;通讯强调人物的全面,特写只要有代表性的片段。

失业潮下,一些美国人在挣扎

(新华社华盛顿 1 月 3 日专电 记者刘洪)对南希·梅雷迪思来说,2008 年 12 月无疑是她人生低谷的开始:在弗吉尼亚州一家软件公司工作 17 年后,她下岗了。

当时她几乎无法相信眼前这一切,"有段时间,我完全被沮丧笼罩着"。

随着时间的流逝,疑虑、悲伤逐渐淡去,继之而来的是另一个迫在眉睫的现实:她必须尽快找到新的工作,但找工作似乎比攀登高山更难。

"我已投了近百份简历,但只有两份回音,糟糕的是没有一家公司接受我面试,"她一脸沮丧地说。

梅雷迪思的遭遇也是许多美国人目前的处境。虽然美国经济近来出现转机,以至于美国联邦储备委员会主席伯南克都说,美国经济衰退"很可能已经结束",但失业率却居高不下,很多美国人是在失业或可能失业的阴影下度过 2010 年新年的。

美国政府公布的数据显示,2009 年 10 月、11 月美国失业率达到或超过了 10%,处于 26 年来最高水平。经济学家认为,美国的失业率很可能在未来的几个月达到 10.5%,甚至更高。

对梅雷迪思这样有多年工作经验的人来说,当前的状况无疑是一场灾难,"从头再来"短期内只是奢望;对许多刚走出大学的年轻人来说,眼前的就业环境,有如一场梦魇。

来自中国上海的留学生小王近来决定回国创业。他一年前毕业,过去一年中,一直努力寻找工作,但一直没有机会,想来想去,还是决定早点回国。

学法律的珍妮·史密斯也抱怨说,她毕业已有一年了,但根本找不到能接受她的律师事务所。无奈之下,她只能暂时放弃专业到一家银行打短工,现在的薪水只有律师收入的三分之一。

在焦虑地寻找工作的同时,许多美国人在逐渐改变一些生活习惯,最明显的莫过于审慎消费。

梅雷迪思说,现在从买衣服到买日常用品,甚至到下馆子,她总会习惯性地寻找相关的折扣优惠券。日常休闲,她很少上商场,而是经常去图书馆;至于体育锻炼方面,她更习惯于骑自行车和跑步,因为这两项运动基本没有开支……

这或许从一个侧面说明美国储蓄率上升的原因。据美国官方统计,去年 5 月份美国储蓄率一度达到了 5.9%。美国社会崇尚消费,往年美国储蓄率往往只有 1% 至 2%,甚至更低。

美国人爱储蓄了,这可能是一件好事。因为许多经济学家指出,当前危机的一个很大根源,就是美国人消费过度,从而导致经济畸形发展。但储蓄上升、消费疲软,至少在

当前,未必就是一个好消息。不少经济学家也在担忧,失业上升、消费不振将使经济复苏变得更加缓慢。

消费如果继续疲软,则会使美国失业率继续攀升。按照相关统计,现在美国一个工作岗位,往往有 5 个人在竞争。对梅雷迪思、史密斯等人来说,失业噩梦或许还会持续相当长一段时间。

(来源:新华网,2010 年 1 月 4 日)

3.花絮或侧记:配合主要新闻报道,作为组合报道的一部分。和主要新闻事实紧密相关,从侧面反映、突出、衬托主要新闻。

花絮:中美战略与经济对话开幕式上的中国典故名句

(新华社华盛顿 7 月 27 日电 记者刘丽娜 王湘江)首轮中美战略与经济对话开幕式上,美国总统奥巴马、国务卿希拉里·克林顿和财政部长蒂莫西·盖特纳分别引用了中国的典故名句。

奥巴马在开幕式上引用中国先哲孟子的话"山径之蹊间,介然用之而成路,为间不用,则茅塞之矣"。他解释说,美中两国的任务就是要为后代共同探索一条通往未来的道路,以防止彼此之间出现互不信任的情况。他说,双方都应注意随时维护这条道路,即便在双方发生分歧的时候,也不要让这条道路被荒草埋没。

希拉里在开幕式上称赞中国在社会经济发展方面取得举世瞩目的成就,并表示美国希望加强与中国合作,建立牢固的关系,共同应对全球性问题。希拉里引用了一句中国谚语"人心齐,泰山移",强调加强美中合作的重要性。

盖特纳则在开幕式上说,美中采取的行动对共同成功应对金融危机、重塑信心起到了关键作用,美中合作不仅有利于两国人民,也有利于全球经济。他引用中国成语"风雨同舟",来形容当前美中关系的现实,并表明加强双方合作的意愿。

美国政府领导人纷纷使用中国古语,可以说从一个侧面给当前的中美关系作了注脚。

为期两天的首轮中美战略与经济对话是在全球金融危机、世界经济前景尚不明朗的背景下举行的。本次对话的战略对话部分将主要涉及中美关系、国际和地区问题、全球性问题等 3 个议题。经济对话将就反金融危机政策措施、经济可持续增长、金融体系改革、贸易投资合作等重大经济金融议题深入沟通,加强中美经济合作。

(作者:刘丽娜、王湘江,来源:新华社,2009 年 7 月 27 日)

(三)财经深度报道

所谓深度报道是运用解释分析预测等方法,从历史渊源、因果关系、矛盾演变、影响作用和发展趋势等方面报道新闻的形式。深度报道突破了一人一地一事的报道模式,一面剖析事实内部,一面展示事实宏观背景。

从形式上看,财经深度报道可以分为解释性财经报道、调查性财经报道和预测性财经报道。

1. 解释性财经报道

解释性报道——又称解释性新闻、分析性报道,是运用背景材料来分析一个新闻事件发生的原因、意义、影响的一种新闻报道方式。解释性报道着重于对新闻事实的整理和分析,注重新闻的前因后果和其社会意义。

解释性报道最早是从西方的客观报道发展而来,起源于美国 20 世纪 30 年代,直到 20 世纪 50 年代后才在美国新闻界占统治地位。中国媒体在 20 世纪 80 年代开始出现解释性报道。

下面我们来看一则解释性报道。

美国为什么又加息

就在美国经济指标忽好忽坏,布什和克里的总统大选局势扑朔迷离的时候,以格林斯潘为首的美国联邦储备委员会(以下简称美联储)对美元的利率又进行了调整。8 月 10 日,该委员会中决定利率的决策机构——公开市场委员会一致决定,将美元的短期利率(银行间隔夜拆借利率)上调 0.25 个百分点,从原来的 1.25% 调升至 1.5%。这是在今年 6 月底,美联储将美元利率提高 0.25 个百分点之后,在短短 6 个星期时间里,再次提高美元利率。美联储同时还将商业银行的贴现利率提高 0.25 个百分点,即从 2.25% 提高到 2.5%。普通商业和个人消费贷款利率也随之增长到 4.5%。

美联储对美国的经济发展前景充满信心

美联储在作出这一决定以后,发表了它对于美国经济形势的声明,为加息进行解释。声明认为,"最近几个月,美国经济增长有所减缓,劳动力市场的改善步伐也开始放慢,但这主要是能源价格大幅上涨所致。美国经济看来正恢复强劲增长的势头,今年的通货膨胀率已经有所上升",所以,美联储要对利率作出调整。

声明还认为,在今后的几个季度中,美国经济既可能会持续增长,物价稳定又可能会面临挑战。"由于通货膨胀率预计还比较低,所以利率政策的调整也将会是可预期的,但如果经济发展情况发生变化,委员会将履行自己的职责,采取适当的措施,以保持物价稳定"。

很明显,美联储对美国的经济前景看好,认为目前的经济发展速度虽有所放慢,但不足以扭转经济复苏的进程,其加息的着眼点在于防止通货膨胀,以保持经济的稳定发展。

带动欧洲三大股市全线走高

本来,按照一般的金融市场规律,美元利率提高,更多的资金将会流向银行,股市将会受到影响而下降。前几天,纽约的股市受近期几个经济发展指标不利的影响,已经接连下跌。但美联储加息的决定公布后,纽约股市不降反升。道·琼斯指数上扬 130.01 点,回到 9944.67 点,纳斯达克指数上涨 34.06 点,收于 1808.70 点,标准普尔指数上升 13.82 点,以 1079 点报收。这都是因为虽然加息对股市在短期内有不利影响,而且,人们从美联储的声明中感觉到,它有继续加息的意向,但由于美联储对美国经济前景看好,长期而言,投资者对股市有信心,所以加息的决定仍推动股市上升。

同一天,欧洲三大股市也全线走高。伦敦《金融时报》100 种股票平均价格指数上涨 36.5 点,终盘收于 4350.9 点;法兰克福 DAX 指数上升 30.31 点,收于 3720.64 点;巴黎 CAC40 指数上升 35.76 点,报收 3533.06 点。

有经济学家认为,全球范围的加息潮不可避免

在美联储将联邦基金利率上调 0.25 个百分点之后,香港金融管理局 11 日宣布,将银行间隔夜拆借利率提高 0.25 至 0.3 个百分点。香港多家主要银行 12 日起,亦跟随上调了港元的存款利率。不过,利率仍处于历史上的较低水平,因此,经济分析师认为,加息不会对香港经济造成太大影响。

汇丰银行总经理柯清辉表示,上调储蓄存款利率不会令银行息差进一步缩小。有分析认为,即便今年以来美联储已两次上调利率,但香港各银行在利率上可能仍有部分空间,而不必完全追随美国未来的加息幅度。由于香港各银行在美联储下调利率时并未完全跟着作出相应的下调,所以,目前香港的商业信贷最优惠利率为 5%,仍较美国 4.5% 的同类利率高出半个百分点。

除香港之外,有消息显示,欧洲各国及澳大利亚等国的中央银行也许会跟随美国加息,全球由此会掀起一个小的加息潮。国际清算银行首席经济学家威廉·怀特认为,全球范围的加息浪潮"不可避免",目前不能确定的只是各国加息的具体时间。

继 8 月 5 日,英国中央银行再次把基本利率上调 0.25 个百分点之后,8 月 11 日,英国央行货币政策委员会暗示将继续加息,以遏制可能出现的通货膨胀,给英国急速发展的房地产市场降温。澳大利亚财政部长科斯特洛表示,随着美联储调高利率,全球已经正式步入加息周期。他同时强调,在这个时候,澳大利亚会更审慎处理国家经济。

有分析师认为,继这次加息之后,美联储会在 9 月 21 日及 11 月 10 日和 12 月 14 日的会议中,继续加息。但也有分析师认为,如果美国经济发展放慢的趋势继续下去,美联储将不得不重新考虑加息问题,即在 9 月 21 日的会议上不加息,等总统大选后再恢复加息的进程。到那时,经济成长和通货膨胀的情况将会更加清楚。

(作者:何洪泽,来源:《环球时报》,2004 年 8 月 13 日)

《环球时报》的这篇报道展示了解释性报道的特点。

一是报道的侧重点放在财经事件的原因和影响上。这篇报道由三部分组成：事件、原因和影响，从篇幅分布可以看出，记者侧重点在后两者。这也是解释性报道与纯新闻报道区别的最大特色。

二是报道中大量运用并依赖解释性的背景材料。

三是对新闻事件进行以事实为基点的夹叙夹议报道。

2. 调查性财经报道

调查性报道是新闻工作者针对被掩盖或者被忽视的损害公众利益的行为以及社会问题，通过独立、系统、科学、有针对性的调查而完成的新闻报道方式。这种报道通常篇幅长、分量重、受到广泛关注。

作为一种报道形式，调查性报道早在19世纪末20世纪初的美国就已经出现，作为专业名词则是20世纪90年代以后的事情。

19世纪末20世纪初，美国经济迅速发展，社会财富急剧增加，美国进入了所谓的"镀金时代"。但是工业化和城市化的迅猛发展，伴随而来的是种种黑幕和社会弊端。政商勾结、贪污受贿、血汗工厂、尔虞我诈、假冒伪劣、诚信缺失、贫富悬殊、环境污染、矿难火灾、弱势群体利益受损……种种极端现象促使当时的一批有理想的新闻记者决定投身于揭黑运动中，通过对腐败事实的揭露，使得政府权力的运行受到监督和制约，使经济毒瘤得以清除。

在1903年至1912年十年间，揭黑记者发表了2000多篇揭露实业界丑闻的文章，成就了美国财经新闻史的光辉篇章。

揭黑记者在报道的领域里各有侧重，有以撰写童工、政界和工业事故见长的威廉·哈德，有以揭露石油垄断企业为主的埃达·塔贝尔，有制药业黑幕的塞缪尔·霍普金斯·亚当斯，有揭露保险业欺诈的伯顿·亨德里克，有报道金融业内幕的托马斯·劳森，有揭露食品生产黑幕的默温、查尔斯·拉塞尔、阿尔吉·西蒙斯，有以揭露政商勾结的戴维·格雷厄姆·菲利普斯和林肯·斯蒂芬斯等。他们的报道引起了社会公众和政府对社会、经济弊端的关注，促使政府出台一系列法律，改善政府管理、消除社会弊端、缓解社会矛盾。

揭黑运动是美国新闻史上一个规模宏大的运动，此后，美国财经新闻再也没有那么集中地对社会经济问题进行揭露报道。但财经新闻作为社会经济的监测器、作为社会正义的守护者的角色却始终没有放弃，而毋宁是更加强化了。揭黑运动的调查报道方式在20世纪六七十年代被发展为调查性报道这一新闻样式，在新闻业中发挥着重要作用。

美国2002年发生的"安然"事件丑闻最早是由《华尔街日报》披露的。2001年8月，《华尔街日报》刊登了一篇关于安然公司的文章，写的是安然公司当时的CEO刚上任一个月就辞职之后不久，《华尔街日报》又刊登了一篇文章，讲的是安然100万美元不良投资，导致公司一个月蒙受了600万美元的损失，此后又报道安然公司股票缩水12亿美元。美国证券交

易委员会的官员说,"《华尔街日报》的文章引起了我们的注意,随后的系列报道加深了我们的怀疑"。实际上,正是媒体的报道引发了政府监管部门的关注,进而使得造假者安然公司受到法律惩处。

财经新闻作为社会公器的功能,在我国建设社会主义市场经济的今天,具有更为现实和重大的意义。市场经济要求的是市场主体平等、法律体系完备、政府廉洁高效、企业与民众要有诚信的道德素质,而这些条件绝不是一蹴而就的,它需要政府、社会、企业、民众共同努力,长期建设,在这个过程中,财经新闻作为社会公器,它起到促进社会进步、推动经济发展的作用,起到监测环境、守望价值的作用。

财经新闻作为社会公器的功能,在《财经》杂志上表现得十分突出。2000年,创刊仅两年的《财经》推出《基金黑幕》重磅报道,揭露基金公司的违规操作的事实,接着又推出《庄家吕梁》、《谁在操纵亿安科技》等颇具影响力的报道。2001年,《财经》独家推出《银广夏陷阱》报道,用确凿的证据、严密的逻辑揭露银广夏财务造假的行为,戳穿了当时股市最大的谎言。凭借《基金黑幕》及其后的一系列揭黑报道,《财经》剑指当时资本证券市场中的违规现象和不当操作,体现了媒体的社会责任感,被同行誉为"令人尊敬的媒体",其主编胡舒立也被评为2001年《商业周刊》50位"亚洲之星"之一。《财经》不仅确立了其在行业里的头号地位,而且引起了上级相关部门的关注,《财经》的地位骤然上升。因其经常对上级部门决策产生相关影响作用,《财经》身价和影响力也逐渐为同行称道。

除了像《财经》这样的市场化运作的财经媒体外,政府背景的新华社、中央电视台财经频道在发挥社会公器功能方面也做得很好,像新华社2000年10月30日的《假典型巨额亏空的背后——郑百文跌落发出的警示》、中央电视台2002年3月23日的《与神话较量的人》,以及改版后的央视财经频道的很多栏目,都在引导舆论,创造改革氛围、维护社会正义方面发挥着重要作用。

做调查性财经报道,首先要选好题材。与其他调查性报道一样,重大、与公众利益相关、往往是企图被掩盖或隐瞒的事实是调查性财经报道选材的三个标准。请看《中国经营报》2005年刊登的一则报道。

人体试药命案调查　中国正成为跨国药企试药场

海宁一名普通农妇的死亡,使一项历时3年,涉及593名试药者的"跨国人体试药"活动浮出水面。而死者家属所雇律师在调查后得出结论称,此次人体实验未经国家药品监督管理局批准,属于非法试药。

随着本报记者深入实地的调查,一条由跨国医药企业、国内临床试验代理机构、基层卫生机构等利益群体结成的"跨国人体试药运作链"逐渐突显在人们面前。

当跨国医药巨头紧紧盯上价格低廉、风险极小的中国"试药人",地域广阔、信息闭塞的中国农村,是否会沦为一个跨国药企的新药"试验场"?

多名试药农民先后死亡

5月12日,当记者见到了二审败诉后的叶沈明。虽然神情略显沮丧,叶沈明还是十分明确地告诉记者,对这样的判决结果他很难心服口服,如果能找到进一步的证据,他将继续提出审诉。

1998年至2001年,浙江省海宁市马桥镇农民沈新连参与了韩国癌症中心医院与浙江大学肿瘤研究所合作研究的,由海宁市肿瘤防治研究所主持的人参防治大肠癌的药物试验——每天服两粒人参丸。

2004年2月,沈新连患尿毒症去世。其子叶沈明怀疑母亲的死与试药后引起的血压升高有关,遂将负责药物试验的有关单位告上了法庭。没想到一审却以自己败诉告终。

今年4月15日,叶沈明接到了嘉兴市中级人民法院的再审判决书,他再一次败诉。法院的判决理由是:叶沈明的母亲沈新连与海宁市肿瘤研究所之间形成的并非医疗关系,该案不属医疗纠纷,沈新连的死亡与其服用的研究所提供的人参丸之间是否有因果关系也无法查清。

以农妇沈新连为代表的这批"试药人"参与的是1998年海宁市科学技术委员会下达的计划项目"人参预防大肠癌研究",名为《朝鲜别直参防癌抗癌作用的研究》,由海宁市肿瘤防治研究所承担。海宁市肿瘤防治研究所隶属浙江大学肿瘤研究所,每年浙江大学肿瘤研究所会有一笔资金划拨过来,资助海宁市的肿瘤研究。

海宁市肿瘤防治研究所主任沈高飞告诉记者,"这一项目,其实是韩国癌症中心医院与浙江大学肿瘤研究所合作研究项目,海宁市肿瘤防治研究所并没有承担任何的研究工作,也没有与韩国方面直接联络和交流研究情况,而是充当为浙江大学和韩国方面寻找人参丸服用者的角色。"

该所一名医生私下告诉记者,"我们明知这并不符合科研审批的程序,但'上面'交代下来要协作。"他认为,真正承担责任的应该是韩国癌症中心医院与浙江大学方面。

但"上面"派下的寻找"试药人"的工作,如今却让海宁市肿瘤防治研究所成为众矢之的。在调查中记者了解到,和沈新连症状相似的不止一人。陆利金的父亲和妻子同时参与了服用人参丸,其父陆金松于2000年6月脑溢血死亡,去世时68岁;妻子在服参后常常感到头晕,血压非常不稳定,海宁市人民医院医生诊断时说"高血压患者不能服人参",于是向海宁市庆云卫生院申请"停服人参丸"。但该卫生院负责人竟然告之:"上面有规定,中途停服需要支付已经服过人参丸的费用(据韩方提供,免费服用的人参丸价值3900元)。"为了不去负担这笔昂贵的费用,陆利金妻子坚持服参到期满。

5月13日,从海宁市肿瘤防治研究所一位知情人手中,记者拿到了一份《海宁市服人参者名单》,上面记录了593名服用人参丸的试药者开始服用日期、停药时间、停药原因、死亡日期、死因等内容。从上面看,海宁市共有两批试药者,分别于1997年12月11

日和1998年5月21日开始服用人参丸,在"死因"一栏的登记中,有3人因脑溢血死亡,11人因高血压停药,因肺癌、胃癌等癌症死亡多人。

在采访中记者了解到,有些死者家属原本对试药的安全性也有所怀疑,但考虑到凭借自身力量,很难证明亲属的死亡与其服用人参丸有关,只好作罢。

海宁"人体试药"遭遇合法性质疑

记者了解到,在沈新连一案中,法庭始终认为沈新连试吃人参丸是在自愿参与医学研究活动,而海宁市所进行的《人参预防直肠癌研究项目》是经过有关部门立项审批的,其所进行的正常研究活动依法应当保护。

然而,叶沈明和他的律师则对此试验是否合法提出了质疑。他们认为,此次人体实验未经国家食品药品监督管理局批准,属于非法试药。

据了解,为了规范试药,早在上世纪90年代初,世界卫生组织就制定了《药品临床试验规范指导原则》。1998年3月我国参照这一原则制定了《药品临床试验管理规范》,并于1999年底正式公布,2003年9月1日又重新改版,更名为《药物临床试验治疗管理规范》,简称GCP。

按国家规定,任何新药物的临床试验必须经过国家食品药品监督管理局的批准(1999年前的项目经由卫生部批准),所有的研究资料,包括试验药品的成分、含量等必须在国家药监局备案,否则进行人体试药是非法的。

记者曾电话联系卫生部规划处,询问该项目是否经过批准。卫生部表示该项目并未备案。在法庭上,海宁市科学技术委员会曾出示了一份由卫生部和浙江大学肿瘤研究所签署的"国家八五计划:结肠癌二级预防研究"批文。但叶沈明的律师陆波认为,它不是针对此次人体试药的审批件,并不能作为韩国方在海宁做药物试验的合法证明。记者也注意到,批文所指项目的实施应该是在"八五"期间,海宁1998年开始试吃人参丸时,该批文早已过期。

记者随即赶往杭州,赴浙江大学肿瘤研究所了解情况。据浙江大学肿瘤研究所蔡医生介绍,"试药"项目其实是由韩国癌症中心医院提供资金,所有试验用人参丸每月从韩国空运到海宁,由海宁市肿瘤防治研究所分发到海宁市各镇卫生院。浙江大学肿瘤研究所只是负责试药项目的具体实施,对人参丸的生产研制过程并未参与。而海宁市肿瘤防治研究所则是浙江大学肿瘤研究所的一个基地,属帮助对象。每年,浙江大学肿瘤研究所会有一笔资金划拨过来,资助海宁市的肿瘤研究。

浙江大学肿瘤研究所所长郑树在接受记者采访时多次表态,"试吃人参丸"并不是"试药"。他强调说,在海宁进行人体试验的人参丸并非"药品",而是"保健品"。

而保健品审批程序很简单,只需海宁市科学技术委员会的批准。而1998年4月20日,海宁市科学技术委员会下达了海宁市1998年第一批科学技术计划项目,其中就有由海宁市肿瘤防治研究所承担的《朝鲜别直参防癌抗癌作用的研究》,起止时间为1998

年至 2001 年。因此，"海宁试吃人参丸是经过合法审批的"。然而，在记者看到的试药者与海宁市肿瘤防治研究所签订的《直肠癌临床调查同意书》中，却白纸黑字地写明人参丸是一种"百癌全防"的"药物"。此外，在韩国抗癌协会会长尹铎俅发给浙江大学肿瘤研究所所长郑树的传真复印件（韩方自附有中文译文）中也反复提到人参丸是"药物"。

海宁市药监局的一位曾经调查过"人参丸"事件的官员，在接受当地媒体采访时也表示，这种"人参丸"研究的目的主要是观察人参预防结肠癌的效果，根据药品"是用于预防、诊断和治疗"的定义，应该把它归为药品较为合适。

中国沦为国外新药"试验场"？

其实，海宁这样不明不白的"试药"事件并非个案。据统计，我国每年大约有 800 多种新药进行人体试验，大多是国外新药，直接参与试药的有数万人，至少 50 万人参与采样。

2003 年 9 月我国开始实行的《药物临床试验治疗管理规范》规定，受试者应对有关临床试验的情况享有知情权；为保障临床试验中受试者的权益，必须成立独立的伦理委员会，并向国家食品药品监督管理局备案；必须"定期审查临床试验进行中受试者的风险程度"；规定"受试者参加试验应是自愿的，如发生与试验相关的损害时，受试者可以获得治疗和相应的补偿"等等。

但在"海宁试药事件"中，不仅大量"试药人"根本不知道是在为外国药物做试验，而且当地组织试药的卫生和研究机构中也没有"伦理委员会"这样的组织，更没有到相关管理部门去进行备案。"缺少的不是规范，而是规范的执行。"有专家指出。

据了解，新药人体试验是新药研制进入临床大规模实际应用前期必须完成的重要步骤，对于新药研发者了解掌握新药疗效和毒副作用具有不可替代的权威观测意义。然而，在发达国家进行试药成本极高。以美国为例，"新药的研制费用平均为 9 亿美元，而人体试验的开销就占了 40%。"

这是因为，在美国进行新药人体试验有严格的法律条文来规范新药的人体试验程序，特别是在保障志愿参与新药人体试验的患者一块，法律权利是大大向志愿受试患者一方倾斜的。3.6 亿美元人体试验费用中的大头是作为志愿患者的补偿理赔经费，使其不仅可以享受免费的新药治疗服务，而一旦遭遇毒副作用损害，获得的补偿理赔的数目更是大得惊人。

相比之下，北京地坛医院来自河南的艾滋病试药者的"要求"只是：10 元人民币一天的误工补助，甚至是一只母鸡或一斤鸡蛋。而在韩方给沈新连的试药中，受试者完全没有酬劳。

近年来，跨国医药企业一方面觊觎中国市场的巨大潜力，想方设法占领中国药品市场，但同时，也看中了在中国试验新药的低廉成本。相比欧美国家，在中国的很多落后

闭塞地区非常容易招募到几乎没有成本的"试药人",一旦发生事故补偿也很少,试药风险极小。"很多的'试药'项目都是打着'免费体检'、'免费治疗'的旗号,不知情的农民当了多年的'试药人',连最终的结果都无法知道。"

中国正在成为一个跨国药企的新药"试验场",在此形势下,严格审批和监控制度,保护好试药人权益必须成为重中之重。

(作者:林洁琛、杨利宏、赵刚,来源:《中国经营报》,2005 年 5 月 22 日)

这则报道的题材兼具重大、与公共利益相关以及事实企图被掩盖或隐瞒三个特点。新药人体试验每年"直接参与试药的有数万人,至少 50 万人参与采样",风险高,影响范围大,是与公众利益相关的重大事件。跨国医药企业在中国试验新药多选在中国落后闭塞的农村,在当事人不知情的情况下进行试验,企图掩盖或隐瞒"试药"事实。

由于调查性财经报道是基于公众利益,揭露刻意被掩盖的事实真相的报道,这类报道难度较大,风险较高,在调查过程中通常会遇到重重障碍。做调查性财经报道,需要记者有强烈的社会责任感,有揭开事实真相的职业理念,有不畏艰险的勇气和持之以恒的精神,同时还要做好吃苦的准备。

3.预测性财经报道

预测性报道又称趋势性报道,指依据现在和过去的事实,对事物或事态前景所作的前瞻性报道,它着重对新闻事实的发展变化趋势或前景进行预测。预测性财经报道是体现财经记者综合素质和财经媒体报道水准的重要方面。

由于财经问题的复杂性,预测性财经报道是一种高难度的报道方式,报道风险较高,所预测结论一旦与事实结果不符,会大大影响媒体的权威性和公信力。做预测性财经报道,不仅要求记者有深厚的财经功底,还要求记者有敏锐的洞察力,能够分析、揭示财经活动的发展趋势或结果。请看《楚天金报》2010 年 3 月 18 日的一篇报道。

温州炒房团或将转战武汉　炒房背后实为民间融资

时下,楼市调控无疑是吸引全国人民关注的焦点话题。

一年前的今天,楼市调控黑云压城,江城不少房地产开发商在"寒冬"中苦熬近半载,面临资金链断裂的危险。危急中,他们想到了组团去温州寻找民间融资。

如今,楼市调控似乎又要风雨欲来,银监局连下几道金牌,严令贷款不得轻易流向房地产。温州融资是否又会来到武汉?

记者近日获悉,确有房地产商力邀温州商人于近期来汉考察房地产项目。

"温州炒房团"转战武汉?

近日,有消息透露,三亚楼市风暴之后,"温州炒房团"又将蠢蠢欲动,似有转战国内二线城市的迹象。据传,重庆已经出现他们的身影,就在这两周,江城房地产市场也会迎来一批温州考察团。

据某温州投资客透露,2009 年 7～10 月,山西煤改拉锯战,浙江商人完败,热炒山西煤矿的温州投资客陆续从山西撤退,辗转到杭州、上海,国外则进入迪拜。12 月,热钱从杭州退出,聚集三亚,三亚房价"疯涨"。当下,已有部分投资客从三亚撤离,打算考虑重庆、武汉等二三线城市。"在我看来,三亚地产已经虚高,再去投资可能高位接盘,风险过大。但重庆、武汉等城市的房价仍然处于洼地。这周五(3 月 19 日),我和助手将应邀去武汉考察房地产项目,若满意,可能到时候会带一批投资客过去。"该投资客说。

据武汉房地产业内人士介绍,去年武汉就来了一批温州"炒房团",在武昌繁华地段的几个楼盘里,一出手就是半栋楼,并以现金付款,当时以均价 4000 元/平方米买下,几个月后,房价就涨了起来。到现在,该地段的二手房价格已经飙升到均价 6000 元/平方米,新房价格也突破 8000 元/平方米。据猜测,当时进入武汉楼市的游资保守估计也过了亿元。"当时,受金融危机影响,武汉楼市风雨飘摇,繁华地段的房价都只在 5000～6000 元/平方米,开发商为了维持资金链,只好抱团去温州寻求投资客。"该人士说。

"短线炒房"实为民间融资

有人不禁问,温州炒房团怎么就能准确判断各地区楼盘价格的上涨下跌? 他们怎么知道房价会在短期内从 4000 元/平方米涨到 8000 元/平方米? 业内人士透露,炒房团的利润并不仅仅来源于房价的上涨。看准时机"抄底"的投资,犹如赌博,在其中获取暴利并不容易,而且风险巨大,这绝对不是大规模炒房团赚钱的手段。

业内人士透露,短线炒房团真正的利益来源,是给开发商民间融资的利息收入,这是一笔确定的、高比率的收益。银行信贷利率约为年息 7%,加上各种手续费不超过10%,但民间融资利率最低年息 15%,高一点的,年息可达 36%～60%(月息3%～5%)。

他们到底是怎么操作的? 据业内人士介绍,首先开发商以很大的折扣把房子卖给"炒房团",与此同时,他们会签一个退房协议,在一定期限内,炒房团随时可以退房,开发商也随时可以将房屋出售。这个期限往往是一年或一年半,若过了期限,房子还没有售出,这些房就真正属于"炒房团",他们可以再以二手房的名义出售。

在这个期限内,炒房团持有的房子和开发商还留有的房子会一起卖,进行混合销售。真正买房的人根本不知道自己所购买的是炒房团的房子还是开发商的房子,挑中了一套炒房团的房子,炒房团就退这一套,在外人眼中,是与直接购买开发商的房子没有区别的。因此,业内曾猜测,去年北京房市伴随"小阳春"而来的"退房潮"就是炒房团的"功劳"。

在约定期限内,若房子销售得好,开发商的资金就能很快回笼,然后连本带息还给"炒房团",炒房团得到利息,就"功成身退"了。在这个过程中,"炒房团"实际扮演的是"融资客"。

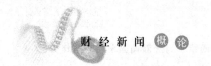
"各个地区的操作模式大致都一样,有的开发商为了避免'退房潮',也会先出售剩余的房子,之前出售给炒房团的那一栋相当于只是融资抵押物。"武汉某业内人士说,"去年房市低迷时,江城某城区湖景房,均价为每平方米 6000 元,炒房团以每平方米 4000 元买下一栋楼,并签订一年期协议。没想到,楼市迅速回暖,短短数月,资金回笼,开发商连本带息还给投资人,'炒房团'短期内获利也达数百万。""炒房团"参与民间融资是近几年房市震荡的产物。当宏观调控政策偏紧,开发商从银行求贷无门、面临资金链断裂时,"炒房团"往往会变身融资客。他们敢于在开发商困难时"伸出援手",是基于对房市中长线看好。他们选择融资的楼盘也往往是地段具有稀缺性、升值潜力大的中高档楼盘,如此,即便真的接手该楼盘,等房市回暖后,同样可以高价卖出,博取价差,降低投资风险。

"真炒房团"重在长线

"炒房也有流派。"该业内人士介绍,"'短炒离场'的多为温州人,他们常是先以极少的资金以订金的方式把看中的楼盘锁定,在短期内就把楼盘转手。快进快出,用最短时间赚取利润,一直是他们做生意的宗旨。他们大多抱团,台前的都是'演员',幕后的才是操盘手,在业内,这种方式称为索罗斯的方式,本质是一种金融投机。"

而山西人与温州人的投资方式就有着巨大的区别,山西人买房子是居住型的投资,多是长线。他们不太看重升值,更看重房子的保值,他们认为房子只有保值才能升值。

"山西人买了房子,就放在那,真正属于'不动产'投资。"该人士说,"武昌城区某高档楼盘 2004 年底开盘,很快销售完毕,但至今入住率极低,业内盛传该楼盘多数房主为山西投资客。"

该人士戏说:"该小区物业就没见过他们,山西煤老板有钱,不急着套利变现,买了就搁着。"

这些年到武汉投资的还有深圳炒房团,也属于长线投资者。深圳是个移民城市,大部分人来自内地,他们在深圳打拼奋斗后,希望在老家省会城市、中心城市买套房,既是投资,又可以自住,或者给父母住,有点衣锦还乡的意思。

比如深圳的四川、湖北、湖南人很多,所以重庆、成都、武汉、长沙成为深圳人内地置业的主要城市,在购房中也以个体为主,每人一般就买一到两套,深圳炒房团还因此得了一个"还乡团"的帽子。

(作者:邬红波,来源:《楚天金报》,2010 年 3 月 18 日)

该报道是湖北《楚天金报》改版后的第一篇财经新闻作品,报道对武汉楼市发展趋势进行了大胆预测——"温州炒房团'空降'武汉"。接下来武汉楼市的发展验证了这篇报道预测的准确性。

要做好财经预测性报道,记者要对宏观经济以及所报道行业非常熟悉且勤于思考。这篇报道之所以能够对楼市发展前景做出准确判断,关键还是作者熟知宏观经济政策、熟悉房地产业并勤于思考。"理由有三:第一,从中央的调控口径看,这轮调控旨在'维稳',而不是希望房价大跌;第二,十年楼市调控历史规律中,数次调控并未挡住房价上涨的步伐;第三,从银行与楼市的关系中,我们观察到,银行被房地产'绑架',银行在执行政策时,恐怕会打折扣"①。

需要注意的是,要做好预测性财经报道,记者了解的观点要尽可能全面、客观,不然十分容易出现偏差。

本章小结

1. 财经新闻的采访特点:采访时间时效性强、采访内容专业性强、采访对象不易接近。

2. 财经新闻的采访准备包括平时的积累和临时的准备。平时的积累包括提升自身职业道德修养、储备以经济学和新闻学为主的多学科知识、增强财经新闻采写技能和积累财经报道人脉资源;临时的准备包括准备采访资料、熟悉采访对象、拟订采访计划和其他准备。

3. 财经新闻的写作要求准确、简洁和通俗。

4. 财经新闻的写作技巧:做好"术语"翻译、灵活使用数字、多些细节描写、巧用背景材料、灵活运用引语。

5. 常见的财经新闻体裁:财经消息、财经特写、财经深度报道。

6. 财经深度报道可分为解释性财经报道、调查性财经报道和预测性财经报道。

思考题

1. 请结合财经新闻的采访特点,谈谈如何进行财经新闻的采访准备。

2. 开放式问题和闭合式问题各有什么特点?

3. 如何理解财经新闻的写作要求。

4. 举例说明财经新闻的写作技巧。

5. 如何做好财经深度报道。

---

① 邬红波:《本报预测性财经报道大盘点》,《楚天金报》,2010 年 11 月 22 日。

第五章 宏观经济报道

著名经济学家保罗·A.萨缪尔森曾说过:"一个国家的政治、社会和军事命运大大依赖于经济上的成功,而对于这种成功而言,在经济学当中没有别的部分比宏观经济的业绩更为重要。"宏观经济政策与形势是社会经济发展的大环境。无论是区域经济报道、资本市场报道、公司报道,还是消费市场报道,国家宏观经济背景的变化、货币、财政和对外经济政策的变化都会影响到整个金融系统的运转、公司的未来规划、个体的经济决策。因此,宏观经济报道在财经新闻中占据着十分重要的地位。那么,宏观经济报道的主要内容是什么? 其在财经新闻报道中的特点及地位如何? 作为财经新闻记者,是否有较好的方法与策略来进行宏观经济报道呢? 本章将会解答这些问题。

宏观经济报道的主要内容

宏观经济报道在财经新闻报道中的地位

宏观经济报道的方法与策略

第一节 宏观经济报道的主要内容

经济学作为独立学科的历史虽然很短,但经济问题的产生却源远流长。经济学每天都在补充新的例证、产生新的理论模型。亚当·斯密 1776 年出版《国民财富的性质和原因的研究》,标志着一门新的科学——经济学的诞生。作为经济学的鼻祖,亚当·斯密最核心的理论就是"看不见的手",即个人利益、市场机制、价格机制。他主张国家不干预经济发展,而让经济自由发展,让价格机制自发地起作用。他的思想足足影响了资本主义世界经济 150 年之久。然而,经济的发展并非如人所愿,一成不变。1929 年世界经济危机的爆发,使资本主义世界在陷入经济大萧条的同时,开始思考"看不见的手"为什么没有起到应起的作用。此时,另一名经济学家约翰·梅纳德·凯恩斯在他出版的《就业、利息和货币理论》一书中提出了一个新的理论:"看得见的手",即主张国家用经济理论指导干预经济生活,突出政府在经济发展中的重要作用。也就是从凯恩斯开始，经济学的理论从微观走向了宏观，宏观经济学由此诞生。在宏观经济理论的指导下，人们观察经济问题的角度从微观转向了宏观，从个量转向了总量。

从经济学角度来看，宏观经济研究的主要内容包括总供给与总需求；国民经济的总值及其增长速度；国民经济中的主要比例关系；物价的总水平；劳动就业的总水平与失业率；货币发行的总规模与增长速度；进出口贸易的总规模及其变动等。宏观经济研究的是国家解决资源利用的问题，它把资源配置作为既定的，研究现有资源未能得到充分利用的原因。[①] 从科学理论层面走到我们现实生活中来，我们也不难发现宏观经济就在我们身边。比如银行存款利率降低，我们该怎么办？是继续将钱放在银行里，还是拿出来投资到其他领域？又如有的国家面向国民发行国债，对国家有什么意义？对国民来说又有什么利弊？还有失业问题、通货膨胀问题，这些都是宏观经济研究的范围。

财经新闻从广义上讲涵盖了国内外社会经济生活及与经济有关领域的新闻报道，而宏观经济可以反映社会的变迁、生产力的改善和社会发展的进程，因此，宏观经济报道的地位日益重要。有的媒体还有专门的宏观经济报道栏目，如新华网、和讯网、网易财经等。像《南方周末》、《21世纪经济报道》、《第一财经日报》等报纸也都将宏观经济报道作为深度报道的对象。据此，笔者认为，宏观经济报道可以概括为两大方面内容：一是以政府为主导，利用宏观调控的经济手段来实现市场资源的合理利用。二是对宏观经济指标的分析、研究，把握当前宏观经济发展情况，预测未来经济发展走向，为个体或企业的经济决策提供建议。

一、宏观经济政策报道

政府在宏观经济中占有不可或缺的地位。政府通过宏观调控的手段，在市场失灵时对经济进行干预，将市场拉回到正常的轨道来。政府拉动经济增长的三驾马车分别是刺激总消费，加大总投资，鼓励出口。[②] 为了达到拉动经济增长的目的，各国政府往往都是通过宏观经济政策的手段来进行的。借鉴政府对宏观调控主要采取的三种经济政策，笔者将宏观经济政策报道分为财政政策报道、货币政策报道及对外经济政策报道。

(一)财政政策报道

财政政策是指相关政府部门(如中国的财政部、发改委、税务总局等)通过调节税率或者提高/降低政府开支(例如建设公共设施)等影响宏观需求或供给的政策。更为直观的是指涉及税收、预算、国债、购买性支出和财政转移支付等方面的内容。例如国家提出减税政策，财经新闻记者在了解财政政策的基本内容及观点之后，就可以对减税政策进行深层次分析，减少税收，可以刺激消费，扩大内需，拉动我国经济增长，促进经济结构转型。

运用财政政策调整经济活动的主要手段包括：预算、税收、国债、购买性支出、财政转移

---

①　汪祥春:《宏观经济学》,大连:东北财经大学出版社,2004年,第23页。

②　韩秀云:《推开宏观之窗》,北京:经济日报出版社,2004年,第39页。

支付等。

我国的财政政策主要通过国家预算、税收、财政赤字、国债、财政转移支付等手段对经济运行进行调节。它们既是政府进行反经济周期调节、熨平经济波动的重要工具,也是财政有效履行配置资源、公平分配和稳定经济等职能的主要手段。

国家预算也称为政府预算,是指政府的年度财政收支计划。我国的国家预算是为了有计划地集中和分配一部分国民收入的重要工具,具有法定性和完整性的特点。它是我国配置资源的一项重要手段,主要作用有:确定可用财力,全面安排支出;反映政府的政策取向;接受人民的监督;规范政府活动。

我国实行的是一级政府一级预算,设立中央,省、自治区、直辖市,设区的市、自治州,县、自治县、不设区的市、市辖区,乡、民族乡、镇的五级预算。由国务院编制中央预算草案,并由全国人民代表大会批准后执行。地方各级政府编制本级预算草案,并由同级人民代表大会批准后执行。地方各级预算收支统称地方财政收支。

关于国家预算,我国于1994年建立了《预算法》,希望通过法律的形式保障国家预算工作的顺利实行。然而,随着我国经济发生翻天覆地的变化,上世纪90年代出台的预算法很多条款类似于宪法的条文,规定宏观且抽象,在执行中不适应当前越来越复杂的经济环境。2006年国家开始着手修订《预算法》,2009年国家审计报告再次凸现出近几年由于预算法的不完善导致各种问题的发生,这使修法的迫切性越来越强烈,尤其对于预算法律责任及惩罚力度的规定有待进一步强化。当前,在严重的金融危机背景下,国家预算作为显示财政管理水平的重要指标,在某种意义上也将成为国家竞争力的重要元素。

下面就是《财经国家周刊》记者对我国预算法修订草案征求意见中关于地方举债权的报道。全文2500多字,准确把握了此次国家《预算法》修订的重点与难点问题,并引用多方观点对是否从法律层面上赋予省级地方政府有限举债权展开了激烈的辩论。在汇集各方观点之后,进行分析总结,对国家层面上实行地方举债提出了积极的意见和建议,是一篇比较成功的报道。

预算法修订:地方举债权争议

备受瞩目的《预算法》修订案草案并没有如期列入8月23日开幕的全国人大常委会第十六次会议审议议程中。

据《财经国家周刊》记者了解,目前进一步梳理协调各方意见的工作仍在推进。

对于地方债,征求意见稿则提出,一方面,地方各级预算要按照量入为出、收支平衡的原则编制;另一方面,"根据法律规定或者经国务院同意,省、自治区、直辖市政府可以举借一定额度用于特定支出的国内债务,列入本级预算,报本级人民代表大会批准。举借的债务应当有稳定的偿还债务资金来源。"第一次从法律层面赋予了省级地方政府有限的举债权。

征求意见稿明确，"除前款规定和法律另有规定外，地方政府不得以任何方式举借债务或者担保举借债务。省、自治区、直辖市政府财政部门具体负责对本行政区域地方政府债务的统一管理。"

时至今日，围绕《预算法》修正案草案最终是否会打开允许地方政府合法发债的"前门"，争议尚在，变数仍存。

"开前门"之辩

自 1995 年施行的现行《中华人民共和国预算法》明确规定，"地方各级预算按照量入为出、收支平衡的原则编制，不列赤字。除法律和国务院另有规定外，地方政府不得发行地方政府债券"。

然而，法律紧闭的"前门"并没有真正阻挡地方以各种变相方式举债的脚步。据银监会披露，目前地方债务已高达 7.66 万亿元。全球金融危机和 4 万亿刺激计划的地方配套，让这一问题更加凸显于世人面前。地方政府大量变相举借各类债务，已然成为一种普遍的选择。

这些地方债务并没有纳入到地方预算，其规范性、约束性和透明性的缺失，大大增加了债务偿还的财政风险，成为当前宏观经济中一大隐患。

面对上述事实，拟定中的《预算法》修正案是该继续维持旧有的规定，还是该进行调整变革？争议鹊起。

一派意见认为，预算法应该赋予地方政府举债的权利。为治理地方债务，财政部财科所所长贾康认为，应该"开前门、关后门、修围墙"。

"开前门"就是应该借《预算法》的修订，明晰地方举债应按照什么样的原则、什么样的制度框架和什么样的程序，走规范程序来解决地方发债问题。"关后门"包含有一个急事急办、特事特办的程序，平时这个程序不启动，遇到紧急事情时才启动。"修围墙"就是除了走规范程序和特殊应急程序外，其他的东西免谈，一概禁止。

2009 年和 2010 年，中央政府决定由财政部分别代理发行 2000 亿的地方债，主要用于中央投资地方配套以及其他难以吸引社会投资的公益性建设项目，满足地方部分融资需求，但不得安排用于经常性支出。

此举被业内普遍视为在发行地方债问题上一项重大的制度上的进步，或称为一种探索、过渡和试水。

按照贾康的说法，这表明地方债已经"登堂入室"，并名正言顺称为地方债，在目前的阶段是有必要的。

国务院发展研究中心宏观部副部长魏加宁曾表示，如果允许地方政府发债，保谁压谁就将由市场说了算，因为只有财政比较规范、透明，建设项目好、效益高的地方政府，其债券才容易发出去，发债成本也会比较低。

然而，反对的声音同样坚定。全国人大预算工委法案室原主任、中国法学会财税法

学研究会副会长俞光远就认为,预算法必须严格禁止地方财政编制赤字预算,禁止地方政府随意举借债务,理由在于,地方政府缺乏还债的来源和机制。

"如果放开之后对地方政府没有任何约束,会变成非常厉害的洪水猛兽;地方政府有很多短期行为,为了政绩,可能会借很多贷,上届政府借的贷可能下届或者更远的将来再还,风险很大。"俞光远对《财经国家周刊》说。

他建议,应扩大中央财政代替地方政府发债的力度,从而通过中央财政的严格审查来控制地方债务规模,逐步替代地方政府非规范的平台融资。

同时,建立地方政府举债责任制度,要求地方政府的债务规模必须与财力相适应,债务期限必须尽可能与政府任期相一致;针对有些地方政府严重资不抵债、不能有效清偿到期债务的情况,逐步实施地方政府财政破产制度和主要领导人责任追究制度。

必需的门槛

对于支持赋予地方政府发债权利的一方而言,其思路设计中必须回答这样一个问题:赋予之后如何约束、规范,以防范地方政府滥用这项权利的风险? 换言之,如何监督地方,控制其无法偿还的财政风险?

在国际通行意义上,地方政府债券被称为"市政债券",是指以当地政府税收能力作为还本付息的担保、承担还本付息责任为前提而筹集资金的债务凭证,一般用于交通、通讯、住宅、教育、医院和污水处理等地方性公共设施建设。

中国的地方债券,主要是相对国债而言,以地方政府为发债主体。在 20 世纪 80 年代末、90 年代初,一些地方政府为筹集资金修路建桥,曾发行过地方债,但后来被禁止,最主要原因就是出于对地方政府偿还能力的担忧。

缺乏严格的约束和监督机制,过分举债的地方政府将带来一系列问题。据相关统计,世界 53 个主要国家中,有 37 个允许地方政府举债,但大多数国家要求地方政府举债时需遵守"黄金规则"。

所谓"黄金规则",即除短期债务外,地方政府举债只能用于基础性和公益性投资项目支出,不能用于弥补地方政府经常性预算缺口。

"必须规定举债的门槛,主要的门槛包括举债的金额、规模,应该有一些限制,防范地方政府滥用",中央财经大学财经研究院院长王雍君对《财经国家周刊》记者表示,债务的规模和债务的用途以及债务的报告制度,都应该作出规定和限制。

王雍君解释说,为防范财政风险,地方债务占地方 GDP 的比例要限制一个量,债务增加的额度不可以超过地方自由支配的财政收入的增长速度。这是总量防范。

在实际执行中,必须要对实际债务发行情况、使用情况进行评估,其评估报告应报送财政部或本级人大等监管部门,做出程序上的规定。

除了担忧不能偿还的财政风险,还有一些观点认为,由于地方一直以来的强烈投资冲动,若允许其发行债券,国家的宏观调控将大打折扣,因为地方可以绕过银行来筹集所需的建设资金。

因此,王雍君认为,举债的门槛一定要足够高,高到地方必须去全面而慎重地考虑举债带来的利益和风险。

魏加宁也认为,门槛最少有四道:当地人大要进行严格审议;中央政府要进行严格的总量控制和审批把关;第三是信用评级;第四是投资者还有买或不买的选择权。

另外,在监督问题上,世界上绝大部分国家都在中央层次建立地方债务管理机构,一般是财政部统一管理。美国、日本、英国等国的地方政府债务管理机构独立于财政部,但仍需向财政部汇报情况。

（作者:王露、刘明霞,来源:《财经国家周刊》,2010 年第 18 期）

税收是指税务部门代表国家行使税收权力,依照法律筹集财政收入,国家通过预算安排用于财政支出,提供公共产品和公共服务。纳税既是纳税人履行国家法律规定应尽的义务,又是为享受公共产品付出的代价。因此,与其他分配方式相比,它具有强制性、无偿性和固定性。这也是我们常说的,国家税收"取之于民,用之于民"。

在美国,联邦、州、地方三级政府根据权责划分,对税收实行彻底的分税制。三级税收分开,各自进行征管,美国联邦和州共开征 80 多个税种,实行以所得税为主体的复合税制。总体而言,美国的税可分为联邦税、州税和地方税三类;从税种看,有个人收入所得税、公司收入所得税、社会安全福利保障税和健康医疗税、销售税、财产税、地产税、遗产税、礼品税、消费税等。其中,所得税包括个人所得税和企业所得税,是美国税收的主要来源。

目前,我国是国家税务部门和地方税务部门共同负责收税。税收已成为国家财政收入的最主要来源。根据《2009 年国民经济和社会发展统计公报》显示,全年财政收入 68477 亿元,其中税收 59515 亿元。税收占财政收入的比重达到 86.91%。1994 年我国税制改革之后,我国的税种就由原来 37 个缩减到目前的 22 个,分为流转税、所得税、资源税、财产税、行为税五大类。在 22 个税种之中,增值税为税收贡献最大。增值税又分为生产型增值税、消费型增值税和收入型增值税。

在现今国际实践中,消费型增值税是目前世界上大多数国家实行的,收入型增值税已经很少有国家实行,而采用生产型增值税的国家就更为有限了。2009 年之前,我国都是实行生产型增值税的。追溯到 1994 年我国开始全面推行生产型增值税时,主要是为了解决社会投资膨胀、经济过热问题。在当时的宏观经济环境下,国家一方面保证了财政收入,另一方面抑制了投资膨胀,这种选择是相当成功的。但是,随着我国经济形势的不断发展,当时出台的一些税收政策自然无法适应当前的经济发展的需要。尤其是我国加入 WTO 以来,与法、意、荷、德那些全面实行增值税调节的国家相比,有较大差距;税型方面,我国实行生产型增值税,而西方多数国家已转为消费型增值税;纳税主体方面,我国一般纳税人仅限于法人,而国外增值税的一般纳税人也包括自然人、非法人团体等;征收范围方面,我国增值税范围

小,税负不公平。由于世界上大多数国家实行的是消费型增值税,因此,在增值税税负成本上,这些国家的产品就比实行生产型增值税的我国要低,加之我国已经加入 WTO,对企业征收生产型增值税在很大程度上也降低了我国产品的竞争力。因此,进入 2000 年以来,增值税改革的问题逐渐成为国家及民众关注的热点。我国从 2004 年 7 月起,在东北地区"三省一市"的八个行业开始消费型增值税改革试点,2007 年 7 月起又将试点延伸到中部 6 省 26 个城市,2008 年试点范围又迅速扩大,直至 2009 年 1 月 1 日,国务院常务会议批准的增值税转型改革方案的出台,标志着我国开始在全国实施生产型增值税向消费型增值税转型的改革。

下面这篇报道从十二五财税改革报告入手,对我国现行体制下的增值税改革的重点及难点进行了细致入微的分析,对于了解我国增值税改革的核心内容,很有帮助。

十二五重构分税制　物业税最缺信心

中国的税制在接下来的 5 年或将迎来一些大变革。本报获悉,各部委关于十二五财税改革的报告初稿已形成并上报,目前各部委正积极组织研讨,听取各方意见和建议,完善规划内容。十二五税改规划重点将在十一五未完成的个人所得税、物业税以及存在重复征税的增值税营业税上。根据有关方面提出的建议,中国第一大税种增值税有望扩围,替代营业税。

由于营业税是地税,纳入增值税后将变为共享税,这意味着税制的重构将在十二五展开。中国社会科学院财贸所所长高培勇说:"税收在中央与地方之间的分成比例发生变化,这意味着实施了 17 年的分税制要重新构建了。"

个税与物业税

"很多部门和研究机构参与了规划编制,所以意见很丰富",一位参与编制的官方学者告诉本报。

十一五规划中拟实施的税改内容为 10 个项目,其中直接针对纳税人的个人所得税和物业税没有任何实质性进展,甚至被认为是"越来越远"。

中国社科院财贸所税收研究室主任张斌认为,十一五未尽的这两个税改正是当前制约中国经济社会发展的重要因素,收入分配、房地产市场调控等改革都关系到个税和物业税的改革。

现行的个税最大缺陷是对单一收入征税,即薪酬,不考虑个人综合收入,其对收入分配调节作用广受诟病。此外,也不能体现纳税人负担状况的不同。

国家税务总局税收科学研究所所长刘佐认为,个税改革最大难点还是体制问题。现在的个税是由地方税务局来征收,这样的财税体制和征管体制就决定了个人所得税要实现综合与分类是很困难的。例如,某人在北京领一份工资,到上海讲课拿了讲课费,在广州出了本书拿了稿费,三地都有所得,此人年底到北京地税局汇算清缴,多退少补。但北京地税局只对在北京的工资所得进行汇算清缴，在外省所得收入北京地税无法多退少补。如果国税总局协调，那只能退还地方留下的40％进行退还，因为60％已交中央。

但综合税制的必要条件是能够对个人在全国各地各项收入能够汇算，年底能够多退少补。

中国社会科学院副院长李扬则认为，个人所得税的信息是任何一个地方政府不可能完全收集到的，只有中央才能获得更完整的信息，所以个税应该为中央税。

至于物业税，在今年初房价飙升之际一度跃跃欲试。但高培勇说，开征物业税的脚步声已经离我们越来越远了。至今也没有一个可行的方案供讨论。

刘佐强调，物业税在十二五期间，应该积极地推进，但也不必过于乐观。

物业税的一道坎儿其实是征管机制。从技术上来讲，对房地产评估是一件比较难的事情。今年上半年上海试点房产税似乎箭在弦上，但只几个月时间就销声匿迹。据说，技术难度是其难以跨越的障碍。上海有1000多位房地产评估师，上海房屋面积有几亿平方米，假定每个评估师每天八个小时工作量，据说这个评估就需要好几年时间。

还有一个问题是，目前很多城市市区与郊区房产部门信息还不能共享，市区居民在郊区有几套房子都说不清楚。而全国各省市之间房屋产权信息、评估信息、税务信息更没有充分共享。

很多参与编制十二五规划的专家都认为，物业税是最受关注但对其在十二五能否开征最没有信心的一个税。刘佐说，企图通过物业税，调节房地产市场、抑制投资无法成立，而张斌则认为，应把物业税的目标设定在调节财富分配、拉近贫富差距上，否则以调控房价、增加财政收入为目标很难获得足够的广泛的支持。

增值税取代营业税

十二五税改规划中，中国第一大税种增值税的改革被认为是最为迫切的。

全国人大预算工作委员会通过几个月的调研、研讨和起草，已将其十二五财政改革和十二五税制改革方案上报中央。全国人大在报告中着重强调，要消除重复征税现象，将增值税扩围，替代营业税。

财政部税政司官员告诉本报，更大的改革是增值税的扩围，即把适用营业税的行业纳入到增值税范围，用增值税替代营业税。

这项旨在消除重复征税的改革将在十二五有望突破。

由于增值税的转型，营业税的税负呈现出偏重，营业税虽然税率只有5％，但因为针对营业额征收，不抵扣企业人力、原料等成本，所以税负偏高。在建筑和交通运输等与固定资产联系紧密的行业，它不能与增值税形成一个完整的抵扣链条，重复征税现象更为严重。

社科院财贸所财政研究室主任杨志勇说，首先对建筑、交通运输行业进行扩围，将

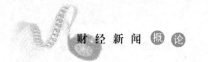

其纳入增值税范围,然后逐步将所有营业税适用行业纳入增值税范围,也就是"增值税吃掉了营业税"。

中国税务学会副会长安体富说,在中国税务学会研究的方案中,解决增值税扩围有三个方案,一是增值税全面取代营业税。二是逐渐扩围或者现有营业税可以进项抵扣,按照增值税征收,但是收益分配和征收主体不变。第三种方案是营业税改增值税进项抵扣后,税收征管和收益仍旧归地税部门。

"十二五规划不会对怎么改革写得那么细,具体改革方案要在十二五期间进一步研究确定。"一位参与十二五规划研究的专家说。

增值税目前已是中国第一大税种,预计增值税替代营业税后规模将占税收收入的60%以上。

一个税种比过高对一个国家来说并不安全,所以刘佐建议,增值税扩围的同时,应降低增值税税率,使其总规模下降,同时要调增其他税种税负以及开征新的税种。

重新构建税制

增值税的扩围涉及对现行税制体系的一系列变动。营业税是目前地方税中最大的一个,将营业税纳入增值税,意味着这一地方税将变成共享税。

"这项改革不亚于1994年分税制改革,需要对整个财税体制都进行调整。"财政部财科所副所长刘尚希说。

一位财政官员说,营业税和增值税范围整合上,只要出现对营业税征收范围的侵蚀都会导致地方强烈反应。他认为,尤其西部地区反应过度。西部省市认为本身税源就少,还要把最大的地方税拿走。不过,财政部设计因营业税纳入增值税而减少的地方收入,财政将通过转移支付弥补,不会减少地方收入。

而更多的学者并不赞成通过转移支付弥补地方。一种实施方案认为,营业税改成增值税后,这部分服务业的增值税继续由地税部门征收,并作为地税收入入库。而得到更大范围支持的一个方案认为,调整增值税在中央与地方之间的分享比例,使目前地方25%调高,弥补营业税。

杨志勇分析说,由于增值税的税负可以转嫁,其最终负税人仍然是消费者个人。因此,增值税扩围需要相应降低直接税尤其是个人所得税的税率,使纳税人的税负不致过重。

事实上,个税、物业税、增值税、营业税,这些税的改革需要通盘考虑宏观税负水平、税收结构、整个财政收入因素,所以这几个税的研究适宜同时进行,某个税提高了,就要有其他税有所降低。

刘佐说很多税种的改革都涉及体制问题而无法前行,如中央地方税收分配等,所以十二五要整体上调整当前这些税的分配。

刘佐建议:"下一步中央税应该增加,地方税应该增加,共享税应该减少。"

　　至于哪些税收向中央、哪些向地方调整一直是学术界和官方争论的焦点。按照李扬的建议,个人所得税和企业所得税应调整为中央税,消费税应划归地方税。而增值税则调整地方中央分配比例,更多倾向地方。新设立的物业税和环境税归地方。

　　(作者:席斯,来源:《经济观察报》,2010 年 9 月 18 日)

　　财政赤字,是指当政府财政支出大于财政收入的差额。财政政策是重要的宏观经济政策之一,而财政赤字则是衡量财政政策状况的重要指标。它反映着一国政府的收支情况,其大小对于判断财政政策的方向和力度是至关重要的。在国际上衡量财政赤字有两条警戒线:一是财政赤字占 GDP 的比重不能超过 3%,二是财政赤字不能超出财政总支出的 15%。

　　理论上讲,财政收支平衡是各国政府最理想的财政状态,但是在现实中,国家出现入不敷出的局面也是比较常见的。如 2009 年美国财政赤字高达 1.42 万亿美元,受国际金融危机以及一系列税费减免政策影响,我国 2008 年财政赤字 1110.1 亿元,继 2007 年财政转为盈余后重新回到赤字状态。引起财政赤字的原因很多,有的是因为政府管理不当,引发大量的逃税或过分浪费;有的是政府为了刺激经济而降低税率或增加政府支出。当一个国家财政赤字累积过高时,就好像一间公司背负的债务过多一样,对国家的长期经济发展而言,并不是一件好事,对于该国货币亦属长期的利空,且日后为了要解决财政赤字只有靠减少政府支出或增加税收,这两项措施,对于经济或社会的稳定都有不良的影响。一国财政赤字若加大,该国货币会下跌,反之,若财政赤字缩小,表示该国经济良好,该国货币会上扬。

　　当一国财政出现赤字的时候,往往政府采取两种解决办法:一是透支,另一个就是发行国债。透支就好像我们使用信用卡,自己的卡里没有钱,直接从银行借钱用。政府过多的透支行为最终只能演变为通货膨胀,对一国经济的长远发展是极其不利的。因此,目前世界各国政府普遍采取弥补财政赤字的方式就是发行国债。

　　国债也是我国比较常用的财政政策措施之一。它又叫国家公债,是指国家以其信用为基础,按照债的一般原则,向社会发行债券。国债是中央政府为筹集财政资金而发行的一种政府债券,是中央政府向投资者出具的、承诺在一定时期支付利息和到期偿还本金的债权债务凭证。

　　政府通过出售这些债券筹集资金,用于基础设施建设的投资,提供更多的公共物品。通过加大政府投资力度,拉动经济增长,为企业创造更多赚取利润的机会,为个人创造更多的就业机会,再从新一轮的经济增长中获得更多的税收,以赎回当初的国债,并支付购买国债的投资者一定利息。对于政府而言,既避免了通货膨胀,又发展了经济。对于购买国债的投资者而言,因为国债的发行主体是国家,且利息又比存在银行里相对高些,所以它可以说是最安全的投资工具。我国的国债还包括外债,大部分的外债都是长期的。

　　(二)货币政策报道

　　货币政策报道一般是对中央银行(例如中国的中国人民银行)通过价格手段(降息/加

息)或者数量手段(提高/降低准备金率)调控货币供应量的政策进行报道。一般而言,货币政策报道主要涉及国家公布的有关公开市场业务、存款准备金、中央银行贷款、利率政策、汇率政策等。关于货币政策报道的具体内容可详见本书第六章金融市场报道中的中央银行与货币政策报道部分。

在本节中,我们主要介绍我国近十五年来货币政策的演变,进一步体会货币政策报道在宏观经济报道乃至财经新闻报道中的重要性。

从 20 世纪 90 年代到现在,我国宏观调控从政府直接调控逐渐转变为通过使用存贷款利率、公开市场操作、存款准备金率等货币政策措施对经济进行的间接调控。货币政策有过多次调整,大致可以分为四个阶段[①]:

第一阶段:1993—1996 年,适度从紧的货币政策。从 1993 年开始,我国经济出现了因社会总需求过剩而引发的高增长、高通胀并行的情况,通货膨胀率的峰值曾一度达到 24％。中国人民银行成功运用“适度从紧”的货币政策即两次加息,既有效抑制了通货膨胀,同时还保持了经济的快速发展,成功地实现了经济的“软着陆”。

第二阶段:1997—2002 年,稳健的货币政策。1996 年以后,在国内外经济环境的变化下,我国出现了有效需求不足、物价持续下降及经济增长放缓的严峻局势。加之 1997 年亚洲金融危机的全面爆发,使得中国也面临着巨大的压力——通货紧缩的风险。在这种情况下,中央又一次果断调整方向,从 1998 年起正式开始实施“稳健”的货币政策。“稳健”更多的是偏重于货币政策的指导原则和工作思路,有别于技术操作层面上的“紧缩”和“宽松”,是强调在保持人民币购买力和汇率水平稳定的同时,促进经济增长和经济结构调整。

第三阶段:2003—2007 年,稳中从紧的货币政策。2003 年开始,我国经济进入了新一轮的快速增长之列,部分行业出现投资增长过快,而能源、交通领域则出现瓶颈制约,物价上涨压力有加大的趋势。加之在“非典”疫情、伊拉克战争等不确定性因素较多的情况下,货币政策的内涵已从稳健逐步变化表现为适度从紧了。中国人民银行综合运用存款准备金率、利率、窗口指导等多种工具加强金融调控。2005 年消费物价曾趋于稳定。但一直高速的经济增长,并没有缓解 2006 年经济运行中出现的投资增长过快、货币信贷投放过多、贸易顺差过大等问题,中国人民银行又采取了综合措施加强流动性管理和货币信贷调控。2007 年,经济运行开始出现过热的风险,在食品涨价的推动下,通货膨胀的压力也明显上升。中央的货币政策开始明显地转向“从紧”,2007 年共 10 次提高存款准备金率,6 次上调存贷款基准利率,并于 2007 年底开始将调控重点放在房地产信贷领域,同时也加大了货币资金的回笼。

第四阶段:2008 年开始的“从紧”到适度宽松的货币政策。为防止价格由结构性上涨演变为明显的通货膨胀,2007 年底的中央经济工作会议明确提出从 2008 年起货币政策由“稳健”改为“从紧”。至此,我国实施 10 年之久的“稳健”的货币政策正式被“从紧”的货币政策

---

①　编辑部:《十五年来中国货币政策变化轨迹》,《今日财富(金融版)》,2008 年第 2 期。

所取代。但是 2007 年下半年中国经济的增长率却开始下滑，随着 2008 年美国次贷危机演变成的席卷全世界的金融危机，中国经济增长也出现由偏快转为过热的危险趋势，这些内外部经济金融运行中出现的新情况，货币政策再次调整，2008 年 6 月，国务院提出宏观调控要"一保一控"（保经济增长，控通货膨胀），9 月转为适度宽松货币政策，5 次下调利率，4 次下调存款准备金率。进入 2010 年，我国的货币形势更加复杂，在妥善处理好通货膨胀压力与保持经济平稳增长方面；调控资产市场，防止出现过大泡沫；人民币升值压力等方面，货币政策操作将面临着更大的挑战。

（三）对外经济政策报道

对外经济政策报道包括对对外贸易政策、对外投资政策、技术引进政策、国际经济合作政策等的报道。各国经济之间存在着日益密切的往来与相互影响，一国的宏观经济政策目标中当然包含对外经济政策。因此，在宏观调控报道中对外经济政策报道也是极其重要的一部分。近年来，由美国次贷危机引发的全球金融危机，导致世界经济格局发生剧变，这对我国经济的发展既带来机遇，也带来挑战。财经新闻界对此应予关注。

二、宏观经济指标报道

（一）GDP

在宏观经济报道中，国内生产总值（Gross Domestic Product，GDP）可以说是最受人瞩目、报道应用也最为频繁的数字指标。GDP 的重要性不仅仅表现为是判断一国社会富裕还是贫穷的指标，衡量社会经济发达程度的指标，更重要的是世界范围内各国的经济实力也是通过 GDP 排行榜来进行衡量的。

我们来看看下面一个关于 GDP 的消息稿：

2009 年 GDP 增长 8.7％　中国用信心收获复苏

据北京晨报报道：在"信心比黄金、货币更重要"的 2009 年，中国经济用信心收获复苏。昨天，国家统计局发布 2009 年中国经济成绩单。统计显示，2009 年 GDP（国内生产总值）达到 33.5353 万亿元，比上年增长 8.7％，增速比上年回落 0.9 个百分点。2009 年"保增长"的目标圆满实现。

经济总量或超日本

分季度看，中国经济增速在过去四个季度实现连续跳跃。统计显示，2009 年四个季度的 GDP 分别增长 6.2％、7.9％、9.1％和 10.7％。国家统计局局长马建堂表示，今年一季度，GDP 同比增速可能还会比较高。

在"保八"圆满完成的同时，中国经济总量在去年是否超过日本，跃居世界第二？清华大学世界经济研究中心主任李稻葵表示，"2009 年年末，中国经济总体规模已经与日本持平或基本超过日本。"

不过，马建堂表示，中国人均 GDP 仍然居于世界百位以后，人口多、底子薄、相对资

源少、贫困人口多仍然是中国的基本国情。"我们既要看到中国经济总量在不断增加，经济实力在不断增加，更要看到中国仍然是发展中国家。"

居民收入跑赢 GDP 增速

城镇居民收入跑赢 GDP 增速。统计显示，去年全年城镇居民家庭人均总收入18858 元，实际增长 9.8%。不过，农村居民人均纯收入 5153 元，实际增长 8.5%，与GDP 增幅相差 0.2%。"城乡居民收入差距确实在继续扩大。"马建堂表示，提高农村居民的现金收入，应该提高农民工的打工工资。此外，适当提高农副产品的价格水平对于农民增收也非常重要。

出口超过德国跃居世界第一

统计显示，2009 年全年进出口总额 22073 亿美元，比上年下降 13.9%。其中，全年出口 12017 亿美元，下降 16%；进口 10056 亿美元，下降 11.2%。尽管出口有所下滑，不过这并不妨碍中国超过德国，成为世界第一大出口国。

"中国出口成为第一位，意味着中国经济确实在克服金融危机的冲击下取得了举世瞩目的成绩，也是中国人民辛勤劳动努力的结果。"马建堂表示，中国工人的一组照片登上了美国《时代》周刊的封面，是全世界人民对中国工人的辛勤努力奉献的承认。

马建堂表示，中国的出口产品结构还需要优化，自主创新能力还需要加强，企业核心竞争力还需要提高。随着中国经济的不断成长，中国也会进口越来越多的国外产品，在某种程度上也是为世界经济的发展提供越来越大的市场。

（作者：邢飞，来源：新华网综合，2010 年 1 月 22 日）

从文章的内容我们可以清楚地了解到，此篇报道的中心就是我国 2009 年 GDP 的增长情况。作者从经济总量、居民收入和出口三方面着手，为 2009 年我国 GDP 增长情况作了具体的解释。为什么会选取以上三个角度来阐述 GDP 呢？

首先，我们需要对 GDP 的概念有一个清晰的界定。曼昆在他的《经济学原理》中将 GDP 定义为在某一既定时期一个国家内生产的所有最终商品与劳务的市场价值。需要注意的是，这里的一个国家内生产的主体是指一国公民和居住在该国境内的外国人的产出。也就是说 GDP 是反映国民经济发展变化情况的重要工具。它一是反映经济增长；二是反映经济规模；三是反映人均经济发展水平；四是反映经济结构，包括产业结构、需求结构和地区结构；五是反映价格总水平的变化，即通货膨胀和紧缩情况。因此，报道中提到的经济总量或超日本，2009 年四个季度的 GDP 增长本身就向我们传达了一个积极的信号：中国经济正处于稳定增长阶段，这是对我国目前经济发展状况的肯定。

其次，从最终使用的角度，我们可以将 GDP 分解为投资需求、消费需求和出口需求，三者构成了社会总需求。经济增长是供给与需求共同作用的结果，因此三大需求是决定经济增长，也就是 GDP 增长的主要因素。本报道主要从消费需求和出口需求入手，对 GDP 的增长进行了评价。在消费需求方面,当下普遍的观点认为,居民收入可以作为衡量 GDP 含金量的重要指标,北京大学光华管理学院应用经济学系主任龚六堂认为,"GDP 含金量应强调收入指标,这个收入不仅包含财政收入,更要包含居民收入。在经济增长中,更要强调居民收入的增长,这是居民幸福感的重要来源。"在世界大多数发达国家,居民收入一般占 GDP 的 60%,剩下的非居民收入应该占 GDP 的 40%;但是中国刚好是倒过来的,中国居民收入占 GDP 的 40%,剩下的 60% 是非居民收入。因此,居民收入的增加更加有利于扩大居民消费,而消费作为 GDP 的重要组成部分,它的增长必然会促进国民经济的持续增长。至于出口需求部分,中国在过去 30 年里,平均每年出口增长是 GDP 增长的 1.5 倍,出口占 GDP 的比重,从 1978 年的 4.6% 到 2007 年的 37.5%,到 2009 年中国的出口总额超过德国跃居世界第一。但并不是所有的项目列居世界第一就是好的,我们需要结合本国经济发展的实际来看。随着中国经济总量的不断壮大,海外市场对经济增长拉动作用势必越来越小。与此同时,中国劳动力等要素成本呈现不断上升的趋势,欧美发达经济体因金融危机导致的消费与生产模式改变,以及日益增多的贸易摩擦都在预示中国正在逼近头顶的天花板,曾经习以为常的出口主导、高歌猛进时代将一去不返。中国经济发展的最优结构应该是出口和国内需求平衡发展。因此在该报道的结尾对出口的建议也是积极出口优化产品结构,加强自主创新能力。

当然,上面的报道是从积极方面对我国 GDP 进行了解说。作为财经新闻记者,我们也应该认识到 GDP 自身所存在的局限性。GDP 指标的稳定增长一方面告诉我们一国的经济实力在不断地增强,另一方面,经济的快速发展也必然导致许多社会问题的发生,如环境问题。高增长带来的负面效果还没有在 GDP 中有所体现。因此财经新闻记者在报道 GDP 数据的同时,也应该注意观察和思考我国经济增长的同时,忽略了什么重要的元素。如 2008 年以来的金融危机、政治压力以及长期的气候威胁,将低碳经济逼上全球新一轮产业大调整的最前沿,世界各国都在积极倡导低碳经济[①]。细心的财经新闻记者就会发现,其实我国推进低碳经济的发展与 GDP 有着密不可分的关系。前些年,鉴于国内经济增长造成生态环境的严重破坏,我国环保总局曾提出"绿色 GDP"的倡议,虽然历经 10 省市试点及唯一的一份绿色 GDP 核算报告等轰轰烈烈的活动,但由于诸多现实因素,有关绿色 GDP 项目的尝试已经"停摆",而如今的发展低碳经济既是对我国绿色 GDP 的新尝试,也是保证国家可持续发展的重要举措之一。这可以说是 GDP 数据带给我们的一系列思考。只要有心,财经新闻记者就会从中挖掘出别出心裁的材料,创新宏观经济数据报道内容。

(二)CPI 和 PPI

高水平的和快速增长的产出率、低失业率和稳定的价格水平是各国政府宏观经济的主

---

① 低碳经济是低碳发展、低碳产业、低碳技术、低碳生活等经济形态的总称。低碳经济这个概念源于英国。2003 年英国发表能源白皮书,提出世界经济发展模式亟待调整,要用低碳基能源、低二氧化碳的低碳经济发展模式,替代目前不可持续的化石能源发展模式。

要目标。提到稳定的价格水平,我们就要提到与之相关的通货膨胀、CPI及PPI。那三者之间到底又有怎样的关系呢?

2月CPI逼近调控目标

2月份2.7%的居民消费价格指数(CPI)涨幅,逼近了今年政府工作报告提出的3%价格调控目标,也使得市场对加息的预期有所增强。

不过,考虑到价格中的结构性和季节性因素,国家统计局昨天在发布上述数据后分析,当前的物价仍是温和上涨局面。

食品和居住引领涨价

2月份的CPI涨幅比上月扩大1.2个百分点。其中,食品价格上涨6.2%,居住价格上涨3.0%。从同比数据来看,CPI涨幅扩大;从环比数据来看,物价的涨速也在加快。

国家统计局新闻发言人盛来运认为,当前的物价上涨为温和的上涨,尤其是CPI的上涨既有结构性因素也有季节因素。

他分析,2月份的CPI上涨主要是食品价格和居住类价格上涨来推动,食品类价格对CPI贡献了2.01个点,居住类价格对CPI贡献了0.45个点,这两项合计为CPI涨幅贡献了91%左右。

关于季节性因素,他解释说,去年春节在1月份,相应的春节后去年2月份的价格基数偏低,而今年的春节在2月份,再加上恶劣严寒天气导致蔬菜、水果等生鲜产品价格涨幅较大,造成了今年2月份CPI涨幅较高。

尽管工业品出厂价格指数(PPI)转正的时间较CPI晚一个月,但PPI在前两个月的涨速较CPI更快。2月份,PPI同比5.4%的涨幅,比上月扩大1.1个百分点;1~2月份,PPI同比上涨4.9%。

对于PPI的上涨,盛来运在接受《第一财经日报》采访时表示,翘尾因素是上涨的主要原因,大约贡献了PPI三分之二的涨幅。

价格存在下行空间

2月份的CPI已经处于较高水平,摩根士丹利大中华区首席经济学家王庆认为,CPI超预期的增长来源于春节效应,同时目前超预期的出口数据显示中国产出缺口迅速合拢,也增加了通胀的压力。

但统计局认为,促进价格下滑的压力也存在。"今年存在价格上涨的压力,也同时存在价格下行的因素,"盛来运表示,"现在的粮食和主要农产品供给比较充裕,国家也建立了收储制度和价格调节机制,另外,大部分工业品是产能过剩,整体供过于求的状态没有发生变化。"

盛来运预测,随着季节因素的影响逐渐消失,估计3月份CPI的同比涨幅很可能有所回落。

他还对记者表示,除却基期原因形成的翘尾因素,1～2月份中CPI和PPI中的新涨价因素并不大,这也是统计局判断目前物价只是温和上涨的原因。

不过,一些民众的现实感受却与官方判断不尽相同。采访中,多位上海市民称,今年以来,蔬菜、大米、鸡蛋乃至装修用建材价格都明显涨价。另有河南开封市民告诉记者,当地一高档酒店去年十一期间的婚宴价格是880元/桌,今年五一期间的同档次定价却涨到了1280/桌,并且绝无打折空间。

货币政策措施悬念

2月份超预期的价格数据,让市场预期政府启动货币政策的脚步会加快,但供过于求态势下,很难出现价格持续上涨和政府管制。

王庆表示,尽管他们仍认为今年中国将逐步和谨慎地令政策正常化,但央行可能很快再次调高存款准备金率,同时最早将在4月份首次加息27个基点,第三和第四季度还会再加息两次。而在今年下半年之前,人民币不会升值。

兴业银行资深经济学家鲁政委也认为,全年可能最多加息一次,最可能的时间窗口是6～9月份。2月份依然强劲的信贷,可能会令央行继续动用存款准备金率工具。

全国政协委员、清华大学中国与世界经济研究中心主任李稻葵则对新华社记者表示,2月份CPI涨幅已经超过一年期银行存款利率,会在一定程度上带来百姓预期的波动。目前我国一年期存款利率为2.25%,2.7%的CPI会使市场加息预期有所增强。

上一次CPI涨幅超过一年期存款利率是在2008年的10月份,当月CPI涨幅为4%,而当时的一年期存款利率为3.6%。

(作者:汪时锋,来源:《第一财经日报》,2010年3月12日)

以上是作者围绕着国家统计局发布的2010年2月份CPI及PPI涨幅问题所作的深度分析报道。在本篇报道中,记者反复提到CPI及PPI的数字涨幅。那么,什么是CPI及PPI? 它们的涨幅对中国经济到底有什么影响?

消费价格指数(CPI)是指普通消费者购买物品与劳务总费用的衡量指标。主要用来监测生活费用随着时间的推移而发生的变动。如果所有消费品和服务的价格都上涨10%,那么CPI也会上升10%以反映这一上涨。由于不同国家的经济发展水平、居民生活消费水平、恩格尔系数、民族消费习惯等不同,CPI中的消费品和服务的类别以及权重也不尽相同。比如在美国,消费者在主要物品与劳务项目上支出比例前三项分别是住房(41%)、交通(17%)和食物与饮料(16%)。我国现行的CPI构成及权重前三位分别是食品(34%)、娱乐教育文化用品及服务(14%)及居住(13%)。从这点上就可以看出发达国家和发展中国家在消费模式和体制上的差异:发展中国家的恩格尔系数较高,食品在整个居民生活消费支出中所占比例,明显高于发达国家,因而CPI中食品类的权重高于发达国家食品类的权重。而生

产价格指数(PPI)是企业购买的一篮子物品与劳务的费用的衡量指标,用以观察工业企业产品出厂价格变动趋势和变动的程度,是反映某一个时期生产领域价格变动情况的重要经济指标。

在了解了CPI及PPI基本概念的基础上,我们认为通过以上报道,至少可以进一步加深对CPI及PPI如下几个方面的解读:第一,中国CPI的主要构成部分和增长点是什么?第二,CPI上涨为什么显示出中国加息预期增强?第三,CPI与PPI存在何种关系?第四,CPI对中国未来货币政策的趋向有什么重大意义?由此我们也可以总结出CPI及PPI作为中国宏观经济分析与决策以及国民经济核算的重要指标的现实意义。一般来说,CPI的高低直接影响着国家的宏观经济调控措施的出台与力度,如报道中各方专家对央行加息的预期,上调存款准备金率等。同时,CPI的高低也间接影响资本市场(如股票市场)的变化。如在2月CPI同比上涨2.7%,超过一年期存款基准利率,加息预期压力下,上证综指在2010年3月12日、15日两个交易日连续下挫,16日才止跌反弹。而PPI可以说是在CPI之前的先行性指数。因为整体价格水平的波动一般首先出现在生产领域,然后通过产业链向下游产业扩散,最后波及消费品,企业最终要把它们的费用以更高消费价格的形式转移给消费者,PPI能够反映生产者获得原材料的价格波动情况,推算预期CPI,从而估计通胀风险。就在统计局发布2月CPI数据几天后,央行3月16日公布的调查数据显示,随着物价水平上升,居民对物价满意程度降到1999年以来的最低点,管理"通胀预期"难度加大。此前,温家宝在记者见面会时表示,通货膨胀是一个"让我非常感到担心的问题"。如果发生通货膨胀,再加上收入分配不公以及贪污腐败,足以影响社会的稳定,甚至政权的巩固。因此可以说CPI及PPI的变动密切影响着通货膨胀的发生,从而对中国未来经济宏观调控政策产生重大的影响。

(三)就业人数和失业率

改革开放以来,中国经济30年保持了年均9.5%的高速发展。但是,经济的高速发展并未带来就业的有效增长,出现了"奥肯悖论"。就业问题成为2010年两会代表关注的重点,也成为广大民众生活中重要的谈资。就业人数和失业率的数字屡屡见诸相关就业报道,就业人数和失业率对于我们理解我国就业情况乃至国家经济发展有什么意义?

七成多省份09年失业率预计超过4% 北京形势最好

各地政府工作报告显示,2008年只有9个省份失业率高于4%,而在各地制定的2009年就业目标中,除北京的失业率定为2.5%,江西未公布相关数据外,6个省份的失业率预计为4%,其他23个省份均在4%以上。

政府工作报告显示,大学生和农民工就业问题已经引起各地政府的重视,"社会保障"、"自主创业"、"免费培训"在政府工作报告中频繁出现。

新增就业目标全国调低近 500 万

在 31 个省(自治区、直辖市)的政府工作报告中,除了山西省政府工作报告中未明确提及 2008 年新增就业人口外,其他 30 个省份 2008 年新增就业人口近 1700 万。

广东、河南、江苏、山东、辽宁五省新增就业人数都超过 100 万,可用"百万大军"来形容。其中广东以新增 198.5 万人排行第一。

在各省级政府工作报告中,新疆、北京、内蒙古、云南、海南五省区市没有具体列出 2009 年新增就业人数,其他 26 个省份新增就业人口目标为 1200 多万,比 2008 年少了近 500 万。

记者统计发现,在 26 个列出 2009 年新增就业人数目标的省份中,22 个省份都调低了目标,其中,广东的人数相差最多,减少了 78.5 万人。

不过河北、陕西两省的就业目标有所提高,2008 年河北新增就业人口 47 万人,2009 年定的目标为 48 万人,陕西 2009 年的新增就业人数则由 2008 年的 29.8 万人,提高至 30 万人。

29 个省份失业率预计不低于 4%

在 31 个省份的政府工作报告中,有 22 个公布了 2008 年的失业率。在 22 个省份中,北京的就业形势最好,失业率为 1.82%,其次为广东,失业率为 2.56%。

在各省级政府制定的 2009 年的失业率控制目标中,北京的失业率依然最低,为 2.5%。失业率较高的是湖南、吉林、山西等省份,目标定位 4.6%(含)以上。与 2008 年只有 10 个省份的失业率在 4%(含)以上相比,2009 年多数省份都调高了失业率,除北京和没有提及失业率的江西外,29 个省份的失业率在 4%(含)以上。

对比两组数据,记者发现,云南、黑龙江、湖北、内蒙古等省区的失业率,连续两年都在 4%以上。

与此同时,统计发现,除西藏外,各省份的失业率在 2009 年都有不同程度的提高。其中,西部城市甘肃居首,失业率从 2008 年的 3.1%,上升了 1.5 个百分点,达到 2009 年的 4.6%。

(作者:胡晓华,来源:中国经济网,2009 年 2 月 28 日,引用时有删节)

本消息稿将全国大多数省份的就业人数及失业率情况进行了梳理,报道中也随后分析了出现就业形势严峻的原因,提供了一些专家学者的意见和建议。在进行就业方面的报道时,我们首先要关注的就是就业人数及就业率数字,从宏观经济数字的背后去挖掘国家宏观经济的走向。失业率被定义为那些想得到工作却没有得到工作的失业人员的数量占劳动力的百分比。劳动力是指年龄在 16 岁及以上的、想得到工作的人口总数。可以用公式表达为:失业者人数/劳动力(劳动力=就业者人数+失业者人数)×100。官方的定义中含有一些限制条件,比如,失业率是针对那些没有被拘留的、16 岁以上的人口(即不在监狱且没有精神问题的人)而言的。[①] 就业人数的增加或减少及失业率的变化传达给我们的第一信息就是就业形势的乐观或严峻,再往深层次进行挖掘时,我们发现,其实它们在某种程度上也是国家经济形势运转的具体表现之一。如报道中各省市定出的 2009 年就业人数目标或增或长,但总体而言,预计 2009 年全国新增就业人数会减少。这并不是空穴来风,在看到就业人数数字变化时,财经新闻记者就应该考虑为什么会出现这种预期?将就业情况放在当下的经济发展进程来考虑,我们就可以做到"以小见大"。就业人数减少很可能是受国际金融危机的影响。国际金融危机一方面直接导致部分企业降低生产规模、停止某些产品的生产甚至倒闭,自然会有人失业。同时,金融危机对大多数企业来说,心理作用大于实际所受的影响。由于预期不好,很多效益还不错的企业也缩减了用人规模,这对就业特别是大学生就业产生了非常不利的影响,企业尽量减少进人安排,以维持基本运营,造成了所提供的就业岗位减少,失业的人和那些即将毕业的大学生一起汇入到就业人数的大军中。也有研究报告称,我国经济每增长 1 个百分点能够带来就业增长 0.107 个百分点。因此,我们可以说就业人数及失业率是中国经济发展晴雨表上的生动体现。

第二节　宏观经济报道在财经新闻报道中的地位

国家的任何一项宏观调控措施、经济指标的出台,都会对实体经济和虚拟经济的各个方面产生巨大的影响,甚至会造成一个国家乃至世界政治、文化、社会意识的转变。从美国 1929 年纽约股市崩盘,引发全世界经济大萧条,宏观经济政策开始登上历史舞台,国家用"看得见的手"调控市场开始,到 2007 年美国次贷危机引发的全球金融危机,美联储和美国财政部提出 7000 亿美元救市方案,中国政府提倡积极的财政政策和适度宽松的货币政策,都是典型的案例。因此,了解宏观经济报道在财经新闻报道中的地位,对于做好宏观经济报道至关重要。

一、宏观经济报道对国家宏观政策的传播具有重要作用

在计划经济时代,虽然没有明确的宏观经济报道的说法,但是关于宏观经济方面的新闻报道一直占据着重要的地位,政府把新闻媒体视为传达政府宏观经济政策或宣传经济成就的重要传播途径,此时的宏观经济新闻报道的主要任务就是密切配合政府经济措施的实施,及时传达经济政令。

随着党的十三届三中全会的召开,中国开始走上以经济建设为核心的轨道,逐步开始了从计划经济体制向市场经济体制的转变,市场在资源配置中起主导作用,新闻改革也在这种

---

① 彼得·肯尼迪著:《新闻中的经济学——宏观经济学摘要》,高传胜、陈祖华、周晓艳译,北京:中信出版社,2005 年。

大背景下开始悄然进行。同时,市场经济的发展,也促使中国社会阶层分化,形成了不同利益团体,对应着不同的利益诉求。宏观经济报道视角出现多元化,既有政府层面的,也有资本层面的,还有消费者和普通民众层面的。如绪论中所提到的,广义的财经新闻涵盖了国内外社会经济生活及经济有关领域的新闻报道,作为财经新闻报道的重要组成部分,宏观经济报道对于处在经济转型时期的发展中国家来说相当重要。它可以反映社会的变迁、生产力的改善和社会发展的进程。因此,宏观经济报道越来越清晰地走进受众的生活,宏观经济报道记者也从新闻规律中出发,开始对政府的经济政策及发布的经济数据进行分析和阐释,一方面,将政府关于经济发展的思路尽快地传达给广大受众,继续充当政府的"喉舌";另一方面,积极发掘国家经济政令及经济数据背后的内容,满足受众对于经济信息的需求,做好受众的"经济翻译师"。

以新华网关于央行上调存款准备金率专题为例。

央行年内再次上调存款准备金率 0.5 个百分点

中国人民银行决定,从 2010 年 2 月 25 日起,上调存款类金融机构人民币存款准备金率 0.5 个百分点。

央行同时表示,为加大对"三农"和县域经济的支持力度,农村信用社等小型金融机构暂不上调。

这是继今年 1 月 12 日央行宣布上调存款准备金率 0.5 个百分点后,时隔一个月再次上调存款准备金率。

(记者 姚均芳 王宇 2010 年 2 月 12 日 来源:新华网)

这仅仅是新华网关于上调存款准备金报道的引子。下面我们来进一步研究新华网是如何对此项货币政策进行解读的。新华网首先将再调准备金率列为专题报道,进入专题报道页面,我们可以清晰地观察到新华网对此次事件的报道思路:提供消息源——回顾央行 2010 年来货币政策实行情况——邀请各方专家学者对政策进行多角度的分析解读——报道市场对此的反应(主要针对股市和楼市)。同时,新华网还对存款准备金率的概念进行普及,将历次存款准备金率调整情况列出一览表,回顾中国货币政策十年历程。这样的好处是在为读者提供政策解读的同时,将相关信息进行整理罗列,为那些想进一步研究货币政策的读者提供丰富而翔实的参考资料。当然,我们认为新华网在对存款准备金率上调进行的专题报道中,缺乏更广阔的全球视野。如《华尔街日报》2010 年 2 月 3 日的一篇《中国紧缩政策促使澳大利亚暂停加息》的报道,同样是针对央行上调存款准备金率的,它提到"澳大利亚经济严重依赖出口煤炭、铁矿石等大宗商品,以满足中国受刺激措施推动的基础设施建设和房地产行业的需求。上个月,中国采取措施减少商业银行放贷并提高一些央行票据的利率。由于中国信贷收缩将影响对澳大利亚原材料的需求,中国实际上是替澳大利亚实施了紧缩政策。"

他们这种站在全球视角的报道角度是非常值得中国媒体学习的。

通过以上的例子我们可以感受到新华网在进行宏观经济报道时已经逐渐开始进行角色转变：从政府政策的宣传者，到已发布政策的监测者及新政策的"催生婆"，使政府政策发挥更加积极的作用。因此，财经新闻记者在遇到宏观经济报道时，应当站在更高的视点上，拥有更开阔的视野，密切关注我国经济在快速发展的不同时期出现的新现象、新势头，研究经济问题，准确领会政策意图，为国家经济建设提供更加有效的信息服务。同时，不拘一格地采用多种新闻形式，如既用述评、综述、评论等形式进行传播，也可用消息、特写、解释性报道等形式进行报道。尤其还要注意要在宏观经济报道中体现出人性的力量。一项国家经济政策之所以受到关注，是因为它与百姓生活密切，对人们的工作或生活产生了巨大影响，而人的活动最富有动感和生活气息，是新闻报道诸素材中最活跃的素材。所以，在宏观经济报道中写人的活动和思想，可以克服只见宏观政策不见人的空洞单调，增强政策性新闻的可读性和说服力。

二、宏观经济报道是其他领域财经报道的风向标

宏观经济报道为其他领域的财经新闻报道提供国家宏观经济动态的深层次解析。宏观经济报道可以促进其他报道在把握国家经济发展大趋势下，结合本领域自身特点，紧贴现实，从而为公众的经济行为提供参考和启示。如宏观经济的周期性变动，使得众多企业也经历着诞生、成长和死亡的命运。人类的经济活动也是在这样的优胜劣汰中不断地提高资源配置的效率，实现增长。如果企业能够提前预计到未来的经济变化而早做准备，就可以长久地存活下来。其他领域财经新闻报道的记者可以在参考宏观经济报道下，结合自身领域特点，贴近实际进行报道。比如说，公司报道、行业报道或者区域经济报道在满足受众知情权的同时，可以依据宏观经济报道对当前经济形势的分析，为企业日后的经济行为提供决策依据；负责金融市场报道的记者可以在知晓宏观经济报道内容的情况下，敏锐地感受到资本市场可能发生的变动，找到切入点，进行深度报道。

2010年9月14日，《第一财经日报》的一篇消息稿就报道了国家调控楼市政策的出台对房地产公司融资能力的影响。

万科百亿增发几流产　多房企再融资无果

房地产行业的调控政策，使房地产上市公司再融资普遍受阻，万科A（000002.SZ）此前提出的112亿元增发方案"流产"几无悬念，而其他多家房地产类上市公司再融资方案也宣告无果而终。

9月15日，是万科增发方案实施的最后期限，如无最新进展则自动失效。有券商研究员认为，万科的增发方案失败基本成定局，而其他尚在等待审批的多家房地产类上市公司再融资计划获批也希望渺茫。

万科尚无再融资计划

万科董秘谭华杰昨天在接受《第一财经日报》采访时表示："按照规定,公司没有能在股东大会授权的 12 个月时间内完成增发工作,则股东大会的授权就自动失效。万科在此之前并没有重新提出召开股东大会来要求延期,增发方案的正常结果是到期之后过期。"

此前的 2009 年 8 月 27 日,万科拟启动万科 A 股历史上最大规模的增发方案,高达 112 亿元的再融资计划一度引发外界质疑。该计划在当年的 9 月 15 日获得了万科股东会的高票通过,这也是万科历史上增发方案投票通过率最高的一次。

谭华杰坦承,从绝对的可用资金角度而言,增发失败会对公司产生一定影响。如能增发成功,万科在拟投资项目后续建设的现金支出可以有所减少,同时在接下来的土地市场中可能会得到更多机会。

按照此前公布的增发方案,该 112 亿增发中 92 亿元拟投向 14 个住宅项目,用于该项目的后继开发建设;20 亿元募集资金用于补充公司流动资金。上述 14 个住宅项目投资总额约为 365.8 亿元。

多位证券分析人士向本报表示,万科百亿增发方案之所以一度备受质疑,一方面是因为此前万科增发导致部分投资者尚未能解套,另一方面万科并不缺钱。公告显示,万科在 2009 年中期时候的财务非常稳健,持有货币资金 268.8 亿元,资产负债率为 66.4%,公司的净负债率也由 2008 年的 37.10% 下降至 10.7%。

万科百亿增发计划或许原本就与缓解资金压力无关,这在一定程度上降低了此次增发失败对公司的影响。而今年上半年万科累计实现销售额 367.7 亿元,创下有史以来最好水平,并成为屈指可数的经营性现金流为正的房地产企业之一。

事实上,万科原本计划投入增发资金的部分项目已完成开发。其中深圳万科第五园在此前顺利推售,万科柏悦湾项目 9 月 12 日也对外开售。谭华杰表示,增发失败不会对公司项目投资产生影响,公司会通过其他资金渠道或者企业自有资金推进项目投资。目前,尚没有新的再融资计划。

多家房企宣告增发失败

不仅仅是万科,9 月 11 日,中航地产(000043.SZ)的增发方案已经到期。中航地产当日公告称,公司 2009 年度非公开发行股票事宜在股东大会决议有效期内未取得实质性进展,由于股东大会决议有效日期已过,此次非公开发行股票方案自动失效。

来自 Wind 资讯的统计显示,按照申万行业分类,今年以来共有 27 家房地产类上市公司拟通过资本市场进行再融资。除了主动取消以及未获股东大会通过的 4 家外,3 家已获得证监会审核通过但尚未实施,另有 4 家处于董事会预案阶段,16 家已获得股东大会通过。

但国信证券房地产行业首席分析师方焱向本报表示,自去年 11 月份以来,房地产

上市企业增发一直都处于停滞状态,目前尚无增发获批的案例。而另有行业分析师表示,一方面房地产类上市企业再融资政策迟迟未能开闸,另一方面几乎所有房地产类上市企业的股票价格都跌破增发价,目前多家房地产企业增发均面临失败。

自招商地产(000024.SZ)5月份率先撤销非公开发行股票方案以来,世茂股份(600823.SH)在6月份也宣布取消定向增发A股的计划,迪马股份(600565.SH)7月份宣布暂停房地产项目增发方案。苏宁环球(000718.SZ)和华业地产(600240.SH)也先后叫停增发。

据Wind资讯统计,尽管两家房地产公司凤凰股份(600716.SH)和中弘地产(000979.SZ)已实施增发,但这两家公司并未实际获得募集资金,且这两家公司均是通过资产重组而刚刚转型成为房地产类上市公司的。

增发无望,使部分房企资金紧张,但对资金充裕的企业或许并非坏事,谭华杰甚至表示:"政策调控导致最近一年没有任何房地产公司增发方案获批。在大家都无法利用股权融资渠道的时候,万科在资金方面的相对优势更大。"

(作者:黄树辉,来源:《第一财经日报》,2010年9月14日)

由以上宏观经济报道的分析,我们可以看出宏观经济报道在财经新闻报道中举足轻重的地位。一方面,宏观经济报道本身就是财经新闻报道的一个重要组成部分,具有独立的报道价值,同时,作为对国家经济总体情况的报道,也深刻地影响着中观报道如行业报道、微观报道公司报道的动向及内容。可以说,宏观经济报道是统领经济运行的地位。

我们从报道内容的比例上也足以看出宏观经济报道在财经新闻报道中的地位。我们都知道,宏观经济政策最主要就是指政府在市场失灵时采取宏观调控的手段进行调整。政府层面一个政策的出台,或者有关政府部门负责人的一句话,都会引起银行、股市、房地产、公司等的巨大震荡。以《财经国家周刊》为例,仅其在目录设置上就有专门的《宏观》栏目,且每期基本保持在5篇文章左右,平均下来大约有15页的内容。在仔细阅读该刊的内容时,我们不难发现,《财经国家周刊》的"极度调查"、"国是论"、"金融"、"产经"等栏目里都可以找到宏观经济报道的成分。比如该刊2010年第17期的"金融"栏目里的文章《人民币债市对外将开闸》、"产经"栏目里的文章《楼市新政百日后的两难》,2010年第15期的"国是论"栏目里的文章《中国经济正回归正常轨道》,"金融"栏目里的文章《股市为何不买汇改的账》,"产经"栏目里的文章《开发商备战"救市不再重演"》、《北京"十二五"严控住房规模》等。

我们再以财经报纸为例。《21世纪经济报道》除了在它的第6版长年报道宏观经济之外,其金融版、国际版、财经版都有宏观经济报道的内容出现,尤其是当政府出台某项财政政策或货币政策之时。以该报2010年9月17日为例,金融版的《加息还是不加,这是一个问题》、《美国越俎代庖担忧人民币》,国际版的《人民币汇率再遇寒潮》,财经版的《"税"出来的创业板公司》。以上文章的共同点都是由政府的财政政策或货币政策举措引发的对各个行业、乃至对国外的影响。又如在国家实施一系列楼市调控措施之际,该报还有专门的楼市调控效应调查专题,对国家调控措施出台之后,房地产等相关行业的动态进行跟踪调查、深度报道。因此从国内主流财经报刊报道的内容就能看出,宏观经济报道在财经新闻报道中的重要地位。

第三节　宏观经济报道的方法与策略

宏观经济政策越来越受到社会各界的关注和重视,然而在众多的宏观经济报道中,可读性强、受众满意的宏观经济报道仍然不多,究其原因则是传统宏观经济报道的方法与策略已经无法满足读者的需求了。传统的报道方法往往是采取"数字＋经济术语＋新闻事件",或是"生产过程＋生产措施＋生产效益"的模式报道,这样就很容易陷入"业外人看不懂,业内人不爱看"的尴尬境地。其实一直以来,宏观经济报道的专业性和通俗性就是一对矛盾。一方面,宏观经济报道属于专业性极强的新闻范畴,它离不开大量的经济数据、经济学专业知识和经济术语。另一方面,宏观经济报道写作常常使用过多的专业名词,总是站在高高在上的角度去报道相关新闻,这对广大受众来说是晦涩难懂,因而传播效果也会大打折扣。如何解决传统宏观经济报道难题,将宏观经济报道的专业性与通俗性这一对矛盾处理得妥帖合宜,也是财经新闻记者需要积极努力尝试的。

笔者认为,要想克服这个难题,可以从以下几个方面着手:

一、全球化的视野,本土化的定位

改革开放以来,尤其是中国加入 WTO 之后,中国与全球经济正在逐渐接轨,因此,财经新闻记者在涉及一些国际上经济发展的动态对中国经济发展的直接或间接影响时更需要高度关注。记者在报道时不仅要反映出事件的复杂性,还要注重热点经济事件对我国乃至世界经济发展的深刻影响。在进行宏观经济报道时要有全球化的视野和较高的理论高度,但同时也要立足中国实际,能够反映我国与全球经济发展的密切关系,从而为我国经济改革中政府政策制定、企业战略制订、民众生活工作计划制订提供信息依据。

例如 2007 年 8 月,美国次贷危机迅速蔓延,从局部发展到全球,从发达国家传导到发展中国家,从金融领域扩展到实体经济,范围之广、程度之深、冲击之强超出预料,最终迅速演变成为 60 年来最严重的全球性金融危机。经济全球化使远在大洋彼岸的中国也难以幸免。面对这一全球性的金融危机,财经新闻记者在进行宏观经济报道时必须具有世界眼光,站在全球的高度和国家民族利益的立场上去把握国际新闻信息源的本质,阐明新闻事件的深刻意义以及对我国的影响。笔者认为中央电视台经济频道(2009 年改版为财经频道)在这方面就做得非常到位。在全球爆发金融危机的背景下,中央电视台不但在一套节目及时报道有关新闻,而且中央电视台 2 套经济频道直面金融海啸,其旗下的《第一时间》、《全球资讯

榜》等资讯节目及时更新全球金融危机的最新进展,全面分析其形成的原因及影响。随着金融风暴的不断蔓延,经济频道从 2008 年 9 月 20 日起在傍晚 18 点时段增加了一档新的直播节目——《直击华尔街风暴》。该节目以短、频、快的方式,从新闻和资讯报道的角度及时、全面、深入报道了华尔街金融风暴的来龙去脉以及其在世界范围内造成的影响,还详细地分析了金融危机对我国各个行业可能造成的冲击,为公众提供了一个了解金融危机的平台,同时也增加了对金融危机的理性认识。这样,经济频道就形成了早间时段(《第一时间》两个小时)、午间时段(《全球资讯榜》半个小时)、晚间两个时段(18 点档和 21 点档《直击华尔街风暴》,全场两个小时到三个小时)全天四个时段递进报道、滚动播出的格局。在对金融危机的报道上,其采取了信息综合化的报道方式,坚持多渠道采集信息和多元信息报道,邀请国内外经济界人士围绕金融危机展开开放式探讨,这些各有所长的嘉宾深入浅出的解读将不同领域的知识联系在一起,使专业性很强的金融知识与老百姓的日常生活联系在一起,引导观众正确认识我国当前的经济形势,提升发展我国经济的信心,收到了事半功倍的效果。

同时,随着中国在国际舞台上的地位越来越重要,在全球金融危机的笼罩下,中国政府的每一次宏观经济调控政策的举动,也都牵动着世界的脉搏,引起各国媒体的密切关注。如中国为了应对金融危机,实行了积极的财政政策和适度宽松的货币政策,并陆续出台了 10 项更加有力的扩大内需、促进经济增长的措施。计划投资 4 万亿,并启动了一系列下调人民币贷款基准利率的政策。《华尔街日报》亚洲版报纸和网络版都有专门的"中国"专栏对此进行深度报道,《金融时报》也建立了专门的中文网络版全天候跟踪中国经济的一举一动,足以显示出中国经济对世界经济的重大影响。

二、做好受众的"经济翻译师"

做好宏观经济报道的必经之路就是在报道方法与策略上下工夫,财经新闻记者最首要也是最关键的就是要能够做到在经济理论和受众之间"穿针引线",把晦涩难懂的宏观经济新闻事件及经济数据"翻译"成一般受众能够理解的通俗话语,将距离受众实际生活有些"遥远"的宏观经济政策及宏观经济数据"落地",让它们切实地与受众的日常生活对接。宏观经济报道不仅要向受众传达相关国家宏观政策,同时更为重要的是向受众传递经济信息,使受众更加准确地了解经济发展的最新动态,为自己日后的经济活动及经济决策提供依据。因此在宏观经济报道中,财经新闻记者的"经济翻译"技巧十分重要。

(一)具备深厚的经济知识和扎实的新闻专业能力

一名优秀的财经新闻记者是扎实的新闻专业能力和过硬的经济专业知识共同塑造出来的。扎实的新闻专业能力是每个新闻记者所要具备的基本素质,这也是当新闻记者要跨越的第一道门槛,你可以不是科班出身,但一定要在一次次的采访中不断地积累和丰富自己的新闻专业能力。而当新闻记者前面加上了"财经"两个字时,对你的要求就不仅仅是新闻专业知识和能力了,经济专业理论也成为必不可少的一项技能。只有掌握了经济理论,才能透过经济现象背后洞察、分析出本质性的东西,从而提高宏观经济报道的深度与高度。前些年在新闻界，就流传着"吴敬琏给记者上课的故事"，讲的就是因为记者缺乏经济专业理论，在采访时无法抓住问题的关键。财经新闻记者只有掌握足够多的经济专业知识和理论，才能做到对所报道的事情心中有数，对经济现象、经济数字进行正确的解读，能从宏观经济数字、经济政策的发布之中，找到中国经济现阶段发展的风向标。

（二）借助权威机构和主流学者的观点来增加报道的可读性和权威性

权威机构所提供的信息肯定是与国家政府层面的动作紧密联系的，而主流学者则更善于以"以小见大"的方式，让公众以较为直观的视角深刻理解国家宏观经济的专业知识。在借助权威机构和主流学者观点进行宏观经济报道方面，我们以《经济观察报》和《华尔街日报》对2009年上半年全国人大财经委经济形势分析会的报道为例加以解说。

2009年7月16日《经济观察报》以《六部委汇报半年经济，称股市楼价暴涨不正常》为题对2009年上半年全国人大财经委经济形势分析会进行了报道。仅从题目上，我们觉得它是比较成功的，"股市、楼价、暴涨"这三个词就足以吸引到广大民众的眼球。报道在开篇导语中简要介绍了在全国人大财经委2009年上半年经济形势分析会上六部委各自负责领域的汇报以及后来的讨论内容之后，很快就选取了三大问题进行集中报道：尽管GDP涨幅情况不错，但是农民收入却连降三月；股市楼市暴涨引发质疑；地方债务风险有加剧的趋势。应该说，此篇记者的报道理念秉承了问题意识——当下中国民众普遍关注的敏感的社会以及政治问题。记者在迅速传递对此次会议情况、报道了较为喜人的GDP数据的情况下提出了警示，无疑促使读者更加明确地认识到目前经济形势依然存在的潜在风险，且面临紧急的风险规避。

但是，作为一家专业的财经类报纸而言，《经济观察报》的这篇报道的权威性显然打了折扣。《经济观察报》记者通过采访全国人大财经委副主任委员贺铿，最终选取了三个角度进行报道。从报道的全文来看，这一事件的关键人物如果说是贺铿的话未尝不可，但是却让人觉得缺少了些分量。仔细想来，应该是最关键的解读者始终缺失，即未见贺铿之外的其他经济界专家对这一会议的主题提出观点或评价。其实诸如此类的现象，在国内财经新闻报道中十分常见。这也是为什么国内经济新闻报道整体水平还不够高的原因之一。

而《华尔街日报》在这方面明显技高一筹。其不仅采访到了关键人物国家统计局新闻发言人李晓超，更是请出了权威的解读者——经济学家，对这个会议的目的和宗旨进行评价，以便使读者了解到会议本身不是关键，关键是议题——即中国目前急需解决的货币和财政政策问题到底是什么，可能引起哪些结果，我们该如何应对等。《华尔街日报》是这样报道的："摩根士丹利的经济学家王庆说，政策制定者面临的挑战是，他们应当小心避免很快回到紧缩倾向中去；这是一场危机，你需要强有力的政策确保增长。"由此将会议报道的重点引向金融领域。不仅如此，《华尔街日报》记者认为还需要告知读者国际及中国金融领域接下来可能会发生什么，因此又采访了ING Financial Markets Research的经济学家库顿，再一次借助专家之口提供对未来的形势的预测："库顿说，风险正慢慢从增长转向通胀。他预计央

行将逐步减少货币供应量。中国 GDP 今年可能增长 8.3％,2010 年接近 10％,央行可能要到明年一季度才会提高利率。"采访关键人物加上两个业内专家的观点和预测,使这篇报道的分量陡增,既具有相当的权威性,又能简明扼要地点出到此次会议的真正价值,提升了它对于读者的参考价值。由此比较,我们可以看出《华尔街日报》在处理这类经济新闻报道时所表现出来的精微度与深度,不愧为全球财经新闻媒体的领袖。这也正是我国新闻记者需要积极学习的地方之一,即借助具有重要价值的人物之口,将宏观经济报道的复杂性以及政治连带意义以简单易懂的方式全面准确地呈现给广大受众,既体现出应有的权威性、又达到了简洁直观的目的。

三、为硬新闻寻找软写法,将宏观经济报道"故事化"

目前在很多新锐财经报纸和杂志上,都有"故事化"的经济新闻。那么什么是新闻"故事化"? 曾获普利策新闻奖的美国记者富兰克林说:"用故事化手法写新闻,就是采用对话、描写、场景设置等,细致入微地展现事件中的情节和细节,凸现事件中隐含的能够让人产生兴奋感,富有戏剧性的故事。"作为宏观经济报道,选择报道新闻"故事化"是对宏观经济报道方式的一个有益创新,也成为宏观经济深度报道的一种趋势。即把人物甚至情节加入宏观经济报道中,以"故事"解读宏观经济政策、经济数据及经济形势的变化,使宏观经济报道耳目一新,让更多的普通民众易于接受。

如何才能创造出符合我国媒体特色的"故事化"的宏观经济报道? 笔者认为我们可以在借鉴"华尔街日报体"的结构和特征的基础上,融合中国传统叙事的精华并加以推陈出新。以国内三家媒体 2004 年关于央行加息事件的报道为例。2004 年央行正式决定加息,是在 10 月 29 日。这一消息成为各大报纸当天的头版头条。《经济观察报》、《人民日报》、《中国青年报》对此都作了报道。下面摘录的是几大报纸报道的开头:

> 10 月 28 日下午 5 点 30 分,国内债市交易员们结束了还算平稳的一天,正准备下班。这一天波澜不惊,上证国债指数以 95.971 报收,比前一个交易日微量上扬 0.04％。
>
> "我们都已经准备要走了,这时一位同事偶然上了央行网站。"一位交易员说。他看到央行网站上挂出了"上调金融机构存贷款基准利率"的消息。一下子,所有人都惊呆了。在极短的时间内,通过各种传播渠道:短信、电话、MSN,每个行业人士口中只有 3 个字:"加息了!"
>
> (张宏、马宜、孙健芳、袁满、郭宏超、冉学东:《加息后的金融业全景》,来源:《经济观察报》,2004 年 11 月 1 日)
>
> 中国人民银行决定,从 2004 年 10 月 29 日起上调金融机构存贷款基准利率并放宽人民币贷款利率浮动区间和允许人民币存款利率下浮。
>
> 金融机构一年期存款基准利率上调 0.27 个百分点,由现行的 1.98％提高到 2.25％,一年期贷款基准利率上调 0.27 个百分点,由现行的 5.31％提高到 5.58％。其

他各档次存、贷款利率也相应调整,中长期上调幅度大于短期。

(田俊荣:《中国人民银行决定上调金融机构存贷款基准利率》,来源:《人民日报》,2004 年 10 月 29 日头条)

今天,在中国各商业银行下班之后,中国人民银行宣布,将从 10 月 29 日起上调金融机构存贷款基准利率 0.27 个百分点。这是中国自 1994 年以来首次上调存款利率。

正当舆论普遍认为中国不会在短期内采取加息措施时,央行宣布,金融机构一年期存款基准利率上调 0.27 个百分点,由现行的 1.98％提高到 2.25％;一年期贷款基准利率上调 0.27 个百分点,由现行的 5.31％提高到 5.58％。中长期存、贷款利率上调幅度大于短期。

(谭新、吕天玲:《央行宣布今起加息》,来源:《中国青年报》2004 年 10 月 29 日)

对比以上三家报纸的加息报道,《经济观察报》和其他两家报纸的区别是明显的。两家报纸基本上是把中央人民银行的网上通告照搬下来,变成纸质版的通告,向读者展示的是静态的、结论式的报道。而《经济观察报》力求给读者展示一个动态的、故事化的场景,将央行的一纸通告,呈现为一个有声有色的场景。让读者感到央行加息不再是遥远陌生的经济决策,是与普通民众生活工作息息相关的。从《经济观察报》的报道中我们可以看到故事化宏观经济报道的特点:借鉴“华尔街日报体”(简称“华体”),彰显故事化魅力,注重内在逻辑关系。业界通常把它的写作特点归结为:用一个小故事做叙述式导语,先激起读者的好奇心,再慢慢进入到新闻主体部分的报道。过渡到新闻主体时,记者笔下的篇幅剧增,为的是按照逻辑顺序推导出新闻主题。前面叙述式导语的人物故事情节起伏跌宕,容易引导读者进入期待状态。而在主体部分会把侧重点放在分析热点经济现象上。叙述完毕以后又会回到开头的事例,导语所讲的人物或故事会再次登场,有时也用总结、悬念等方式结尾。这种写作手法也被人简单归纳为小故事(导语)——过渡——新闻主体——再提小故事(结尾)的模式。“华体”的优势在于将新闻已经影响或可能影响的普通人引入报道中,通过讲述此人生活发生的变化,使读者感受到与自己息息相关以及“替代性的被关注”不知不觉地被带入新闻主题。

四、以受众为中心,活用数字,让数字成为宏观经济报道的亮点

在一个社会中,经济是一个系统化的整体,由变动着的一系列相关联的进程、状态和指标构成。变动产生新闻,于是有了许多话题。相比于其他类别的新闻,宏观经济报道很少是有关人物、事件的报道,往往非常抽象,更多是有关数字和一些抽象的决策、趋向、预测等,经常使用数字,很难给受众以具体事实的立体的直观的感受(文字报道)或者带来视觉冲击(图像报道),很容易使普通读者厌倦。从实际看,大量的财经新闻语言确实大都呈现出过于抽象、枯燥呆滞的“新闻语言(专业知识、技术术语、专用名词等)＋财经专业语言＋数字＋图表”的模式。人们无法实在地看到利息率下降、股市上升、国民经济状况,只能通过图表、曲

线、比喻、举例说明等方式来报道,这就给受众的接受和理解造成了一定的障碍。日益壮大的投资型消费者群体对财经新闻产生了一种新的多元化需求,财经新闻报道要以"受众为中心"。因此,财经新闻记者在经济新闻中使用数字,就如同做菜放盐。一盘可口的菜需要盐来调味,但任何事情都有个适度,如果盐放多了,这盘菜肯定又难以下咽,只有放适量的盐才能做出美味的菜来。那么,如何才能让数字成为宏观经济报道中的亮点呢?

重要数字,重点报道。从受众接受信息的角度来讲,读者并非一概排斥数字,他们对新闻中必要的数字是有耐心的,一些显著变化的数字就是新闻有说服力的依据,如许多读者十分注意我国每年财政预算中国民经济递增、收入、支出等主要数字,还有就是工资调整、银行调息、春节增开列车等,这些数字写得再多再详细都会有人耐心地读下去,因为广大读者关心这些数字将给自己带来什么影响。既然数字在财经新闻中是必不可少的,那么对于重要数字就必须写清楚、写详细,且不能怕麻烦,对每个数字都要准确、及时地进行报道。相反,有些原始经济数据却并非与采写的新闻主题相关,这时记者就应该将与新闻报道无关的数据舍弃,在多个数据中选取最相关的数据。

小数字代替大数字,以小见大。当然,这也不意味着我们在进行相关宏观经济报道时必须使用官方公布的各种经济数据。有时候用小数字代替大数字反而可以开辟出一种崭新的方式来吸引读者,如新华社建社 75 周年纪念文丛中的一篇《从邮局看变化》报道就将这种方式表现得淋漓尽致。文中写道:"从关内邮寄香肠、猪肉、花生米等的包裹猛增,单是花生米一项,最多的时候,一天能寄 16 吨。今年,自治区邮电管理局接运包裹的'旺季'突然不旺了。据初步统计,去年 12 月和前年同期相比,寄往关内的汇款减少了 64000 多元,即减少了50%;从关内邮来的包裹减少了 12000 多件,即减少了 1/3。"作者并没有使用大的难以统计的食品总数,也没有把这些食品列出一串数字,只用花生一项来反映邮寄的食品之多,又对比了今年邮局包裹邮寄的情况,从而将这一变化同贯彻党的十一届三中全会精神和中央的两个农业文件联系起来,国家宏观调控措施起到了惠民的意义。

读图看数字。数字,宏观经济报道离不开它,财经新闻记者又怕它。因为数字是闪光的,数字又是枯燥的。有人说,西方数学的传统是代数几何化,中国数字的传统是几何代数化。这句话给我们的启示是,数字是可以用几何的图形来表示的。随着社会生活节奏的加快,报纸进入了读图时代,通过图表把数字具象化,是增强宏观经济报道可读性的一个有效的方法。如果一篇新闻中必须使用很多数字,而且这些数字之间还有一定的关联,这个时候使用图表往往会收到意想不到的效果。图表的运用,可以将枯燥的经济新闻变得形象,将理性的经济新闻变得形象,增加经济新闻的可读性。近年来,以列表或图示的方法报道新闻不时出现在报纸上。例如,财经新闻中的每日外汇实时报价表、实时图表、证券信息表等,都是新闻的一种新的信息传递形式。又如,国家颁布某项政策时会引起股市或者房地产市场的波动,很多媒体喜欢将股市及房地产波动图表置于新闻报道之中。

总之,在财经新闻"唱主角"的这个年代,财经新闻记者对"数字解读"应当有更多的思

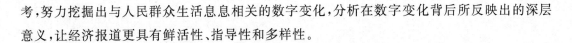

考,努力挖掘出与人民群众生活息息相关的数字变化,分析在数字变化背后所反映出的深层意义,让经济报道更具有鲜活性、指导性和多样性。

本章小结

1.宏观经济报道的主要内容包括:宏观经济政策报道和宏观经济指标报道。其中宏观经济政策报道又可以分为财政政策报道、货币政策报道、对外经济政策报道。重要的宏观经济指标包括 GDP、CPI 和 PPI、就业人数和失业率等。

2.宏观经济报道在财经新闻报道中的地位:宏观经济报道对国家宏观政策的传播具有重要作用,也是其他领域财经报道的风向标。一方面,宏观经济报道本身就是财经新闻报道的一个重要组成部分,具有独立的报道价值,同时,作为对国家经济总体情况的,报道,也深刻地影响着中观的行业报道、微观的公司报道的动向及内容。可以说,宏观经济报道是统领经济运行的地位。

4.宏观经济报道的方法与策略:全球化的视野,本土化的定位;做好受众的"经济翻译师";为硬新闻寻找软写法,将宏观经济报道"故事化";以受众为中心,活用数字,让数字成为宏观经济报道的亮点。

思考题

1.举例说明你身边的宏观经济现象。

2.如何看待宏观经济报道在财经报道中的重要性?举例说明。

3.宏观经济政策报道可以分为几类?

4.举例说明货币政策如何通过利率影响经济。

5.你还知道在宏观经济报道中其他重要的宏观经济指标吗?

6.怎样做好宏观经济报道?举例说明。

第六章　金融市场报道

　　胡锦涛同志指出:金融是现代经济的核心。世界各国市场经济体制建立和发展的历程充分说明了这一点。以英国为先导的工业革命,美国铁路、钢铁、石油、汽车等产业的高速发展,中国三十多年来改革开放所取得的骄人业绩,都与现代金融业的深度介入息息相关。金融对一个国家政治、经济生态健康与否,对国家的政治、经济安全,对国家的主权完整、民族独立起着重要作用。在当今世界金融业面临改革和格局变化的背景下,如何做好金融与资本市场报道,是一个摆在中国财经记者面前的一个问题。

　　金融市场报道的主要内容

　　金融市场报道在财经新闻报道中的特点与地位

　　金融市场报道的方法与策略

第一节　金融市场报道的主要内容

　　从金融学的角度看,人类经济经历了实物经济、货币经济、金融经济几个时期。在实物经济时代,货币对经济是中立的或中性的,它既不会造成经济的扩张,也不会导致经济的衰退。货币游离于实物经济以外而存在。而在货币经济中,由于货币对经济活动的渗透与参与,货币不仅仅是商品交换的媒介和便利商品交换的工具,它将通过价值贮藏、媒介资本转移等功能对经济活动产生重大的影响。因此,如果货币使用得当,货币就会对经济产生积极作用,保持经济均衡,促进经济健康发展。如果货币使用不当,货币就会对经济产生消极影响,产生一系列危害。

　　人类经济发展到金融经济时代以后,金融对经济的作用更为显著,金融的作用从两个方面体现出来:第一,金融对经济具有广泛的渗透性。货币产生以后,所有的商品生产都表现为价值的生产,所有的商品经济都表现为货币经济、信用经济和金融经济。金融渗透到国民经济的生产、分配、交换、消费的各个环节,渗透到国民经济的各个部门。也正是由于金融广泛的渗透性使得金融具有推动经济增长的作用。第二,金融和经济具有普遍的联系性。金融对经济具有的普遍联系性通过金融机构和金融市场来表现出来。

时至今日,金融在经济发展中的作用呈现出一些新的特征:它不仅介入资源配置和资源维护的活动中,还直接作用于集体财富的增长,尤为重要的是,金融为人类追求自由发展和实现自身价值拓展了更大的空间。同时,金融对经济、政治乃至国际关系的影响力和控制力也达到了极高的程度。

一、中央银行与货币政策报道

在现代市场经济体系中,中央银行被称为"银行的银行",履行着政府职能,对金融体系的运行执行不同程度的监管功能,对货币供应量的增长发挥着调控作用。作为政府的一个机构,中央银行不直接面对公众,而主要面对商业银行执行其货币政策职能。

中央银行的主要业务有:货币发行、集中存款准备金、再贷款、再贴现、证券、黄金占款和外汇占款、为商业银行和其他金融机构办理资金的划拨清算和资金转移的业务等。

货币政策是指政府或中央银行为影响经济活动所采取的措施,尤指控制货币供给以及调控利率的各项措施。货币政策的目标一般来说有四个:经济增长、充分就业、稳定物价、平衡国际收支。

运用货币政策所采取的主要措施包括:控制货币发行;控制和调节对政府的贷款;进行公开市场业务;改变存款准备金率;调整再贴现率(在利率未市场化时则直接制定利率);选择性信用管制;直接信用管制。

以美国为例,美国联邦储备系统就是美国的中央银行,成立于1914年,这个中央银行是由美国政府监管的机构。美联储由12个地区储备银行组成,由7人委员会管理,由总统提名,国会任命,任期为14年。美联储的重要职能是制定货币政策,主要通过法定准备金、公开市场操作、制定贴现率来达到目的。货币政策由公开市场委员会讨论决定。公开市场委员会由12名成员组成,每年召开8次会议。1994年起,公开市场委员会在会议结束后,美联储会及时向社会公布公开市场委员会会议内容,向市场传递公开市场操作的方向和力度,以提高货币政策操作的透明度。

美联储作为美国央行,在使用明确的调整手段的同时,也尽量使用"放口风"的方式,引导市场朝向美联储希望的方向运行。在这方面,前任美联储主席格林斯潘最擅长此道。他曾说过:"我花了不少时间努力回避问题,因为我担心自己说话过于直白。最后,我终于学会了'美联储的语言',学会了含糊其辞。"资本市场和财经新闻界既然无法揣摩格林斯潘话语的真意,只好另辟蹊径。他们就发现了一个"秘密":格林斯潘的公文包。如果公文包是瘪的,表示平安无事;如果公文包鼓鼓囊囊的,那就意味着格林斯潘"有话要说"。因此,每当美联储开会时,美国CNBC电视台就会派出两个摄制组守在门口,一台摄像机专门拍摄格林斯潘的言谈举止,另一台则专门拍摄他的公文包。

但格林斯潘也在必要时以明确语言表明他对经济的看法,以此影响经济运行。20世纪

90 年代,美国与信息技术密切相关的"新经济"突飞猛进,1996 年 12 月 5 日,格林斯潘在公开演讲中提出股市上涨出现了"非理性繁荣",华尔街股市价格应声而跌。

我国的中央银行是中国人民银行,中国人民银行实施货币政策的措施有:调整利率、再贷款、存款准备金、公开市场操作等。

再贷款是指中央银行向商业银行的贷款。根据《中国人民银行对金融机构贷款管理暂行办法》第 8 条的规定,人民银行对金融机构贷款根据贷款方式的不同,可以划分为信用贷款和再贴现两种。再贷款是一种带有较强计划性的数量型货币政策工具,具有行政性和被动性。它是我国体制转型过程中一项有效的间接调控手段,主要作用有:调节货币供应量;调剂头寸不足;稳定经济金融秩序;支持金融体制改革。在未来一段时期内,中国货币政策仍将实行以数量型为主的间接调控,再贷款作为主要的数量型间接调控手段,同时做好与公开市场操作、再贴现、利率、存款准备金、信贷指导等工具之间的协调配合工作。

存款准备金是指银行为保证客户提取存款和资金清算需要而准备,从银行所有存款中抽取,存放于中央银行的存款,中央银行要求的存款准备金占其存款总额的比例就是存款准备金率。准备金原本是为了保证支付的,但却无意中产生了一个效果,赋予商业银行创造货币的职能,可以影响金融机构的信贷扩张能力,从而达到间接调控货币供应量的目的。一般来说,存款准备金率被认为是比较猛烈的货币政策手段,其真实效用体现在它对商业银行的信用扩张能力、对货币乘数的调节。它往往被作为货币的一种自动稳定机制,而不是被当做适时调整的经常性政策工具来使用。

我国的存款准备金制度是在 1984 年建立起来的,截至 2012 年 5 月 12 日,存款准备金率经历了 45 次调整(1984—2004 年仅调整 8 次,2005 年和 2009 年 0 次,2006 年 3 次,2007 年和 2008 年都是 10 次,2010 年 6 次,2011 年 7 次,2012 年 2 次)。

表 6-1　中国人民银行存款准备金率历次调整一览

次　数	时　间	调整前	调整后	调整幅度％
45	2012 年 5 月 18 日	(大型金融机构)20.50％ (中小金融机构)17.00％	20.00％ 16.50％	−0.5 −0.5
44	2012 年 2 月 24 日	(大型金融机构)21.00％ (中小金融机构)17.50％	20.50％ 17.00％	−0.5 −0.5
43	2011 年 12 月 5 日	(大型金融机构)21.50％ (中小金融机构)18.00％	21.00％ 17.50％	−0.5 −0.5
42	2011 年 6 月 20 日	(大型金融机构)21.00％ (中小金融机构)17.50％	21.50％ 18.00％	0.5 0.5
41	2011 年 5 月 18 日	(大型金融机构)20.50％ (中小金融机构)17.00％	21.00％ 17.50％	0.5 0.5
40	2011 年 4 月 21 日	(大型金融机构)20.00％ (中小金融机构)16.50％	20.50％ 17.00％	0.5 0.5

续表

次 数	时 间	调整前	调整后	调整幅度%
39	2011 年 3 月 25 日	（大型金融机构）19.50% （中小金融机构）16.00%	20.00% 16.50%	0.5 0.5
38	2011 年 2 月 24 日	（大型金融机构）19.00% （中小金融机构）15.50%	19.50% 16.00%	0.5 0.5
37	2011 年 1 月 20 日	（大型金融机构）18.50% （中小金融机构）15.00%	19.00% 15.50%	0.5 0.5
36	2010 年 12 月 20 日	（大型金融机构）18.00% （中小金融机构）14.50%	18.50% 15.00%	0.5 0.5
35	2010 年 11 月 29 日	（大型金融机构）17.50% （中小金融机构）14.00%	18.00% 14.50%	0.5 0.5
34	2010 年 11 月 16 日	（大型金融机构）17.00% （中小金融机构）13.50%	17.50% 14.00%	0.5 0.5
33	2010 年 5 月 10 日	（大型金融机构）16.50% （中小金融机构）13.50%	17.00% 13.50%	0.5 —
32	2010 年 2 月 25 日	（大型金融机构）16.00% （中小金融机构）13.50%	16.50% 不调整	0.5 —
31	2010 年 1 月 12 日	（大型金融机构）15.50% （中小金融机构）13.50%	16.00% 不调整	0.5 —
30	2008 年 12 月 25 日	（大型金融机构）16.00% （中小金融机构）14.00%	15.50% 13.50%	−0.5 −0.5
29	2008 年 12 月 05 日	（大型金融机构）17.00% （中小金融机构）16.00%	16.00% 14.00%	−1 −2
28	2008 年 10 月 15 日	（大型金融机构）17.50% （中小金融机构）16.50%	17.00% 16.00%	−0.5 −0.5
27	2008 年 09 月 25 日	（大型金融机构）17.50% （中小金融机构）17.50%	不调整 16.50%	— −1
26	2008 年 06 月 07 日	16.50%	17.50%	1
25	2008 年 05 月 20 日	16%	16.50%	0.50
24	2008 年 04 月 25 日	15.50%	16%	0.50
23	2008 年 03 月 18 日	15%	15.50%	0.50
22	2008 年 01 月 25 日	14.50%	15%	0.50
21	2007 年 12 月 25 日	13.50%	14.50%	1
20	2007 年 11 月 26 日	13%	13.50%	0.50
19	2007 年 10 月 25 日	12.50%	13%	0.50
18	2007 年 09 月 25 日	12%	12.50%	0.50
17	2007 年 08 月 15 日	11.50%	12%	0.50
16	2007 年 06 月 05 日	11%	11.50%	0.50

续表

次　数	时　间	调整前	调整后	调整幅度%
15	2007 年 05 月 15 日	10.50%	11%	0.50
14	2007 年 04 月 16 日	10%	10.50%	0.50
13	2007 年 02 月 25 日	9.50%	10%	0.50
12	2007 年 01 月 15 日	9%	9.50%	0.50
11	2006 年 11 月 15 日	8.50%	9%	0.50
10	2006 年 08 月 15 日	8%	8.50%	0.50
9	2006 年 07 月 05 日	7.50%	8%	0.50
8	2004 年 04 月 25 日	7%	7.50%	0.50
7	2003 年 09 月 21 日	6%	7%	1
6	1999 年 11 月 21 日	8%	6%	—2
5	1998 年 03 月 21 日	13%	8%	—5
4	1988 年 09 月	12%	13%	1
3	1987 年	10%	12%	2
2	1985 年	央行将法定存款准备金率统一调整为 10%	—	—
1	1984 年	央行按存款种类规定法定存款准备金率,企业存款 20%,农村存款 25%,储蓄存款 40%	—	—

(来源:网易财经)

　　公开市场操作是中央银行吞吐基础货币,调节市场流动性的主要货币政策工具,通过中央银行与指定交易商进行有价证券和外汇交易,实现货币政策调控目标。我国公开市场业务操作真正开始成为主要货币政策调控工具,是在 1998 年 1 月 1 日取消贷款规模管理控制以后,这标志着我国货币政策调控成功实现了由直接调控向间接调控的转变。我国中央银行的公开市场操作包括人民币操作和外汇操作两部分,外汇公开市场操作 1994 年 3 月启动,人民币公开市场操作 1998 年 5 月 26 日恢复交易。1999 年以来,公开市场操作已经成为我国央行货币政策常规操作的重要工具,在中国宏观调控体系中的作用日益彰显,对于调控货币供应量、调节商业银行流动性水平、引导货币市场利率走势,发挥着重要作用。

　　我国央行从 1998 年开始建立公开市场业务一级交易商制度,选择了一批能够承担大额债券交易的商业银行作为公开市场业务的交易对象。2010 年中,公开市场业务一级交易商包括了商业银行、政策性银行、证券、保险、基金等 50 家机构,2012 年公开市场业务一级交易商为 49 家。交易商可以运用国债、政策性金融债券等作为交易工具与央行开展公开市场业务。从交易品种看,我国央行公开市场业务债券交易主要包括回购交易、现券交易和发行中央银行票据等。

从理论上说,央行公开市场操作最理想的工具是市场容量大、期限短的国库券。但由于我国国债期限都比较长,没有发行量特别大、期限非常短的基准国债,同时,央行手中持有政府债券存量也不充裕,央行只好发行央行票据以替代国债的正回购和现券交易这些政策工具。2003 年后,发行央行票据成为最主要的公开市场操作方式。央行发行央行票据的方式有利率招标(又称价格招标)和数量招标两种。所谓利率招标,就是发行数量确定,交易商投标决定发行利率(价格)。所谓数量招标,就是将利率确定,交易商投标决定发行数量。我国央行在开始发行票据时,采用的是利率招标,到了 2003 年 11 月 11 日,由原来的利率招标改为数量招标,希望通过确定央行票据利率来引导市场利率。目前我国在公开市场操作上还有必要进一步提高政策制定的透明度,以更好地达到其调控经济的目的。

从发达国家的经验看,公开市场操作具有隐蔽性强、作用直接、效果平稳、操作弹性大等优势,是中央银行控制货币市场利率的经常性调节手段。随着我国利率逐步迈向市场化,公开市场操作也将日益成为央行的重要政策工具。

下面就是一篇《上海证券报》记者对我国央行在 2008 年年底进行公开市场操作的报道,全文近 700 余字,但对该次公开市场操作的背景、意图、操作方式、效果等,都作了简洁精细的分析,是金融消息稿中的佳作。

公开市场操作应声转向 一天释放 500 亿元

新华网上海 11 月 12 日专电(上海证券报记者丰和) 国务院关于决定实施适度宽松货币政策的话音刚落,公开市场操作基调立即出现转向:11 日央行通过公开市场净投放了 500 亿元资金,为下半年单次公开市场操作释放资金最大纪录。

央行 11 日在公开市场仅对 28 天品种进行了正回购操作,正回购量为 100 亿元。由于当天公开市场有 600 亿元正回购到期,因此央行一口气通过单次公开市场操作净投放了 500 亿元资金。本周公开市场到期释放的资金量达到了 1045 亿元,因此,如果按照目前放松流动性的操作基调,则本周公开市场有可能会创出下半年单周资金净投放的最高纪录。

此前两周,公开市场已经大幅度减弱资金回笼力度,并且宣布以隔周发行方式减少一年和三个月央行票据的供应量,以进一步放松市场的流动性,但是公开市场的操作结果仍然基本上延续年初以来的净回笼基调,只不过与此前相比净回笼量明显下降。这次净投放,无疑与货币政策基调的变化有着密切联系。

事实上,流动性问题已在相关指标体现。今年 9 月,作为衡量微观经济实体活跃度的重要指标,M1 的增长幅度已降至 9.43%,创下了近十年来的最低点,并且还在继续呈现下降趋势。同时,广义货币供应量也破位 16% 这一业内公认的中性货币增长水平。

而要达到适度宽松的货币政策标准,无疑需要央行进一步采取放松流动性的措施。10 日央行即宣布了五大举措落实适度宽松的货币政策。其中,确保金融体系流动性充

足,及时向金融机构提供流动性支持则被排于首位。这意味着在实施从紧货币政策一年之后,央行对流动性的操作取向将发生重大转变。而作为常规操作工具,公开市场将首当其冲,成为央行放松银行体系流动性的一个重要渠道。统计显示,距今年年底公开市场将有 3500 亿元资金到期释放,这无疑将为实施适度宽松的货币政策创造一定空间。

（作者:丰和,来源:《上海证券报》,2008 年 11 月 12 日）

利率,是指一定时期内利息额同借贷资本总额的比率。对于利率,各派经济学家有不同的解释。"古典学派"认为,利率是资本的价格,资本的供给和需求决定利率的变化;凯恩斯把利率看做是"使用货币的代价";马克思把利率看做是剩余价值的一部分,是借贷资本家参与剩余价值分配的一种表现形式。

利率通常由一个国家的中央银行所控制的再贷款或贴现利率间接决定,在利率未市场化的国家则由中央银行直接制定。各国都把利率作为宏观经济调控的重要工具之一。一旦出现经济过热、通货膨胀上升的情况,央行便提高利率、收紧信贷;当经济过热和通货膨胀得到控制时,便会适当降低利率。因此,利率被看做是金融市场之母,几乎所有的金融现象、金融资产都和利率有着这样那样的联系。

影响利息率的因素,主要有资本的边际生产力或资本的供求关系。此外还有承诺交付货币的时间长度以及所承担风险的程度。

利率水平对外汇汇率有着非常重要的影响,利率是影响汇率最重要的因素。

利率政策是我国货币政策的重要组成部分,也是货币政策实施的主要手段之一。中国人民银行根据货币政策实施的需要,适时地运用利率工具,对利率水平和利率结构进行调整,进而影响社会资金供求状况,实现货币政策的既定目标。

在利率的控制上,我国和美国是不一样的。美联储只决定再贴现率,至于商业银行利率,由各银行根据市场情况自行决定,如美国一些信用卡的年利率就超过 40%。我国的利率则尚未完全市场化,央行不仅使用上述再贷款、存款准备金、公开市场操作等货币政策工具,而且决定各商业银行的贷款利率和存款利率,它们分别被称为"法定贷款利率"和"法定存款利率",工商银行、中国银行等商业银行在这个利率基础上可以进行一定幅度的浮动进行贷款和存款业务,超出这个范围就是违法。

与其他单一影响的货币工具不同,利率具有全方位的影响力,利率的调整在一定程度上代表着货币政策松紧程度的转向,因此是否进行利率的调整需要考虑各方面因素。

如我国政府在 2008 年实行积极的财政政策、适度宽松的货币政策以应对世界金融危机以后,到 2010 年,我国经济出现了投资过热、房地产价格高企、通货膨胀率升高的问题。对此,利率调整问题成为各方关注的焦点,下面的报道就是其中一方观点:

世界银行认为中国利率水平偏低

世界银行认为,中国利率水平偏低,是造成过度投资和房地产投机的根本动力,应该让利率在货币政策中发挥更大作用。

世界银行在 6 月 18 日发布的最新一期《中国经济季报》(下称《季报》)中表示,仍然看好中国经济增长前景,维持 2010 年中国经济增长 9.5% 的预测。《季报》指出,中国宏观经济挑战主要来自资产价格上涨、地方财政和银行不良贷款。

"中国的利率仍然很低。"世界银行驻华代表处高级经济学家、《季报》主要作者高路易说。《季报》指出,中国目前的利率远远低于地产和实物投资的预期回报率,这种差异是造成过度投资和房地产投机的根本动力,如果不提高利率,这两个问题很难得到控制。

《季报》认为,当前用来替代利率调整的做法,如量化政策和信贷配额等行政手段,往往引起金融市场的波动和不确定性,且由于具有扭曲性,与银行商业化改革目标相悖。

……

(作者:汪旭,来源:财新网,2010 年 6 月 18 日,有删节)

二、货币市场报道

货币市场是短期资金市场,是指融资期限在一年以下的金融市场,是金融市场的重要组成部分。货币市场由短期存贷市场、银行同业拆借市场、票据贴现市场、短期债券市场以及可转让大额定期存单市场等构成。货币市场具有低风险、低收益、期限短、流动性高、交易量大等特点。

学界认为,一个有效率的货币市场应该是一个具有广度、深度和弹性的市场,其市场容量大,信息流动迅速,交易成本低,交易活跃且持续,能吸引众多的投资者和投机者参与。

货币市场不仅可以为银行、企业提供合宜的管理手段,对资金的安全性、流动性、盈利性进行统筹管理,它还为中央银行实施货币政策提供手段。市场经济国家的中央银行实施货币政策,主要通过法定存款准备金政策、再贴现政策和公开市场业务等的运用来影响市场利率和货币供给量,以此达到进行宏观经济调控目标。货币市场的诸多子市场就可以为央行实施货币政策提供条件和途径。

下面这个新闻就是报道央行通过回购市场对央票等票据进行回购,以投放货币的公开市场操作。这次央行的公开市场操作是由于 2010 年 5 月以来至 7 月初 6 周股市大跌,成交量低迷,加上国外股市和资金市场趋紧,人们普遍感觉央行可能会加息或者采取进一步的紧缩政策。连续六周净投放就是为了安抚紧张心理,同时也是为了配合农行上市。

央行连续6周净投放　票据转贴现利率跳水

央行上周公开市场操作连续第6周向市场净投放资金,累计投放资金达7830亿元。受央行持续净投放资金的影响,作为银行间市场资金供给的主要来源的国有商业银行及股份制商业银行,近一段时间以来一直保持净融出。

据中国货币网的数据统计,上周五国有商业银行和股份制商业银行质押式回购净融出金额共计1116.69亿元。同时上周五Shibor各期限品种报价较上周一都有不同程度的下降,其中以1W、2W跟1M的降幅最大,分别达到了21BP、36BP和56BP。从整体情况来看,目前银行间市场资金面紧张的局面初步得到缓解。

随着各机构预调控能力的增强,票据转贴现利率没有在6月的最后三个交易日出现进一步的上涨。随着资金面紧张局面的缓解,各机构资金运用的压力开始逐步显现,前期收益率不断创出新高的票据,自然成为各家竞相争夺的对象。

从上周的实际成交情况来看,大行对票据的追逐异常激烈,部分大行为了尽早抢占票据,将收票价格一次性调整到位,造成了上周票据转贴现利率的跳水。

根据中国票据网的报价统计,上周五较周一买卖报价分别下降了55BP和82BP,从报价结构来看,票据回购报价以逆回购为主,报价笔数59笔,占总报价笔数的73%;转贴报价以买入为主,报价笔数77笔,占总报价笔数的53%,报价机构中,以股份制商业银行的表现最为活跃。

农行将于本周二进行网上申购,周五申购资金解冻,资金利率预计会出现一个小幅冲高回落的过程。为了缓解农行IPO对资金面的冲击,各家机构已经预备了充足的资金,农行IPO对转贴现利率的影响将非常有限。如果大行本周对票据的需求依然强烈,票据转贴现利率有可能会出现进一步的跳水。

（作者:佚名,来源:中证网,2010年7月5日）

货币市场和资本市场是金融市场的核心组成部分,二者具有相互依存的关系。发达的货币市场可以为资本市场提供稳定充足的资金来源。一般来说,资金提供的层次是由短期到长期、由临时性到投资性的,这样,资本市场中所需要的短期资金可以在货币市场中获得,而从资本市场退出的资金也可以在货币市场中获得投资机会。另外,货币市场的健康发展也可以缓解资金供求变化对经济造成的冲击,从资本市场退出的资金在货币市场上找到了出路,短期游资对市场的冲击减缓,也就可以达到抑制投机活动的目的。因此,世界上大多数发达国家金融市场基本上走的是"先货币市场,后资本市场"的道路。

由于我国特殊的社会经济状况,我国的金融市场建设走的是"先资本市场,后货币市场"的发展路径。原因一是对货币市场功能认识上存在不足,二是当初发展金融市场,是为国企发展解决资金短缺问题,而没能充分考虑到完善金融市场以及经济和金融的可持续发展。

因此,资本市场成为我国金融市场发展的重点,而货币市场的发展处于明显滞后、不足的状况。我国从 1981 年发行 5 年期国库券,上个世纪 80 年代末发行股票,90 年代初成立了上海、深圳两大证券交易所,近 30 年时间里,资本市场获得了长足的发展,而货币市场的子市场——同业拆借市场,到了 1986 年才有了较明显的发展,其他子市场的发展则更是滞后。

我国货币市场由拆借市场、回购市场和票据市场多个子市场构成。

我国的拆借市场产生于 80 年代初期,在 1996 年 1 月,中国人民银行开始建立全国银行间同业拆借市场。我国银行间同业拆借市场的成员有:商业银行总行及其授权分行、城市商业银行、部分证券公司、财务公司等。从 1996 年 6 月起,央行规定,金融机构可以根据市场状况,自行确定拆借利率,并开始定期公布银行间拆借市场利率。这是利率改革的重要一步。2007 年 1 月 4 日,上海银行间同业拆放利率(Shibor)开始上线运行,这标志着我国货币市场基准利率培育工作全面启动。我国货币市场由此建立起了真正的价格中枢,它不仅是短期债券品种定价的参考基准,也是货币市场衍生金融工具如利率互换、利率期权、利率期货等发展的基础性指标。

1997 年以前,我国货币市场以同业拆借为主,交易工具单一。1997 年以后,债券回购获得了快速发展。其成员包括中资商业银行及其授权分行、外资银行分行、中外资保险公司、证券公司、基金公司、农村信用社联社等。由于近年来拆借和回购已经成为金融机构进行流动性管理的主要方式,银行间市场的同业拆借和回购利率也逐渐成为货币市场的基准利率。

我国的票据市场,以银行承兑汇票为主的商业票据业务的发展比较迅速,目前票据业务已逐渐成为中小企业融资的重要渠道。

三、资本市场报道

资本市场是指期限在一年以上的投融资市场,也称中长期资金市场。

资本市场是现代金融市场的重要组成部分,它本来是指长期资金的融通关系所形成的市场,但发展到今天,资本市场已远远不只是一个融资渠道,而成为社会经济资源配置和各种经济交易的多层次的成熟市场体系。一般来说,资本市场的功能有资金融通、资源配置和产权中介三个方面。

融资功能是资本市场最本初的功能,与货币市场相对称,是长期资金融通关系的总和。

资源配置功能是资本市场在其发展过程中产生出来的功能。资源配置功能是指资本市场通过对资金流向的引导,从而对资源配置发挥导向性作用。资本市场依靠其强大的信息搜集和信息处理能力,从而产生出强大的评价、选择和监督机制,进而促使资金流向高效益部门,实现资源优化配置的功能。

资本市场的产权功能是指对市场主体的产权约束和充当产权交易中介方面所发挥的功能,它通过对企业经营机制的改善、为企业提供资金融通、传递产权交易信息和提供产权中介服务,在企业产权重组中发挥重要作用。换言之,资本市场在提供上市企业急需资金的同时,也隐含了产权易主的风险,一旦企业经营不善或发展不够迅速,企业的产权就有可能面

临竞争者或觊觎者收购兼并的危境。这一功能从反面促使上市公司力争一流,强中求强。

资本市场对一个国家社会经济发展的促进作用是十分明显的。美国经济在200余年时间里,从一个英国殖民地一变而为一个新兴国家,到1900年,美国GDP首次超过英国。二次大战后,美国经济进一步发展,成为世界范围内其他任何国家在综合国力上无法与此抗衡的头号强国。在1970年代以后,美国经济曾出现了较严重的"滞胀"现象,但到80年代以后,随着"里根主义"经济政策的实施,美国经济再次焕发生机,掀起了一轮又一轮的高科技浪潮,为美国经济带来了革命性的深刻变化,实现了美国从传统经济向新经济的转型。美国之所以能在西方国家中脱颖而出,资本市场的高度繁荣是其中一个重要原因。

在美国经济200余年的发展历程中,以华尔街为代表的美国资本市场在各个历史时期承担了各自的历史使命,南北战争中美国联邦政府战争融资、美国铁路所引发的第一次重工业化浪潮、两次世界大战中美国所获得的巨大经济利益,以至于上世纪80年代后向新经济成功转轨的进程,这诸多重大经济进步,都有着资本市场的强力作用。

值得一说的是,中国近代史上令国人备感屈辱的鸦片战争,中国以当时GDP数倍于英国的经济实力,却败北于英国这个蕞尔小国。而英国当时的战争经费正是来源于在英国国内发行的战争债券。财政与金融体制的迥异导致了交战时期,中英两国极大的财力资源配置效率差距。其中玄机令人深思。

资本市场是中长期资金市场,在促使实体经济发展的同时,也蕴藏着巨大风险。因此需要政府的法律和行政监控、新闻机构的信息发布和风险监督、市场参与者的自律,由此,使资本市场成为一个成熟、高效的融资、资源配置、产权中介市场,促使实体经济的健康有序发展。

美国资本市场200余年的发展历史,就是政府、市场参与者、新闻机构、民众多方博弈的结果,其中波谲云诡、翻云覆雨,正是此中本色。

我国自上世纪80年代发行5年期国库券,开始了资本市场的尝试,接着一些企业开始发行股票,到90年代初,分别在上海、深圳建立了两个证券交易所。此后,中国资本市场风生水起、波涛汹涌,在短短的30年时间里走过了西方数百年间走过的路程。

和其他国家一样,我国资本市场在发展过程中,也经历了一系列丑闻的震荡:内幕交易、操纵股市、侵吞国有资产……

也正是在这样一个过程中,中国的新闻工作者担当起了自己的职责。《假典型巨额亏空的背后——郑百文跌落发出的警示》、《基金黑幕》、《庄家吕梁》、《银广夏陷阱》、《专访刘姝威:与"神话"较量的人》等资本市场报道的经典之作,催生了中国财经新闻媒体和著名编辑记者群体的诞生。《财经》、《证券市场周刊》、《21世纪经济报道》、《经济观察报》、《中国经营报》等,主要就是在中国资本市场蓬勃发展的新世纪前后诞生的,最近几年,《第一财经日报》、《每日经济新闻》、《财经国家周刊》、《新世纪》周刊等的创办或改版,也表征着中国资本市场的高速发展和远大前程。

四、国际金融报道

国际金融是国家和地区之间由于经济、政治、文化等联系而产生的货币资金的周转和运动,国际金融由国际收支、国际汇兑、国际结算、国际信用、国际投资和国际货币体系构成,它们之间相互影响,相互制约。

与国际金融联系最直接的就是国际贸易,国际贸易是不同国家和地区之间的商品和劳务的交换活动,它是各国基于"比较优势"的原则进行的。英国经济学家李嘉图认为,一个国家在两种产品的生产上都处于绝对劣势,但只要在某种产品比较其他国家时具有相对优势,就可以通过组织该产品的专业化生产并出口,由此获得比较利益。

历史上很多国家都把对外贸易作为推动本国经济社会发展的重要战略。盛行于16~18世纪欧洲的重商主义,就是当时的欧洲各国通过鼓励出口,增加国家财富,从而加强国王力量和权力。重商主义在当时的盛行,取决于以下几个条件:第一,实行重商主义的国家要有一个强有力的中央政府,可以将国家经济、政治政策自上而下地加以推行;第二,这些国家的资本主义经济有了相当的发展,具有制造业和贸易基础。从某种意义上说,重商主义的思想和实践,是欧洲特定历史阶段封建国家政治力量和资本主义经济发展要求之间相互博弈的结果。

从结果上看,实行重商主义政策的国家大多达到了其预定目标:增加国家财富,加强国王力量和权力。在这些国家中,表现最好的是英国。它通过实行重商主义政策,振兴了英国的民族工业,为英国资本主义工业迅猛发展奠定了基础。

重商主义作为一种经济学学说和政治经济体制,1776年在亚当·斯密的《国民财富的性质和原因的研究》(《国富论》)一书中受到了抨击,与此同时,他倡导自由贸易和开明的经济政策。此后,作为一种经济学学说和政治经济体制,重商主义不再居于主流地位。

但是在实践中,重商主义并未消失。它的某些政策工具仍被反复使用,不仅在那些后发国家和地区中重商主义受到青睐,在发达国家中,重商主义的某些政策也一再出现。从二战后的日本到新加坡、中国香港、中国台湾、韩国的兴起,都采用过出口导向的经济政策和产业政策,目的在于增加国家财富、增强国家竞争力。这些国家和地区对重商主义的使用,有其必然性和合理性,但当国家经济发展到一定阶段,应当适时地退出重商主义发展路径。

我国在改革开放后也采取了出口导向的经济政策,其中重要的手段就是降低人民币对美元的比价,同时运用政府力量,为出口企业提供优惠贷款、贴息、出口补贴、退税等优惠政策,这些政策的实施,使得中国外贸出口连续20多年保持高于GDP增速一倍的速度增长。1994年,我国实行外汇改革,人民币深度贬值,标志着我国出口导向政策进一步加强。

我国所实行的带有重商主义色彩的经济政策,在一定时期内促进了国家经济发展,积累了大量的外汇储备。但其负面影响也越来越清楚地呈现出来:

第一,出口导向的优惠政策扭曲了国内经济的资源配置,加重了政府的财政负担。我国对外交换是建立在压低劳动力、土地、资金和环境成本的基础上实现的。"中国制造"模式缔

造了中国经济增长的奇迹,但其对国内资源要素的廉价压榨也给中国社会、自然环境、经济结构带来了严重的负面影响。

第二,出口导向政策使我国处于全球贸易分工和金融分工失衡体系中的低端地位,如不加改变,中国在"衬衫换飞机"的不利格局中很难翻身。从全球产业与贸易分工体系的发展态势上看,美国等发达国家将传统的制造业、高新技术产业中的低端制造环节,以及部分低端服务业大规模向外转移。包括我国在内的发展中国家成为全球生产制造基地和商品出口基地,在全球贸易中的比重持续上升,贸易顺差不断扩大,但我国从生产制造及出口中所获得的经济利益却十分微薄。

从全球金融分工体系上看,美国等发达国家处于全球金融分工体系的高端,是全球金融资源的配置者。美国等发达国家一方面利用处于全球金融分工体系的高端的地位,通过国际资本流动,如对外投资、进口等,对世界各国在"生产、消费、投资"运行环节中的比较优势进行重组;另一方面,我国贸易盈余所形成的储备资产又通过购买美国债券、股票等方式回流美国。在这一金融分工体系中,我国遭受着双重压榨:高价引进外资,低价输出资本。

第三,持续的贸易顺差导致中国外汇储备规模急剧扩大,不利于人民币汇率稳定,对我国经济发展造成不利的影响。

第四,持续的贸易顺差导致贸易摩擦增多,使出口导向的国策难以为继。

2009 年,我国已成为全球第一大贸易国,出口额占全球的 9.8%,我们达到这一比例只用了 9 年时间。这样一个发展速度和规模引发贸易摩擦几乎是必然的。

正因为如此,我国在近年来,从上而下都在着力拉动内需、推进经济增长方式的转变,在经济增长中,将以投资、出口为主转变为投资、出口、消费三驾马车共同发力的健康状态。

在国际金融领域,国际收支是一个重要概念。国际收支是一个国家与其他国家的经济、政治、文化等交往而产生的,由于社会化大生产和国际分工的发展,各国经济贸易关系日益密切,从而产生了大量的国际间货币债权债务关系,这种关系的清算与结算,就形成了国际间的货币收支,而这正是国际收支的主要内容。

一个国家的国际收支是一定时期内该国居民与非居民之间的全部经济交易的系统记录。它首先是一个流量概念,记录的是一定时期的交易;其次它反映的是国家间的所有经济交易;其三,它记录的经济交易是一国居民与非居民之间发生的。

一般来说,一个国家的国际收支应当保持平衡。但国际收支平衡,只能是一种理想的目标,而在实际经济中更多的是失衡的状况。有学者指出:"从上个世纪 90 年代以来,世界各国的国际收支失衡主要呈现四种比较典型的情况:(1)经常账户、资本账户双顺差,以中国、韩国等为主要代表;(2)经常账户、资本账户双逆差,主要有埃塞俄比亚、哥特迪瓦等非洲贫穷国家;(3)经常账户顺差、资本账户逆差,主要代表国有日本,德、法等欧洲大陆国家;(4)经常账户逆差、资本账户顺差,主要有英美等盎格鲁——撒克逊国家。"[1]

国际收支是经济分析的重要工具,对国际收支平衡表进行认真细致的分析,可以掌握国内外经济状况,制定出适宜的经济政策和调控措施。

我国在改革开放后,长期实行的是"出口创汇"的政策,使得我国的国际收支情况由过去的外汇短缺转化为持续的贸易顺差和外汇储备迅速增长。2006年2月底,我国外汇储备余额达到8537亿美元,超过日本36亿美元,成为全球第一大外汇储备国,并在当年10月,达到了万亿美元。2009年6月末,我国外汇储备余额达21316亿美元,首次突破2万亿美元,和日本1.02万亿美元的国家外汇储备额相比,我国国家外汇储备已是其两倍。

学界认为,一个国家外汇储备的适度规模,国际通行指标一般是GDP规模的10%,外债规模的30%,可以维持4个月进口的量。对于这样一个标准,我国早已超过。我国外汇储备在2007年、2008年就已经分别达到了GDP的43%和44%,外债的4倍和5.2倍,可以满足高达19个月和近21个月的进口。

我国国际收支的长期大量顺差,有全球产业结构调整和国际分工体系变化的原因,但更重要的原因在于我国长期实行的出口导向的政策和经济体制,造成我国储蓄率偏高、消费率偏低的结构性矛盾,主要依靠投资和出口拉动实现经济增长的格局。

对于我国国际收支长期大量顺差的问题,近十年来,政界、学界、业界都给予了高度关注。贸易顺差过大和外汇储备增长过快,带来了一系列不容忽视的问题:人民币升值预期加大,热钱流入,贸易摩擦不断增加且规模、强度加大等,而且因外汇储备增长过快,导致国内资金过于充裕,刺激过度投资和资产价格膨胀,不利于物价稳定,这些问题对国民经济持续健康发展造成诸多不利影响。近两三年来我国房地产价格飙升、物价快速上涨,国际贸易中我国商品屡屡遭受反倾销诉讼、国际上要求我国提高汇率的呼声日益加强,都与这种背景密切相关。

汇率是开放经济环境下连接国内外市场的重要纽带,对国际收支、国民收入等都具有重要影响。汇率是一国货币对其他国家的货币的兑换率,也就是以一国货币单位所表示的另一种货币单位的"价格",因此也称为汇价。

汇率制度大体可分为固定汇率和浮动汇率。所谓固定汇率制度,二次大战后较长时期内所实行的一种汇率制度,它是指由政府制定和公布,并只能在一定幅度内波动的汇率。浮动汇率制度则是在1971年和1973年美元连续两次贬值,固定汇率制度难以为继,多数西方发达国家采用的汇率制度,它是指由市场供求关系决定的汇率。

影响汇率变动的因素有国际收支、通货膨胀、利率、经济增长率、财政赤字、外汇储备、投资者的心理预期等。汇率的变动对进出口、物价、资本流出入等都有着重要影响。

我国人民币汇率制度属于管理浮动类型。2005年以来,人民币汇率形成机制改革按照

---

① 丁骋骋:《美日国际收支为何大相径庭》,《上海证券报》,2007年3月24日。

主动性、渐进性、可控性原则以我为主有序推进,自当年7月21日起,我国开始实行以市场供求为基础、参考一篮子货币进行调节、有管理的浮动汇率制度。人民币汇率不再盯住单一美元,形成更富弹性的人民币汇率机制。

这一改革措施,从总体上看,对我国实体经济发挥了积极的作用。这一改革措施在2008年世界金融危机日益严重后暂时停止了一段时间。2010年6月19日,我国央行决定重启汇改工程,进一步推进人民币汇率形成机制改革,增强人民币汇率弹性。这次改革的重点是汇率形成机制而非汇率水平。这次汇率制度改革不仅是要应对国际社会的压力,更重要的是要促进经济增长方式转变,为推动产业升级和提高对外开放水平提供了动力和压力,最终达到实现社会经济全面协调可持续发展的目的。

下面这篇文章就是在汇改重启一个月后,《中国证券报》记者对汇改产生的结果以及各方反应的一个报道。文章认为汇改重启一个月来,总体情况良好,人民币汇率双向波动态势已初步形成。

汇改重启满月人民币汇率双向波动态势初步形成

一个月前,中国人民银行宣布进一步推进人民币汇率形成机制改革,增强人民币汇率弹性。从这一个月的表现看,人民币汇率弹性增强和双向波动的态势初步形成,人民币升值预期有所弱化。

分析人士指出,下半年人民币并不存在大幅升值的可能。国家信息中心经济预测部世界经济研究室张茉楠认为,三季度出口可能大幅下滑大大弱化人民币升值预期。人民币汇率双向波动的背后意味着人民币在某些特定阶段不排除会出现贬值的情况。

6月人民币对美元处于升势,但6月份人民币实际有效汇率为118.80,环比下跌0.99%,结束了此前连续3个月人民币实际有效汇率上升的局面。中国外汇交易中心研究部汪贤星此前表示,该交易中心最近针对2005年7月到今年4月之间的人民币汇率与中国外贸资料进行实证研究,得出的结论是:人民币实际有效汇率每升1%,将会导致5个月之后的贸易顺差增长率降低1.4%。

央行副行长胡晓炼日前表示,我国实行有管理的浮动汇率制度可以更好发挥汇率浮动的资源配置作用,灵活调节内外部比价,引导资源向服务业等内需部门配置,推动产业升级,转变经济发展方式,减少贸易不平衡和经济对出口的过度依赖,更多地依靠内需来发展经济,促进经济可持续平衡发展。

此外,在欧元区债务危机爆发以及美元避险功能显现的情况下,中国也出现了一定幅度的资本外流迹象,减缓了人民币升值压力。而近期一年期人民币海外无本金交割远期外汇(NDF)报于6.65左右,暗示未来海外市场预期未来12个月人民币升值幅度仅为1.69%。

专家表示,在汇改的同时,应建立出口企业政策变动利益补偿机制、贸易援助机制;

人民币国际化、贸易结算、外汇核销体制改革、外汇储备管理等国内基本制度的配套推行,可以促进人民币汇率平稳有序浮动。

外资投行认为人民币汇率将温和波动,人民币汇率波动的直接受益对象包括炼油厂、航空公司和大宗商品进口商等行业。

（作者:卢铮,来源:《中国证券报》,2010年7月19日）

第二节 金融市场报道在财经新闻报道中的特点与地位

金融市场在现代经济中具有枢纽地位,无论中央银行的货币政策变化,还是货币市场、资本市场、国际金融领域的重大市场举措,都会对实体经济和虚拟经济的各个方面产生巨大的影响,甚至对一个国家乃至全世界的政治、文化、社会意识都产生剧烈冲击。美国1929年纽约股市崩盘、近几年由美国次贷危机引发的世界金融危机就是典型的案例。因此,掌握金融市场报道在财经新闻报道中的特点与地位,对于做好金融市场报道,具有重要作用。

一、特点

(一)全局性

金融就是资金的融通。在现代市场经济环境下,经济行为的各个方面都与资金的融通须臾难分。国家货币政策的制定和调整、国内外金融市场的变化,都对一个经济体乃至世界经济产生着巨大影响。

金融的这种特性决定了金融市场报道同样具有这种全局性。这要求我们在进行金融市场报道时,要有高屋建瓴的视野,考虑到国家货币政策的制定和调整、国内外金融市场的变化对于实体经济和虚拟经济各个方面可能产生这样那样的效应。

如我国在货币市场和资本市场上长期实行的政策是扶持国有企业特别是大型央企,这样一种政策导致的一个结果是,央企本身已有特许经营、长期从事某一行业获得的技术经验、各种政策扶持等优势,再加上低成本资金的不断供给,使得其垄断地位进一步巩固;而民营中小企业在规模小、抵御风险能力低、技术低、经营经验少等诸多不利环境下,再加上得不到国有金融机构实际有效的金融服务,这就造就了民营中小企业很难有做强做大的条件和环境,一旦遇上金融危机、经济低迷,往往导致中小企业大批破产,造成实质性的"国进民退"的结果。

而世界经济发展到现在,已经出现了大型企业其规模越来越大,数量越来越少;而另一方面,由于互联网和电信技术的发展、各国政府对标准零部件的强制性推广、政府制度的创新、法律对私有产权包括无形知识产权保护的加强、关税和非关税壁垒的消除、政府垄断行业向私人部门开放、交通基础设施的改善、商品流通体系的完善,以及经济自由化程度的提

高等,商品的交易效率大大提高,这为中小企业的发展提供了良好的条件,中小企业的数量越来越多。需要指出的是,发达的市场经济国家大型企业规模不断扩大,是市场竞争的结果,而且它们在通过并购扩大规模时还往往受到政府反垄断法的制约。而中小企业在发展中,可以获得货币市场、资本市场的有效支持,它们可以通过贷款、私募资金、发行债券、发行股票等融资手段获得进一步发展的空间。这样一种经济结构和经济生态,使得一个国家的经济资源可以获得较好配置、经济发展更加稳健,实现低膨胀、高就业的良好态势。

在这个问题上,我国社会自上而下,从学界、业界到普通百姓,已经在很大程度上达成了共识。这就是为什么 2010 年 5 月,中石化市值世界排名第一,不但没有引来国人欢呼,反遭质疑的原因了。也正是因为这样的共识,社会各界开始研究解决这些问题的办法。如解决中小企业融资难问题,就是一个多年都在呼吁而仍然没有得到解决的问题。2009 年 6 月 6 日,在全球金融危机日益严重,我国中小企业再次面临生存危机的时刻,中央电视台经济频道主办了"如何破解中小企业融资难"大型国际论坛,这次论坛规格很高,由国家科技部、工信部、银监会、中国中小企业协会等部门支持得以顺利举办。

这些事例给我们以深刻启示,它告诉我们,在进行金融市场报道时,要建立起全局观念,在观察金融领域的所有重大变化时,要考虑这些变化对经济其他领域的有利或不利影响,考虑到对一个国家整体经济发展的影响。

同时,我们还要认识到,这里所说的全局观念,绝不仅仅是指一个国家的经济状况,而是包括了世界经济在内的概念。数据显示,中国 2010 年的名义国内生产总值(GDP)规模已经排名世界第二,位居美国之后。同时,我国长期实行的出口导向政策,使得我国的外贸依存度超过了 70%。在这种情况下,世界经济的风吹草动都会对我国经济产生着深刻的影响,如本次世界金融危机对我们出口企业的猛烈冲击。而我国的经济政策的调整和经济发展的态势,也对世界经济产生着重大影响,国际社会近年来一直对我国汇率问题的施压就是缘于此。

因此,我们的金融市场报道只有立足金融,俯察整体经济,立足中国,胸怀世界,才算是做到了应达到的高度和深度。

(二)复杂性

由于金融与实体经济、虚拟经济之间的多层次、多方面的密切联系,使得任何一个金融领域的问题,都可能呈现出错综复杂的状态。不仅其成因复杂、其演化的结果复杂、对其调整改革所形成的未来态势也十分复杂。因此,对于金融市场报道,我们一定要慎重从事,要在明晰的理论框架下,通过深入细致的采访,掌握报道对象的全面情况,在此基础上,作出自己的判断。这样,我们的金融市场报道才具有独到的新闻价值。《财经》杂志之所以在我国财经学界、业界、政界乃至国外新闻界都获得良好声誉,就是因为包括金融市场报道在内的报道能够深入挖掘财经政策、事实背后的复杂关系,梳理出较明晰的经济逻辑,满足了各界的新闻解读需求。

我们以近年来广受国内外人士关注的人民币汇率问题为例,看看优秀的金融市场报道是如何处理的。

人民币汇率是一个多方纠结的复杂问题。其纠结之处在于:它既是中国的金融政策的内政,又关乎国际收支,不仅与中国自己的国际收支有关,还与世界其他国家的国际收支相关联;它既是一个国际金融问题,又与中国的宏观经济密切联系,与我国的经济增长方式、经济社会的全面均衡发展息息相关。人民币汇率政策的任何调整和改革,都会对中国经济乃至世界经济产生着重要影响。因此,对人民币汇率问题的报道,就要充分考虑上述因素,考虑到国内外经济实力的复杂形势与格局,多方了解情况,兼听不同观点,以达到既全面、平衡又具有独到见解的报道目的。

《财经》2010年第14期的《汇改新征途》就具有这种风范。该文对人民币汇率形成机制改革的背景和改革后的发展前景作了深入透彻的分析,指出:我国汇改并不仅仅是迫于国际社会的压力,其更重要的压力和动力来自于我国经济健康发展的内在需要,与调整经济结构、转变经济增长方式密切相关。

汇改新征途

在6月26日至27日的加拿大多伦多G20峰会上,一切如中国所愿,人民币汇率问题非但未被热议,甚至鲜有提及。

在G20峰会一周前的6月19日,中国人民银行(下称央行)宣布,进一步推进人民币汇率形成机制改革,参考一篮子货币,增强人民币汇率弹性。

此举被看做是应对外界人民币升值压力、并掌握汇改主动权的聪明做法。适时重启人民币汇改化解了外部压力,但在赢得了积极评价的同时,争议也纷至沓来。

境外舆论表示,汇改择机恰当,有利于促进全球经济平衡及可持续增长,但中国是否为了应对外部压力而"做样子",需要时间观察;而中国民间舆论则认为,此时重启汇改有示弱之嫌,此等让步妥协有害无益。

就此,6月20日央行进一步解读汇改内容,否认一次性升值的可能,强调了人民币汇率形成机制将参考三个目标:以市场供求为基础、参考一篮子货币以及人民币对美元汇率每个交易日0.5%的波动幅度。这些解释,在较大程度上化解了外界疑虑。

人民币估值辨

人民币真的被低估了吗?

赞成者说,从短期来看,人民币汇率变化没有跟上劳动生产率增长水平,人民币适当升值。民生证券首席经济学家滕泰即持有这种观点。

反对者则认为人民币已达合理估值,"中国的实际物价涨幅远高于美国,如果把近几年成本上升和房价涨幅计算在内,人民币目前实际上已接近均衡汇率水平。"中国改

革开放论坛理事姜艾国如是说。

"目前来看,人民币汇率升值压力和贬值压力是相互抵消的。"清华—布鲁金斯公共政策研究中心主任肖耿认为,随着劳动生产率上升,经济持续增长,外贸顺差以及中国国内的通胀压力,人民币有升值压力;但目前因为欧元贬值,中国劳动力成本上升,人民币又存在贬值压力。"目前继续汇改是一个很好的时机。"

但官方对人民币汇率问题则远非学界考虑的那么简单。无论是美国等国家对人民币的施压、还是中国汇改的"以我为主",都有各自的经济利益考虑。

一位业界人士接受《财经》记者采访时表示,美中之间的汇率之争只是表象,二者真正争夺的是贸易结构主导权。

一位接近央行的受访者认为,经济学家所认为的汇率政策目标与政治家所设定的政策目标是不同的。他表示,汇率只是一国进行宏观调控的工具而已,汇率水平应该为总体宏观经济目标服务。

对于目前的中国而言,"稳定压倒一切。"该人士认为,"升值能为中国带来什么直接的好处?什么好处也没有。"

中国为何不应大幅升值?业界普遍担心,中国目前处于世界产业链的低端,大量的出口企业属于劳动密集型企业,人民币升值后,中国政府将难以承受出口低迷带来的企业生存压力和失业人口压力。

由于中国此前采取了汇率"盯住美元"的做法,以及"中国制造"在全球的压倒性优势,给了本次金融危机中经济严重受创的发达国家以口实。他们呼吁人民币汇率改革,促使人民币升值,进而降低中国的出口贸易,借此为本国经济复苏助力。

在博弈过程中,一个妥协的做法就是缓慢升值。接近央行人士表示,接下来人民币对美元会小幅爬行升值,估计年内升值幅度接近3%。

肖耿则认为,接下来几年人民币汇率怎样表现,与中国政府的相关政策有关。如果中国政府对通胀容忍程度高,那么人民币每年的升值幅度就不会高出3%。中金公司6月21日的研究报告也表示,今年年底前,人民币对美元升值幅度在3%～5%,升值速度会在经常项目顺差趋于均衡水平时逐渐放慢。

升值压力背后

多伦多G20峰会前,美中贸易听证会上,美国商务部长骆家辉和贸易代表柯克表示,对中国近期宣布增强人民币汇率弹性表示欢迎,但仍将密切关注人民币升值的力度和速度。他们还表示对中国的贸易政策严重关切,称如有必要将采取强硬手段,打开中国市场。

美国长期受惠于"中国制造"对其民众购买力提升带来的好处。但这并未能阻止在金融危机时,美国对其他国家施压来转移危机。

此举早有先例。1985年9月,美国联合德国、法国和英国,迫使日本签署"广场协议",五国政府联合干预日本外汇市场,使美元对主要货币有秩序地下调,以解决美国巨额的贸易赤字问题。

多数受访者表示,目前阶段,美国金融市场恢复状态良好,但实体经济其实表现欠佳,表现之一就是高涨的失业率。施压人民币升值,是其缓解美国国内的政治压力需要。

"美国在汇率问题认识上有误区,错误地认为人民币升值真的会改善美国的就业。"滕泰认为,中国与美国处在产业链的位置不同,中国出口美国市场的绝大多数商品,并不具替代效应。例如,人民币无论怎样升值,都不能阻止美国汽车产业倒闭。

尽管如此,在"中国制造"大量且廉价地销往世界各地的时候,欧美国家还是希望通过人民币汇率的市场化改革,促进人民币升值,进而减少"中国制造"的进口,改善其国内的经济状况和就业情况。

人民币升值本身不是目的,只是实现其政治目的的手段——一位接近央行的人士对《财经》记者表示,无论人民币币值怎样表现,美国只会看人民币/美元的实际升值效果。

也就是说,无论人民币估值是否合理,只要中国的出口贸易持续增加,人民币升值压力就不会消除。

因此,如果一边人民币缓慢升值,一边采取诸如"出口退税"等各种政策促进出口增长,不仅不能缓解人民币的外部升值压力,相反,随着中国出口贸易的增长,人民币升值压力会越来越高。

汇改下一步

此次汇改重启,是多重目标的一个折中选择。"不进行一次性重估调整",既可以缓解国际政治压力,也可以通过汇率缓慢的爬行升值,为中国的经济结构转型留出时间窗口。

"僵硬的汇率形成机制使汇率价格信号扭曲,以出口和进口替代为代表的贸易品部门被赋予了本不该有的过度竞争力,带来了巨大且无法被国内市场消化的产能。"社科院世界经济与政治研究所研究员张斌认为,汇率价格信号扭曲在工业部门补贴的同时,歧视了服务业的发展。与服务业发展滞后相伴的,还有劳动力市场上的就业机会丧失以及工资上涨乏力,恶化收入分配,内需,尤其是消费需求增长乏力。

上海金融与法律研究院研究员聂日明也认为,中国必须正视,汇率问题的根本是利率和国内经济增长结构的问题。要想未来不继续受制于人,必须深入进行多个核心领域的改革,如扩大劳动者报酬的分配比例,推动内需对经济的拉动作用,加快利率市场化,使资金的国内与国际价格接轨等。

汇改最终将问题指向了中国的经济结构转型。只有当内需成为中国经济主要驱动力时,出口产品的附加值才会随之调整提高,人民币的外部升值压力自然也化于无形。

"调结构"成为未来经济发展的关键词。

政府高层也看到了中国经济的困境。中国国务院副总理李克强在《求是》杂志发表《关于调整经济结构促进持续发展的几个问题》一文明确指出："我国已进入只有调整经济结构才能促进持续发展的关键时期。"

李克强说，"要在保持人民币汇率在合理、均衡水平上基本稳定的原则下，发挥汇率对经济结构调整的积极作用。"

事实上，中国政府的相关部门已经有所行动。在央行宣布汇改重启后三天，6月22日，财政部和国家税务总局发布《关于取消部分商品出口退税的通知》，宣布自2010年7月15日起，取消如部分钢材、部分有色金属加工材、银粉，酒精等共406项商品的出口退税。舆论认为此举有助于加快产业结构转型，倒逼产业升级。

前述接近央行的受访者表示，调整经济结构有多层含义。

其一是指产业结构，即第一产业、第二产业和第三产业的比例关系。中国的外向型出口经济，导致资源向第二产业倾斜，目前需要加大的是对第三产业的投入，以提高就业比重。

其二是指地域经济结构，即东部沿海发达地区与中西部欠发达地区的协调发展。东部工业发达地区本已出现民工荒，随着"富士康"的涨工资效应放大，人力资本上升会使得部分企业迁转内陆，带动内陆经济的发展。

其三是国民经济构成结构，即消费、投资和出口之间协调发展。危机期间，在消费水平难以提高，出口持续低迷，依靠过度投资刺激经济增长。随着危机渐渐平复，出口形势渐渐好转，政府开始抑制投资。

其四是在产业链层面的结构调节，即从劳动密集型产业向资本密集型和科技密集型产业过渡过程中的协调发展。

从上述分析看，重启汇改是非常重要的举措，但更重要的是中国经济结构调整。在上述调整未完成之前，汇改也不可能真正完成。留出时间窗口，加速经济转型，是惟一的现实选择。前述央行人士表示，现有状态下，中国在汇率问题上的态度是：汇率调整不能影响中国的核心竞争力，不能影响中国经济的平稳发展——这是中国政府的底线。

（作者：胡敬艳，来源：《财经》，2010年7月5日）

又如跨国并购问题，它既是跨国企业经营问题，又是跨国资本流动问题，金融市场报道也常涉及此类话题。这个问题牵涉的面也是很广的，涉及的利益博弈也是纷繁复杂。它可能涉及国家经济战略、国家之间经济实力的博弈、民族情绪、资源的国际间优化配置等，我们在对跨国并购事件报道时，要特别注意既要有国家立场，又不能情绪化处理，要对各方实力、利益进行冷静、审慎分析后，作出自己的判断。

跨国并购的报道，近些年也成为中国财经媒体的报道重点，出现了一些优秀之作。如

2006 年广受关注的凯雷集团并购徐工集团案,《中国经营报》就作了精彩报道。虽然徐工是实业企业,但凯雷却是国际著名的金融资本。从该报道的基本立场上看,该报对凯雷集团并购徐工集团是持不认可态度的,但该报的报道没有将这种态度直白地表述出来,也没有让这种民族情绪影响了报道时应当具有的冷静与理性。该报道对凯雷集团并购徐工集团的背景和并购后的可能影响作了多方采访,采访的对象包括并购直接当事方凯雷集团和徐工集团、并购的竞购者三一重工、重工行业的其他企业、徐州市政府、国家发改委、学者等,将本次并购存在的各方利益博弈、观点歧议的复杂格局作了深刻再现,为读者做出自己的判断提供了重要依据。

（三）专业性

相对于财经报道的其他领域,金融市场报道的专业性显得更为突出。金融行业由于其对于经济的全面深刻的影响,与其相关的法律、政策、技术十分复杂,以美国为代表的发达国家金融行业的高速发展所伴随的金融创新,将金融行业专业性特质推到了前所未有的高度。

金融市场报道的专业性,使它成为财经媒体的重要内容。一个财经媒体要想在财经界和财经新闻界扬名立万,没有一流的金融市场报道,是不可能的。《财经》杂志早期的成名之作《基金黑幕》(2000 年)、《谁操纵亿安科技》(2000)、《庄家吕梁》(2000)、《银广夏陷阱》(2001),都是清一色的金融市场报道。到现在为止,金融市场报道也还是《财经》杂志的重要报道内容。胡舒立团队在 2009 年底离开《财经》接手《新世纪》周刊后,金融报道仍然是其长项。中央电视台第二套节目在 2009 年由"经济频道"改版为"财经频道"后,其中着重加强的正是金融市场报道。但是也正因为金融市场报道显著的专业性,使得金融市场报道很容易做得枯燥艰深,令普通读者望而却步。《财经》杂志成名作之一《基金黑幕》,即使到现在,能完全看懂该报道全部内容的读者也是为数不多的。

金融市场报道的专业性,要求我们首先要对金融市场涉及的基本理论框架了然于心,对有关金融市场的知识要不断积累。这个要求对于有经济学专业背景的新闻人来说,比较容易达到,而对于非经济专业的新闻人来说,就要下苦功加以解决。

在对金融市场有了较深入把握后,其次的问题就是要求我们能将专业化的问题以一种读者容易接受、乐于接受的方式表达出来。需要强调的是,我们力求金融报道达到通俗易懂的目的,但是金融市场报道再通俗,它的专业性决定了它一般情况下不可能像普通的社会新闻那样引人入胜、妙趣横生。

同时,我们也要考虑到,在不同的财经媒体中,根据媒体的各自定位、各自的接受对象的差异,金融市场报道专业性的表现方式也各有不同。像《财经》这样主要为专业人士服务的高端财经期刊,其专业性可以比较高,其表现风格可以是理性、冷峻、严肃。而《第一财经周刊》的受众有不少是学生、年轻的白领,考虑到他们的兴趣爱好,在保持金融市场报道具有基本专业性的同时,就要适当降低阅读的难度,在表述上注意通俗性。

中央电视台财经频道在专业性与通俗性的平衡上,就把握得比较得体。对于层次较高

的人士,他们有《经济半小时》、《环球财经连线》、《经济信息联播》、《中国财经报道》等栏目,这些栏目中的金融市场节目,大部分专业性都很强,但又充分考虑到电视媒体的特点,力求让艰深的财经内容转化为观众容易看懂并且喜欢的电视形态。对于大多数的观众,他们也有通俗性很强的栏目,如《商道》(原名《财富故事会》),以故事的方式传递金融市场理念。即使在《经济半小时》这种专业性较高的栏目中,他们也力求可看性与专业性的结合,如《货币战争》,通过英镑、美元等国际强势货币的发展历史,向观众传递货币知识。

(四)宏观与微观相互结合的特性

金融市场报道的内容既关系到国家货币政策、国际收支,与国家的宏观经济表现紧密相连;又涉及货币市场、资本市场、国际经济往来的活动,需要研究分析企业的经济行为。因此,金融市场报道具有宏观与微观相互结合的特性。

金融市场报道的这一特性,要求我们在进行此类报道时,既要立意高远、视野开阔,又要体察入微,分析出宏观与微观相互影响、相互激荡的玄机。

如《财经》2010年第6期的封面文章《宽松货币尾声》就能够做到既高瞻远瞩又见微知著。世界金融危机爆发后,各国都采取了经济刺激政策,以挽救经济。我国积极的财政政策和适度宽松的货币政策双管齐下,使我国经济率先复苏,达到了预期目的。但2009年近10万亿元的天量信贷也给中国经济带来一系列问题,埋下了诸多隐患。如何处理因刺激政策导致的问题,选择在什么时间、以何种方式推出刺激政策,成为国内外各方关注的焦点。《财经》杂志在2010年第一季度末推出该报道,比较及时地回应了这个主要问题。

该报道由主报道《宽松货币尾声》、三篇辅文《全球央行乱步走》、《轻通胀难驾驭》、《开发商不差钱》构成,主报道对宽松货币政策对经济现状已经和可能产生的负面影响、国家未来可能的政策调整作了深度分析和预测,辅文则分别从各国央行近几个月的领导人表态和政策变动、我国在2010年初已经出现的通胀倾向、房地产开发商对货币政策调整的态度三个方面,为读者提供了观察货币政策调整的世界经济背景和宏观、微观背景。

二、地位

由上述金融市场报道的四个特点,我们可以看到,金融市场报道在财经新闻报道中具有重要地位。其重要地位在于,金融市场报道本身是财经新闻报道的一个组成部分,具有独立的报道价值,同时,金融市场报道还与宏观层面的经济报道、中观的地域经济或行业报道、微观的企业报道,都有着密切联系。可以说,金融市场报道具有连接宏观、中观、微观经济运行的枢纽地位。

我们从报道内容比例上看。以《财经国家周刊》为例,2010年第6期的封面报道栏目《极度调查》题目是《汇率争战》,属于金融市场报道范围,此外还有《金融》、《资本》栏目,三个栏目的内容共有24页,占全部128个页码的18.8%;该刊2010年第7期的《国是论》栏目文章《人民币汇率稳定为主》、《高端回应》栏目文章《没房的期待不现实》、《宏观》栏目中,《预判美国汇率评估报告》、《人民币升值真的利人利己吗》、《汇率改革德国镜鉴》、《美国设计"日元陷阱"》、《地方融资平台风险退出管道待解》等都是金融市场报道内容,再加上《金融》、《资本》栏目内容,这些完全属于金融市场报道的内容一共有 28 个页码,占全部 128 个页码的 21.9%。而该期的《极度调查》栏目的选题是《23 国投资价值调查》,与金融市场报道相关度极高,该栏目有 18 个页码。

我们再以日报为例。《第一财经日报》2010 年 7 月 5 日,《金融》栏目 4 版,《基金周刊》4 版,占全部版面内容 24 版的 1/3。此外,在要闻版、第 3 版《经济全局》栏目、第 4 版《资讯栏目》、5～8 版《环球经济评论》中,直接与金融市场报道有关的内容 2/5 至 1/2 之间。该报此后一周之内的报道内容比例大致都是如此。

不仅从表面的报道内容看,金融市场报道的地位很重要,从金融市场与经济运行的各个方面的内在联系上看更是如此。这方面的阐述在上文中已有较好的体现,本处从略。

第三节　金融市场报道的方法与策略

在对金融市场报道的内容和特点、地位有了较深入了解后,我们就要讨论金融市场报道的方法与策略问题了。所谓报道的方法与策略,就是我们在具备了基本的金融市场理论知识后,如何将金融理论知识与新闻传播理论与技能进行有机结合的问题。它要求我们的财经新闻从业者能够立足金融,放眼国内外经济运行的宏观、中观、微观各个层面,能够将经济学、管理学的知识与新闻学、传播学以至政治学、社会学、法学、历史学等学科知识和人生经验有机结合起来,使金融市场报道着眼于金融,又不止于金融,对于读者,既能通过阅读报道了解金融领域的最新动态和相关分析,又能从中读解出一些超乎金融范畴的内涵。这个要求对于"易碎品"的新闻报道来说,确实很高,真正能达到这个境界的报道可谓是凤毛麟角。但"取法乎上,得乎其中",我们提出这样一个高标准,是为了使我们的报道能增加一些内涵,使这个领域的报道保持一种向上的态势。

一、把握世界经济走势,掌握国家经济形势和政策

金融市场报道与宏观经济形势密不可分,我们在进行报道时必须要密切关注国家乃至世界经济走势,对国家经济政策了然于心,在这样的宏观背景下,我们才能在金融报道时具有高屋建瓴的视野和高度。

要做到这一点很不容易,它需要我们具备扎实的经济学理论功底,需要我们长期从事金融报道的经验,还需要我们对于经济形势变化和经济政策调整的敏锐直觉。

（一）把握世界经济走势,使金融市场报道具备高远气象

金融市场是一个全球化程度极高的领域,而发达国家在国际金融市场上又占据着主导地位,发达国家的金融监管制度、金融创新举措、金融形势变化都深刻地影响着包括我国在内的世界各国经济的发展。

20 世纪 80 年代初期,美国经济出现两大问题:对外贸易逆差大幅增长,财政赤字剧增。为了改善美国国际收支不平衡状态,美国希望通过美元贬值增加出口竞争力。1985 年 9 月 22 日,美国、日本、联邦德国、法国以及英国的财政部长和中央银行行长在纽约广场饭店举行会议,达成协议:五国政府联合干预外汇市场,使美元对主要货币的汇率有秩序地贬值,以解决美国巨额贸易赤字问题。该协议是著名的"广场协议"。在美国政府的强硬态度下,美元对日元持续大幅度下跌,最低跌到 1 美元兑 120 日元。在不到三年的时间里,美元对日元贬值 50%,换言之,日元对美元升值了一倍。有不少学者认为,"广场协议"带来的日元大幅度升值与日本经济此后十余年的低迷有着密切关系。

2010 年以美国为首的西方发达国家向我国施压,要求我国提高人民币汇率,实则也是国际金融问题国内化的一个案例。对此,财经新闻从业者应当心中有数,要在全面把握国家乃至世界经济走势的前提下,深入分析所报道内容的得失利弊,进行客观公正的报道,发出中国自己的声音,决不能成为西方舆论的应声虫。

《财经》2010 年第 7 期的封面文章《汇改重启》报道组合,就是在把握国家乃至世界经济走势的前提下,客观公正报道我国重新启动人民币汇率形成机制改革问题的一组优秀之作。该报道对美国向中国施压的国际背景有准确的解读,同时对我国近年来的经济形势也作了深入分析,认为我国的汇改应当根据我国经济发展的需要,进行自主改革。本组报道由主报道《汇改重启》,辅文《美国施压"双面胶"》、《"不能过分强调汇率"——专访 IMF 副总裁列普斯基》,评论《破解汇率政策僵局》,以及背景知识链接《人民币汇改 32 年》组成,主报道《汇改重启》由《交锋人民币》、《升值再权衡》、《贸易敏感度》、《汇改将继续》四个部分组成,比较详细地报道了近几个月来中美在人民币汇率问题上的博弈,中国政界、学界对人民币升值问题的不同意见,人民币升值对出口企业的影响,汇率制度改革的未来走向。这篇文章立意高、视野开阔、采访工作充分扎实、分析细密,是我国汇改重启方面的一篇高水平报道。而两篇辅文都是从国际政治、经济的角度对人民币汇率问题进行解读,两篇报道(专访)的采访对象都具有较高的权威性,为读者提供了宝贵的国际信息来源。评论则由北大经济学教授撰写,再加上背景知识链接,这组报道就为我国在复杂的国内外政治、经济形势下进行汇率形成机制改革提供了权威新闻解读,在世界上发出了中国的声音。

(二)掌握国家经济形势和政策,使金融报道与国家经济发展形成良性互动

美国著名报人普利策说过:"倘若一个国家是一条航行在大海上的船,那么新闻记者就是船头的瞭望者。他要在一望无际的海面上观察一切,审视海上的不测风云和浅滩暗礁,及时发出警告。"金融市场报道作为财经报道中的重要组成部分,也应当发挥其守望、监测的功能。

对于我国的财经新闻从业者而言,对国家经济形势和政策的深刻把握还具有特别重要的意义。我国自 1978 年改革开放以来,政府在经济体制改革和经济发展中一直处于主导地位,这种特点在近十年左右表现得更为突出。政府不仅为经济改革确定规范、制定制度,而

且还直接介入微观经济活动。这样一个格局就要求我们的新闻从业者要时时关注政府的任何政策变动,了解国家经济发展与政府行为的互动关系。这样,我们才能尽可能地为国家的经济发展提供积极、理性、建设性的新闻服务,使金融报道与国家经济发展形成良性互动关系。

2000年10月5日,《财经》杂志发表《基金黑幕》,文章根据上海证券交易所监察部职员赵瑜刚撰写《基金行为分析》和《基金风格及其评价》两份研究报告,对我国证券投资基金存在的大量违规行为进行了翔实的报道。文章用大量事实和数据,得出了六大结论:"基金稳定市场"是一个未被证明的假设,基金"对倒"制造虚假的成交量、利用"倒仓"操纵市场、基金的"独立性"很成问题、"净值游戏"不仅仅是表面的欺瞒和"投资组合公告"的信息误导愈演愈烈。文章发表后,在证券界引起了轩然大波。文章发表十天后,文章中涉及的十家基金管理公司在《中国证券报》等媒体发表《严正声明》,称《基金黑幕》一文"对基金的交易行为的判断与事实严重不符"。十家基金管理公司的《严正声明》发表两天后,《财经》编辑部针锋相对,在《中国证券报》等媒体发表《〈财经〉杂志声明》,声明"本刊始终以客观、公正的报道作为事业追求准则","本刊认为,对于证券投资基金及其他市场发展热点问题的不同观点和建议都可以有充分的表达机会"。2000年11月5日,胡舒立在《财经》发表《批评权、知情权,还有"新基金"使命》,重申媒体行使批评权、维护公众的知情权的责任:"媒体的批评权与公众的知情权作为公开性的保证,其重要地位必然地优于市场上某一利益集团自赋的或他赋的'历史使命'。"2000年10月29日,著名经济学家吴敬琏接受了中央电视台《经济半小时》独家专访,对证券市场上的基金黑幕进行了尖锐的批评,并对市场的监管力度提出了质疑。《基金黑幕》一文的发表不仅引发了持续一年多的股市大讨论,而且促使监管当局采取了一系列严厉措施对证券市场进行规范约束。

《基金黑幕》的成功,除了《财经》杂志的领导和采编人员敬业精神、敢于揭黑的勇气外,《财经》对于国家经济形势和政策的准确把握和报道尺度的精准拿捏,也是重要原因。

二、了解金融市场基本规律,从历史、现实与未来趋势三个维度把握报道基调

金融市场有其自身的发展规律,这种发展规律与各国的政治、经济、文化的特点密切相关,如在西方发达国家,日本、德国的商业银行业十分强势,他们往往成为企业的控股方。而美国的资本市场则十分发达,企业的资金更多地依赖股市和债市。美国发达的资本市场使得它在西方世界里很快就脱颖而出,成为西方国家的后起之秀。但美国资本市场的高度发达,也使它屡受金融危机冲击。1929年纽约股市崩盘是一次重大打击,2007年以来因次贷危机引发的世界金融危机则是最近的一次,这次危机到底会给世界经济和国际金融业带来什么影响,未来会有哪些变数,都值得我们研究思考。

金融市场的这些特点告诉我们,在观察金融市场时,应当从历史、现实与未来趋势三个维度去研究分析,在对金融市场进行了全角度研究后,才能确定新闻报道的基调。

（一）历史的维度

培根在随笔《论求知》中说："读史使人明智。"中华民族的文化优势正在于对于史学的无上推崇，早有前贤说过："六经皆史。"这种文化基因应当有效地吸收到我们的金融市场报道中。

前面讲到，美国的兴起与其资本市场的高度发达有直接关系。而美国资本市场的繁荣有一系列的"偶然性"：纽约作为美国资本市场中心，是因为在英国人占领之前，由擅长资本经营的荷兰人占据，荷兰在自己国家成功建立了银行、股票交易所、信用、保险、有限责任公司等金融体系，他们占领北美后将资本主义商业精神也带到了纽约（当时叫新阿姆斯特丹）；美国独立战争期间，为了筹集军费，大陆军政府发行了大量政府债券，最终迎来了战争的胜利；美国独立后，为了重组国债，联邦政府又发行三只新债券，以取代原来的各种战争债券，这一举措无意中埋下了纽约证券交易所的种子，这些债券从 1790 年 10 月上市交易，很快就把市场的力量聚焦于其上，使这三只债券成为反映美国未来前景的晴雨表；此后，美国大运河的开挖，铁路、钢铁业的兴起，都和证券市场的发展密切相关。但也就在美国资本市场蓬勃发展的同时，证券交易的欺诈、腐败也层出不穷。因此，美国资本市场 200 多年的历史也是违规、犯罪与监管、约束双重变奏的历史，这个历史直到现在仍在继续。

如果我们中国的财经新闻记者对西方发达国家的金融市场史有精深的研究的话，他再来观察中国金融市场的发展历程，一定会发出会心一笑的。如果从这样的历史维度观察中国金融市场，我们就必须肯定我们在短短 20 余年时间里取得了长足的进步。同时，对中国金融市场中存在的问题，我们也就会获得更多的历史智慧加以观照、思考。

遗憾的是，我国的金融市场报道，具有这种历史维度的记者和报道实在是凤毛麟角，严格地说甚至可以说不存在。

吴晓波这位当年的记者，在多年沉潜后写作的《激荡三十年》，倒是具有一种历史的苍凉，书中对中国资本市场发展史上一系列重大事件、政策的解读，透露出作者的历史智慧。只是这本书已经不是严格意义上的新闻报道，而更是一种财经史了。但他观照财经事件的方法、视角，倒是值得我们借鉴的。

（二）现实的维度

如果说历史的维度为我们的金融市场报道提供了一个长远时间段的观照背景的话，那么现实维度的观察应当是我们分析报道的核心。现实是连接过去与未来的枢纽，它是历史之果，未来之因，对现实的深刻体认可以加深对历史的理解，可以做好对未来的预测。

在这一点上，中外金融市场报道都是以此作为重点的。下面我们以美国《财富》杂志对安然公司财务造假的报道为例，看看美国财经记者是怎样从现实维度分析研究报道对象的。

安然公司是美国一家进行多元化经营的上市公司，业务包括能源批发与零售、宽带、能源运输以及金融交易。长期以来，安然笼罩着炫目的光环；作为世界最大的能源交易商，安然在 2000 年的总收入高达 1010 亿美元，名列《财富》杂志"美国 500 强"的第七名；掌控着美国 20％的电能和天然气交易，是华尔街竞相追捧的宠儿⋯⋯

但这些耀眼的光环并不能蒙蔽所有人的眼睛。2001 年初，一家投资机构老板吉姆·切欧斯对安然的盈利模式表示了怀疑。2001 年 3 月 5 日，美国财经记者贝塔尼·麦克莱恩是在《财富》杂志上发表了《安然被高估了吗》一文，首次指出安然财务存在"黑箱"问题。2001 年 10 月 22 日，美国证券交易委员会要求公司提交某些交易的细节内容，并在 10 月 31 日开始对安然及其合伙公司进行正式调查。11 月 8 日，安然被迫承认做了假账。12 月 2 日，安然正式向破产法院申请破产保护，成为美国历史上最大的破产企业。

2002 年 3 月 1 日，在首次对安然提出质疑一年后，贝塔尼·麦克莱恩又发表了《安然为何破产？》，深度剖析安然破产的原因。为了做好这次报道，麦克莱恩花费了一年时间，对安然公司从管理层到普通员工进行了全面深入的采访，对其盈利、管理模式和企业文化等方面作了深入细致的研究。由于麦克莱恩掌握了大量的一手资料，报道质量得到了很好的保证。该报道由《傲慢的企业文化》、《交易秘诀》、《利润从何而来？》、《斯基林发出一个信号》、《苟延残喘》五部分构成，报道首先回顾了作者对安然事件关注的一个过程，然后从企业内部文化、交易秘诀、利润来源等角度进行了深入的分析，探讨导致这个庞大巨人一夕之间崩塌的内部原因。

由于金融市场报道的对象往往涉及面广泛、关系复杂，在深度报道中，现实维度的观察、研究应当是报道的中心和重点。对于报道对象当下的状况都无法进行条分缕析的梳理、研究，未来维度的预测、历史维度的俯察都无法找到落脚点。在这点上，我国金融市场报道的优秀之作也有较好的体现。

《财经》2001 年 8 月发表的《银广夏陷阱》，就是这样一篇精彩之作。《银广夏陷阱》分为《前言》、《引子》、《天津广夏"独撑大局"》、《不可能的产量，不可能的价格，不可能的产品》、《嘉德的另一种命运》、《德国客户之谜》、《天津海关一锤定音》等几个部分。报道从银广夏 1999 年、2000 年神奇的财报业绩和惊人的股价涨幅入手，对银广夏神话提出质疑，通过对银广夏公司发展史的简要描述，指出关键的转折点在于 1998 年之后天津广夏"独撑大局"，继而从各个层面探究天津广夏巨额利润的真实性，最后亮出来自天津海关的书面证明，证明天津广夏 1999 年出口 480 万美元，2000 年出口 3 万美元（银广夏提供数据为 1.8 亿马克），2001 年 1 月到 6 月甚至没有出口额，揭示出银广夏是一场彻彻底底的骗局。

该文章 2001 年 8 月 5 日发表后，银广夏 A 股票当天被深交所停牌，并于一个月后创下连续 15 个跌停板的记录。中国证监会迅即派稽查组赶赴银川对银广夏一事正式立案调查。

作为一篇出色的报道，《银广夏陷阱》荣获了 2002 年美国哥伦比亚大学古索科国际新闻提名奖，2003 年被收入《财经》杂志丛书之《黑幕与陷阱》一书。

（三）未来的维度

金融市场报道在给读者提供了现实维度的分析和历史维度的财经智慧后，还可以考虑在需要的时候，为读者提供未来维度的预测。

但金融市场本身充满了变数,任何的预测都可能招致未来经济发展的或重或轻的否定。因此新闻报道的未来维度的把握不宜采用绝对、精确的方式,而应当在全面深入采访后获得各方重要资料后,记者审慎分析金融市场的现实状况和各方意见,在客观报道事实和各方意见的同时,将金融市场未来发展的可能性自然呈现出来。

《财经》2010年第6期的封面文章《宽松货币尾声》就是这样一篇未来的维度体现得很好的报道。该文认为我国2009年以来的超宽松货币政策已经进入尾声,但如何调整、何时加息,以及宽松货币政策调整与经济结构调整如何配合等,则是各界关注的问题。记者在遍访政府官员、金融业者、学者、实业家后,通过对金融市场现状和各方人士意见的报道,将对上述问题的预测很自然地呈现了出来。

三、研究金融创新与经济发展的关系,寻找报道切入点

金融说到根本,是社会对创新性的企业的经济行为进行资金激励的一种制度安排。因此,在金融市场报道中要想找到新闻点,就应当从金融创新与经济发展的关系入手。

美国实体经济的蓬勃发展,实则是金融市场在制度安排上不断创新,不断对创新性的企业行为给予鼓励、支持的结果。美国建国后短短的一百多年时间里,就在运河开挖、铁路修建、钢铁业整合等方面突飞猛进,1900年,美国GDP首次超过英国,成为世界强国。二战结束后,美国成为世界第一强国。但在1970年代以后,美国等西方发达国家的经济均出现了不同程度的"滞胀"现象,与此同时,日本经济则有后来居上之势,一时间美国人心惶惶。但很快,美国就又找到了经济增长点,那就是依靠科技进步和产业升级,再次引领世界经济潮流。而科技进步转化为产业效益的关键,正在于资本市场和科技进步高度有效的结合,创造出一个强大的创新机制。它创造了"硅谷"神话,不断地发现和推动接连不断的高科技浪潮,促使美国从传统经济向新经济成功转型,使其引领全球经济到如今。

美国的金融创新与经济发展的相互促进的关系,给我们进行中国的金融市场报道提供了很好的借鉴。但需要指出的是,金融创新并不是越复杂、越新潮越好,金融创新应当和一个国家的实体经济发展密切结合,必须是适应当下和未来一段时间我国实体经济发展现状的,满足了实体经济发展要求的。这样的金融创新,在西方发达国家有可能早已属于过往的旧制了,但如果这种别国的"旧制"能够促进我国经济的健康有序发展,那么它就是成功的创新。

比如放宽金融业的进入门槛,鼓励民资进入金融服务行业,就可能是我国的一个重要金融创新。尽管这个创新在美国等发达国家早已是金融业的常态,但在我国,如果这些政策能够较大尺度地兑现,它与实体经济的良性互动就将是金融报道的一个挖掘不尽的富矿。

2006年10月13日,孟加拉银行家穆罕默德·尤努斯获得2006年度诺贝尔和平奖。10月30日,《财经》发表《尤努斯:"穷人的银行家"》。表面上看,这篇文章只是配合尤努斯得奖做的一个应景报道。实际上,这篇文章想要起到的正是借鉴、启发的作用。既然是比中国还要落后、贫困的孟加拉都可以对贫苦农民进行小额贷款,帮助他们脱贫致富,为什么我们中国不可以进行类似的制度创新?

在中国当下的政治、经济体制下,金融创新还会有比西方发达市场经济国家更为复杂的内容。有些新闻事件表面上看起来似乎与金融创新不直接相关,它却可能是金融创新的前提。对这类选题,我们不妨也可以从金融创新的角度去思考、研究。

《财经》2008年第18期的《富国基金高管"选秀"》就具有这样一种潜质。该文报道的是上海富国基金在上海市金融工委主持下,进行市场化竞聘的一个事件。在中国当下的体制下,金融机构绝大部分由政府垄断经营。可是金融机构要想获得较好的经营业绩,需要在国内外金融人才市场上引入经营人才,这样就出现了"党管干部"和"市场干部"两种体制上的矛盾。上海富国基金2008年的高管市场化竞聘,是上海金融系统人才体制的一次突破,但与完全的市场化相比尚存距离。《财经》的报道主要从金融人才体制改革的角度进行,如果从金融创新的角度去思考会不会另有新意?

当下的中国正处于一个经济发展方式转型的关键时刻,金融业如何促进经济发展方式顺利转型,这将是我国金融业需要长期思考的问题,也是值得财经记者关注和思考的课题。

四、金融市场报道的人性视角

西方财经报道的一个特点是注重在报道经济行为、经济事件的同时,渗透对于经济行为、经济事件的人文关怀,对于经济行为、经济事件中人物的人性观察。说到根本,经济活动是一种人类活动,它始终伴随着人的欲望、感情、思想,它与人的性格、命运紧密相连。

从这个角度说,在我们进行金融市场报道时,在一些选题中,适度地加入人性视角,也是一种能够出彩的选择。

《财经》2004年第24期的《成败陈久霖》就是这样一篇优秀之作。该文以中航油(新加坡)总裁陈久霖作为报道核心,以他在事件发展不同阶段的心理状态为节点,通过《履险如夷的底蕴》、《"无知者无畏"》、《救与不救,还是斩不斩仓?》、《成也萧何　败也萧何》和《服从谁的规则》等部分,向读者逐步展示了巨亏事件的全貌,探究事件背后的深层次原因,直指国有垄断企业存在的制度错位和监管缺位。该文糅合了华尔街日报体和中国传统人物传记的写作手法,从小处落笔、向大处扩展。文章以充满人情味的陈久霖回乡祭祖开始,然后自然过渡至新闻主体部分,全文人物形象丰满,事件脉络清晰。2004年《南方周末》将《成败陈久霖》评为"致敬之年度经济报道"。在致敬理由中,《南方周末》这样写道:"报道对事情的始末缘由和陈久霖其人作了较为准确的还原,并直指国有垄断企业存在的制度错位。整个操作显示出《财经》的新闻突破能力和调查水准。"

需要指出的是,金融报道中的人性视角应当与所报道的金融市场行为、金融事件紧密结合,应当为金融市场行为、金融事件的分析提供助益。如果达不到这个目的,人性化视角就会游离于金融报道主题,变成普通的社会新闻报道了。

当然不同的媒体由于其定位的不同,读者群的不同,金融市场报道时人性视角的呈现方式也有所不同。在专业性财经媒体中,人性视角应当与金融专业报道有机结合,且要围绕金融报道这个核心做文章。在综合性的新闻媒体中,金融的专业性有可能要适度降低,而人性

的内容可能会更加浓郁一些。

如《三联生活周刊》2008 年第 2 期封面故事《20 岁 100 亿的风险资本》中,共有四篇文章:《VC 和 PE:无风险富矿的"风险"》、《熊晓鸽与 IDGVC 的中国样本》、《季琦:风险基金青睐的"攻城略地者"》、《20 岁创投新军的蛮荒力量》,四篇文章中,《VC 和 PE:无风险富矿的"风险"》是一篇概述性文字,《熊晓鸽与 IDGVC 的中国样本》、《季琦:风险基金青睐的"攻城略地者"》讲述的是两个风险投资人的故事,《20 岁创投新军的蛮荒力量》讲的是江浙一带"富二代"竞相进入风投行业的故事。除了第一篇有稍强一些的专业性外,其余三篇都通过对所报道主角的经历、言行、性格的点染,营造出较浓郁的人性氛围。这种表达方式十分适合《三联生活周刊》的基本定位:以人文的视角关照新时代、新观念、新潮流,强调故事性,兼具深度和广度。

本章小结

1.金融市场报道的主要内容包括:中央银行与货币政策报道、货币市场报道、资本市场报道、国际金融报道。

2.金融市场报道在财经新闻报道中的特点:全局性、复杂性、专业性、宏观与微观相互结合的特性。

3.金融市场报道在财经新闻报道中的地位:金融市场报道本身是财经新闻报道的一个组成部分,具有独立的报道价值,同时,金融市场报道还与宏观层面的经济报道、中观的地域经济或行业报道、微观的企业报道,都有着密切联系。可以说,金融市场报道具有连接宏观、中观、微观经济运行的枢纽地位。

4.金融市场报道的方法与策略:把握世界经济走势,掌握国家经济形势和政策;了解金融市场基本规律,从历史、现实与未来趋势三个维度把握报道基调;研究金融创新与经济发展的关系,寻找报道切入点;金融市场报道的人性视角。

思考题

1.金融市场报道的主要内容有哪些?

2.如何理解金融市场报道在财经新闻报道中的四个特点?请举例说明。

3.以某一财经媒体为例,分析其金融市场报道的优势与不足。

4.要做好金融市场报道,需要哪些知识储备和能力?

第七章　公司与产业报道

公司是市场经济的主体,产业是同类公司组合在一起形成的公司群,公司与产业的变化意味着经济的大幅度波动,这可能与国家政策有关,也可能受自然环境所累。在市场这个开放的空间里,公司作为市场上经济行为的基本单元,它的一些变化可能构成对宏观经济的刺激,表现为经济数据的波动,一旦触及了某个潘多拉盒子,开放的经济市场里就如同被碰倒的多米诺牌骨一样,产生令人措手不及的连锁反应。因此,在财经新闻报道中,公司作为主体,自然也成为了财经报道最关注的"宠儿",诸多财经类报纸、杂志都有专栏、专版来报道公司及产业。那么,公司报道与产业报道有什么关系? 什么是公司与产业报道呢? 它在财经新闻报道中的地位如何? 报道的主要内容是什么? 又有什么方法和策略呢? 本章将着重解答这些问题。

本 章 要 点 ·

公司与产业报道的概念

公司与产业报道在财经新闻报道中的地位

公司与产业报道的主要内容

公司与产业报道的方法与策略

第一节　公司与产业报道在财经新闻报道中的地位

一、公司与产业报道的概念

公司与产业报道,本就是财经新闻报道中不可分割的一个概念与内容,然而目前在现在的国内财经新闻教程里面,没有明确的关于公司与产业报道的概念,大多数都将公司与产业报道分离成公司报道和产业报道,或者将公司报道等同于商业新闻。然而在当下中国主要的市场化财经日报中,公司产业新闻却和政经新闻、狭义的财经新闻三分天下,足以见公司报道与产业报道早已浑然一体,并发挥着重要作用。

（一）公司报道与商业新闻报道

公司报道,顾名思义就是关于公司发生的事件的报道,它既包括报道公司的内部情况如投资战略、业务变化、人事调动等,也可以报道国家相关政策对公司的影响。这种内部和外围的报道形成了公司报道的二维体系。公司报道有着所有新闻报道的特征:必须及时、准确、全面,同时它也包含所有公司事件的细节与背景信息,并能从其中分析出公司正在发生和即将发生什么;商业新闻,字面意思是与商业有关的一切新闻,百度百科里关于商业新闻的概念仅仅一句话:商业新闻是关于市场商机的发现,并使之充分利用并达到盈利的目的。

商业新闻和公司报道是分不开的,可以说商业新闻的重心是公司新闻。由于公司是市场的主体,它的一举一动都有可能影响经济的变动。这也可以说明"经济政策和贸易流向对公司有复杂的影响,而公司则影响了市场的表现"[①]。经由《第一财经周刊》编辑部全体编辑、记者投票提名产生的"2009 年度十大商业新闻"[②]就可以说明这一点。

1.可口可乐收购汇源失败:3 月 18 日,商务部根据中国反垄断法禁止可口可乐出价24 亿美元收购汇源,可口可乐公司在华扩张战略遭遇重大挫折。可口可乐对此"感到失望",但表示尊重中国商务部的决定。

2.中国发布 3G:2009 年 1 月 7 日,中国迎来 3G 时代。中国移动获得 TD-SCDMA牌照,中国电信获得 CDMA2000 牌照,而中国联通则获得 WCDMA 牌照。今年前 9 个月,中国移动、中国电信、中国联通三大电信运营商共完成 3G 投资约 961 亿元。

3.中粮收购蒙牛:7 月 6 日,中粮联手厚朴基金,以 61 亿港币收购蒙牛公司20.03％股权,每股价格 17.6 港元。这是迄今为止中国食品行业最大一宗交易案。中粮与厚朴基金成立的这家新公司成为蒙牛最大股东,在新公司中,中粮持股 70％。中粮承诺不会参与新公司日常经营管理。

4.苹果 App Store10 亿下载:Thanks a billion! 4 月 24 日,苹果递送出第 10 亿个App Store 应用下载,距离正式开站仅有 9 个月时间。苹果 iPhone 和 iPod Touch 都能从 App Store 软件商店购买软件。在 App Store,收费软件销售冠军是《古惑狼赛车》,出自全球第二大媒体集团——法国威望迪(Vivendi,开发魔兽系列的暴雪公司是其旗下的当家花旦),而免费软件销量第一的则是 Facebook。

5.上海迪士尼项目获批:11 月 4 日,上海市人民政府新闻办公室授权宣布,上海迪士尼项目申请报告通过核准,预计耗资 244.8 亿元人民币。其中上海市政府下属的企业将持股 57％,迪士尼公司持股 43％。一期占地约 1.5 平方公里,最早将于 2014 年对游客开放。中美双方为此曾进行历时十年的接触和谈判。

---

① 安雅·谢芙琳、格雷海姆·瓦茨:《当代西方财经报道》,上海:复旦大学出版社,2007 年。
② http://finance.sina.com.cn/leadership/case/20091221/14427132344.shtml

6. 中信泰富金融衍生品巨亏事件：4月8日，中信泰富董事长荣智健辞职，直接原因是公司2008财年炒输累计期权亏蚀155亿港元。无论他与长子荣明杰最终是否能在香港警方的调查中安然脱身，这个始于一份外汇杠杆交易合约的变故，都标志着中信泰富的荣氏时代已然结束。

7. 《商业周刊》易主：10月13日，诞生于1929年经济大萧条的财经杂志《商业周刊》，在80年后的经济危机中，被母公司麦格劳—希尔(McGraw-Hill)集团以930万美元现金价格卖给了彭博公司。今年第二季度，《商业周刊》广告收入同比下降30％。

8. 吉利收购沃尔沃：中国民营汽车公司吉利将斥资近19亿美元收购沃尔沃汽车公司100％的股权，这个价格还不到福特汽车当初收购沃尔沃的64亿美元的1/3。包括知识产权、收购价格、过渡期安排、资产交割时间、沃尔沃未来的发展战略等所有问题的谈判依然在进行之中。

9. 网易的棘手《魔兽》：4月16日，暴雪与网易正式宣布将在中国内地合作网络游戏《魔兽世界》。11月初，国家新闻出版总署宣布终止《魔兽世界》的审批，文化部立即声称《魔兽》自7月30日以来都属正常运营，国家新闻出版总署是越权管理。当事人网易自始至终未发表任何评论。

10. 大众反收购保时捷：12月7日，德国大众汽车集团正式宣布，以39亿欧元完成对保时捷股份有限公司49.9％股份的收购。此次收购将是两大集团建立"汽车联盟"的第一步。7个月以前，双方还仅仅准备集团整合合作；42个月以前，一切正相反——保时捷收购大众计划刚刚拉开帷幕。

从这十条商业新闻来看，每一条都与公司报道不无关系。可口可乐、中粮、蒙牛、电信等都是我们耳熟能详的大公司，以公司为主体报道相关内容，这既是公司报道的主要内容，也是商业新闻的主要内容，可以说公司报道就是商业新闻，唯一不同的是，商业新闻更具有概念的广泛性及内容的扩充性，这两点使得商业新闻看起来更庞杂而已。

(二)公司报道与产业报道

公司是市场活动的主体，公司也是相关行业的主要构成部分，从公司的报道延伸到公司所在的整个产业，这就有了产业报道。公司报道总是以公司为主要报道对象，产业报道则外延至行业动态，包括宏观经济及社会事件对公司与行业产生的影响。从这个意义上说，公司与产业报道是分不开的。前面所说的十大商业新闻：中国发布3G，涉及3G行业及电信、联通、移动巨头公司；中粮收购蒙牛案，则是中国食品行业第一例食品收购案，其过程、收购之后发展方向等也为后续我国食品行业的收购提供了重要启示。

也就是说，公司与产业报道的定义可以概括为：公司与产业报道是指在宏观经济的影响下，以公司为主要体现内容，外延至公司所在行业的报道。其定义与商业新闻并无多大差异，因此我们认为，公司与产业报道等同于商业新闻。

我们来看下面的例子：

七家公司在美跳水　中国网游股一夜蒸发10亿美元

晨报3月2日讯（记者 张黎明）　在美国上市的中国网络游戏股，于当地时间周一出现股价集体跳水，一共七家公司的总市值加起来减少了10亿美元。"尽管盈利能力较传统行业高出许多，但网游股在美国仍属于很容易波动的股票。"艾瑞分析师赵旭枫昨天评论说。

昨日上午消息，在美国上市的中国网游股股价于当地时间周一收盘时悉数下跌，其中盛大游戏的股价已跌至6.81美元，跌幅高达17.65%，其母公司盛大网络受其影响，收盘时下跌10.57%，另一家游戏公司完美时空则下跌8.89%。

此外，在美上市的中国游戏股均出现下跌，巨人跌2.45%，网易跌1.42%，畅游跌0.72%，九城跌0.14%。而根据这七家公司的市值规模计算，此次股价跳水带来的市值缩水加起来达到了10亿美元。

目前的分析普遍认为，导火线是盛大游戏和完美时空此前发布的最新财报。数据显示，完美时空第四季度净利润为3970万美元，同比增长117.0%，但环比下滑6.1%，其营业利润环比也下滑了7.1%。与此同时，盛大游戏则在电话会议上预期，该公司2010财年第一季度营收将比上一季度下滑10%到15%，这样的预测直接影响了投资者的判断。

在赵旭枫看来，对于国外投资者而言，网游行业和原油等行业迥然不同，它的利润率再高，其收入模式仍然被认为是"新兴"的而非"稳定"的。"他们不一定就了解中国的市场情况，对新游戏产品的盈利能力，生命周期以及产业政策环境很容易看不清楚"，赵旭枫说，而这些风险使得投资者对中国网游股的判断变得"敏感"，一旦营收等数据出现波动，在美上市的中国网游股就很容易出现大起大落。

昨日，花旗集团将盛大游戏的股票评级下调至"持有"，同时将其目标价下调至9美元。但花旗不建议投资者卖出盛大游戏股票。摩根大通分析师则维持对盛大游戏股票的"增持"评级，但将其目标价从14.50美元下调至11美元。

（作者：张黎明，来源：《北京晨报》，2010年3月2日）

这是来自《北京晨报》的一篇稿子，报道文体很普通，内容也很短小，却是典型的公司与产业的报道，仅仅700余字就道出了公司与产业报道的核心，而且涉及了公司与产业报道的许多内容：这是一则关于多家游戏厂商公司在同一天内的市场表现的新闻，首先，它是公司报道，以盛大游戏的开盘狂跌为引子，说到它的狂跌涉及了整个游戏行业，国内游戏业巨头纷纷牵扯进去，引起中国网游股一夜蒸发10亿元，并总结分析原因。由公司的变化引发行业的变化是这篇报道的主要内容，足可见公司在产业发展中甚至是国民经济发展中的重要作用,同时也说明在财经新闻的报道中,有公司报道的地方一定会有产业报道的相关内容,这就是二者的相关性,我们统称为公司与产业报道。因此,本篇报道是基本的公司与产业报道。

公司与产业报道还需要明确三个基本面:一是报道哪些行业;二是报道哪些内容;三是公司与行业报道的结构。这些内容将在第二节里体现。

二、公司与产业报道在财经新闻报道中的地位

我们的日常生活似乎永远离不开大企业大公司,衣食住行处处都需要这些公司为我们提供服务,而大型国企、外企更是毕业生求职的目标与首选方向。也因此,我们身边随处可见公司与产业报道,国内的财经日报必设一个单独的公司与产业报道的版面,与理财投资、房地产等版面共同构成报纸的风格,保证内容的完整,足以见出公司与产业报道在财经新闻报道中占有举足轻重的地位与作用。国内的财经报纸,如《第一财经日报》和《21世纪经济报道》等,其公司产业报道占报纸所有报道的三分之一。尤其《第一财经日报》自创刊以来,公司产业报道的量一直约占整个报纸的三分之一左右,具体表现为日常新闻版,外加房地产、汽车、管理、3G等周刊。这也是国内财经日报公司产业报道主流的版面结构。以国内主流财经日报的版面结构就能看出,公司与产业报道在财经新闻报道中的重要地位。

(一)公司与产业报道的内容是宏观经济报道具体而微的体现

如果宏观经济周期发生变化,那会使众多企业经历着诞生、成长和死亡的不同命运。因此宏观经济报道是对国家宏观政策的有益补充和丰富,能够深入解析当前的经济状况。公司与产业报道就需要记者在宏观经济政策解读下,在满足受众知情权的同时,报道出企业的相关情况,就能够为企业提供前瞻性的思考及预见性的分析,也就能为企业的发展提供决策依据。从某种意义上说,公司与产业报道是宏观经济报道具体而微的体现。

2008年9月23日,国家发展与改革委员会下属的《中国经济导报》B1发展版发表了一篇文章,名为《"双率"下调发出"从紧"松动信号》[①],开篇如下:

> 日前央行表示:目前我国宏观调控的首要任务是保持经济平衡较快发展和控制物价过快上涨。这就意味着我国宏观调控的首要任务由此前的"双防"(即防止经济由增长转为过热、防止价格由结构性上涨演变为明显通货膨胀)微调为"一保一控"。两个月后,中国人民银行于9月15日对外宣布了两项货币政策的调整措施,一是决定16日起下调一年期人民币贷款基准利率0.27个百分点;二是决定25日起,下调中小金融机构人民币存款准备金率1个百分点,对汶川地震灾区金融机构存款准备金率下调2个百分点。为什么"两防"转"保控"?"双率"下调意味着什么?

---

① 具体内容详见2008年9月23日《中国经济导报》B1发展版该文章,作者:于海艳。

这是一篇典型的宏观经济报道①,涉及的内容主要为货币政策及利率,分析"为什么'两防'转'保控'?'双率'下调意味着什么?"则是记者对宏观经济政策的解读。我们需要明确的是,这样的宏观经济政策对公司与产业会发生什么样的影响呢?与该稿件同时发表的是该作者的另一篇报道《楼市不该救,股市要救治并举》,导语如下:

> 日前记者就楼市股市是否该由政府救市的问题采访了郭田勇教授,他认为"保控"下结构性的政策放松不会针对房地产,房价会顺应市场经济规律出现价格自然下降,政府无需救楼市,而股市则需救治并举,以降低其可能带来的不利影响及趁机抵补股改过程中存在的失误和漏洞。

通过对该文章的阅读,我们发现仅仅 120 字的导语就将"两防"转"保控"及"双率"下调对楼市与股市的影响道出。记者根据宏观政策分析宏观经济环境,并针对该政策对行业进行解读,得出"楼市不该救,股市要救治并举"这个结论,虽然并没有涉及具体的某个公司会有什么变化,但却明显地能得出行业的变化自然会影响到公司决策的结论。宏观经济政策影响行业发展情况,行业的变动沉浮则将影响公司的发展战略。所以我们说公司与产业报道是宏观经济报道具体而微的体现。

(二)公司与产业报道在一定程度影响行业发展动态及受众的选择

从公司与产业报道的定义可以看出,公司与产业报道的主要内容是某些公司和某个行业。然而无论报道什么,"公司新闻并不仅仅是报道西服革履的人们如何赚钱,公司新闻是关于人们谋生的新闻"②。公司与产业新闻记者平实的描述、理性的分析,辅之以清晰的逻辑,让所有关注该公司与该行业的受众都能从中得到自己想要的结论。

一篇报道可以解读宏观经济状况下的相关政策法规与市场趋势,Google 退出中国市场就是典型的中国的政策法规下的公司发展方向问题,不但已经习惯使用 Google 的网民面临着使用浏览器的抉择问题,而且也预示着国内互联网业将重新洗牌;一篇报道足以石破天惊,揭露不为人知的公司内部秘密,进而影响该公司的下一步发展,同时也涉及了公司所在行业的变动,当然最终与之有关的是受众的选择,当大多数支持该公司的受众选择放弃希望的时候,将形成新一轮的公司成长周期。如众所周知的冠生园月饼陈陷事件,一篇报道将老字号老品牌冠生园公司推向了生死存亡的风口浪尖;一篇报道也可以仅仅是一条小小的社会新闻,却可引发一家公司的灭亡、促进了外国产品在国内市场的市场拓展以及公司所在行业的重新洗牌这样翻天覆地的变化,三鹿集团就是这样,永远消失在奶制品的行业中。2008年 9 月 11 日,一位名叫简光洲的记者在《东方早报》发表了一篇社会新闻,指出患病婴儿都

---

① 关于宏观经济报道的更多内容,详见本书关于宏观经济报道的章节。

② 安雅·谢芙琳、格雷海姆·瓦茨:《当代西方财经报道》,上海:复旦大学出版社,2007 年,第 20 页。

长期使用同一品牌奶粉,引发了民众及政府的重视,在此后一段时间里,三鹿集团逐渐曝光并渐渐隐退,洋奶粉悄然涨价,国内奶制品行业受"三聚氰胺"影响,纷纷被查,蒙牛、伊利也牵扯其中……

宏观经济政策的解读、公司内幕的揭露、小小的社会新闻事件,公司与产业报道的这三种形式无一不影响行业的动态及受众的选择。我们愈加发现公司与产业报道影响面巨大,再加上它是宏观经济报道具体而微的体现,在市场经济的今天,越来越突显了它的地位与作用。

第二节　公司与产业报道的主要内容

我们认为,公司产业报道的主要内容涉及两大问题:一是报道哪些公司与行业;二是报道某一公司的具体什么内容。

一、哪些公司与行业值得报道

(一)中国所有的上市公司

上市公司是指所发行的股票经过国务院或者国务院授权的证券管理部门批准在证券交易所上市交易的股份有限公司。在资本市场日益活跃的今天,上市融资是企业做大做强的重要途径,由于我国上市公司均采取核准审批制度,公司若想上市必须具备相当苛刻的条件,因此上市公司在我国经济的发展中占有非常重要的地位与作用,是经济实力的象征。

财经新闻记者不但要关注上市公司,还需要关注某一行业近年来纷纷开始上市的公司,如出版上市公司。千禧年之后,湖南出版集团分别于 2001 年和 2002 年的上市尝试无疾而终,而在 2006 年 10 月,上海新华发行集团借壳"华联超市"上市,成为"新华传媒",自称为"出版发行第一股"。此后,四川新华文轩、辽宁出版集团、安徽出版集团、凤凰出版媒体集团纷纷上市,作为国内唯一的中央级出版集团公司——中国出版集团也将于未来几年内上市。跑媒体上市口的记者不但需要关注这些新上市的出版公司未来如何发展等相关问题,还要联系当前国家政策环境,深层次挖掘近年来这些出版集团竞相上市的背景、原因,以及未来发展趋势等行业发展问题。

(二)和中国密切相关的世界 500 强企业

2009 年 9 月 5 日,由美国《财富》杂志评选的 2009 年"世界 500 强"揭晓,中国(包括港澳台地区)43 家企业上榜,刷新了前一年 35 家的纪录。其中,中国石化集团位列第 9,这也是中国公司首次进入世界 500 强前十名行列。这不仅说明我国企业的实力日渐强大,也代表我国经济的总体实力的进一步提高,同时也说明了我国公司产业与世界经济紧密联系,并在世界经济的发展中占有重要的地位。

改革开放以来,进入中国市场的外国企业越来越多,在为中国民众提供产品、服务以及

就业机会的同时，也对我国经济格局产生深刻的影响。因此专访大企业口的记者不但要关注我国的 500 强企业，还需要关注与我国有经济联系的世界 500 强企业，如上文中提到的 2009 年"世界 500 强"排名第 3 的沃尔玛、排名第 10 的丰田汽车等等，随时发现这些公司的发展动态及对我国经济的影响。如 2008 年奥运期间发生的"家乐福"事件，就意味着"世界 500 强"中的家乐福公司在中国的分公司可能遭遇冬天，公司与产业报道的记者可以报道此次事件对家乐福公司的股价变化，并预测其未来发展，还可以从侧面着重分析抵制家乐福对我国各方面带来的经济影响。

（三）在各个行业中位居前列的非上市公司

有些公司虽然没有上市，却在我国经济发展中占据重要的地位。没有上市分为两种情况，一种是蓄势待发，具有上市实力正等待上市契机而尚未上市；另外一种是由于企业有充足的现金流，并不需要上市融通资金而没有上市。这两类公司属于在行业中位居前列的非上市公司，例如华为技术有限公司就属于后者。

华为是全球领先的电信解决方案供应商，目前华为的产品和解决方案已经应用于全球 100 多个国家，服务全球运营商 50 强中的 45 家及全球 1/3 的人口。所以尽管华为没有上市，却仍是我国该类行业里的领军企业。公司与产业的记者不能仅仅关注上市公司，更需要另眼看待这些具有上市实力却没有上市的企业，它们的一举一动同样牵涉到我国经济的发展变化。

（四）创新类企业，如创业板中的公司

2009 年 7 月 22 日，国务院常务会议通过了《文化产业振兴规划》，其中明确指出："支持有条件的文化企业进入主板、创业板上市融资，鼓励已上市文化企业通过公开增发、定向增发等再融资方式进行并购和重组，迅速做大做强。"创业板作为地位仅次于主板市场的二级证券市场，在上市门槛、监管制度、信息披露、交易者条件、投资风险等方面和主板市场有较大区别。其目的主要是扶持中小企业，尤其是高成长性企业，为风险投资和创投企业建立正常的退出机制，为自主创新国家战略提供融资平台，是多层次资本市场的重要组成部分。

2009 年 9 月 27 日，中国最大的民营影视文化公司——华谊兄弟传媒股份有限公司通过证监会创业板发行审核委员会审核，成为中国国内首个在境内上市的民营文化公司。华谊借创业板的成功上市，为自身做大做强获得了充足资金，而以中影集团为代表的国有控股文化企业也在积极筹备登陆主板市场。通过资本市场融资是推动我国文化产业发展的重要手段，因而文化企业的上市融资对于文化产业如何与资本市场融合，文化企业怎样走市场化道路具有积极的现实意义。因此这类创新企业也是公司与产业报道的重中之重，不仅该类公司在我国经济发展中具有重要的作用，文化企业的崛起在国家越来越重视文化产业发展的今天也具有重要的意义。

四个方向在公司与产业报道里的地位不分上下，因此在 2009 年十大商业新闻里，涉及的公司有可口可乐、中国移动、中国电信、中国联通、中粮、蒙牛、迪士尼、中信、《商业周刊》、吉利、沃尔沃、网易、大众、保时捷。涉及的行业有食品饮料业、电信业、金融业、汽车业、网络行业等，尽管这十大商业新闻没有涉及未上市的公司和创新型公司，却包括了世界500强企业（如大众等）、我国上市公司（如蒙牛等）这两个重要部分。

二、报道公司的具体内容

影响公司报道的具体内容可以分为内部因素和外部因素。

（一）内部因素

内部因素主要指公司的发展战略、经营成果、内部变动等，主要分为以下几个方面：

1. 上市、退市

当一家公司实力相当，但需要上市来融通资金、又愿意遵守信息披露的规定承担相应的义务的时候，就意味着它具备了到证券市场上向社会集资、发售股票的意愿与条件。上市有IPO上市和借壳上市两种。由于IPO上市程序繁琐且指标有限，因此有不少公司选择收购上市公司的控股权，把资产注入其中，更名后成为正式的上市公司这种借壳上市的方式。退市方式有三种，一种是破产被清算，自然不能在证券市场上挂牌；另外一种是通过收购兼并等方式使上市公司私有化；第三种就是上市公司收购公开发行的股票来私有化。

因此，公司与产业报道记者要跟踪公司上市五个阶段：酝酿准备期、发布招股说明、路演、发行定价、新股正式挂牌交易，[①]并看清上市的方式，是借壳还是IPO，借壳是借哪家的壳，如何借壳等等，这就需要记者要有市场人脉关系，随时可以通过联络取得可靠的信息。在上市初期，还要冷静观察一段时间是否股价虚高，再审视股价的变动；退市之前，公司往往会有很多征兆，如经营状况差、可能要变卖资产、总是传出负债信息等，而这些主要是因为现金流周转不灵，因此记者要时刻注意现金流量表的变化，报道时一定要客观，免得因报道不实而被公司控告。对于第二、三种方式退市的公司，仍值得继续报道，例如香港最大的固定电话网络运营商电讯盈科试图用第三种方式退市这一过程就值得记者们好好思考与报道。

2. 并购、重组

当行业内的竞争发展到一定程度，行业内的公司则开始追求规模效益，这时就会出现行业内整合的现象，并购与重组就是整合的方法。并购的种类有很多，如强强联合、以小吃大、善意收购、恶意收购；重组的方式也很多样：剥离、分立、回购、私有化、分拆上市。两者的区别是，并购不管是善意还是恶意的，被收购公司及其管理层肯定是不能再做主了，而重组则是为了自己的发展，给自己动了一个大的手术。因此，有收购就有反收购，如2009年北京十大商业新闻里第十条，本来是保时捷收购大众，结果42个月后，大众反收购了保时捷。

在2009年北京十大商业新闻里面，有4条新闻是关于并购的，从可口可乐收购汇源失败、大众反收购了保时捷来看，并购并不是一帆风顺的。对于公司与产业报道的记者来说，在报道并购与重组时要明确，为什么要这样做？并购能不能产生一加一等于三的效果，是为

① 周乃菱：《国际财经新闻知识与报道》，北京：清华大学出版社，2009年，第114页。

了多元化经营,或是为了扩大市场份额,还是仅仅为了账面的风光?又是谁出的主意?出价多少?如何支付?未来计划如何?吉利收购了沃尔沃,包括知识产权、收购价格、过渡期安排、资产交割时间、沃尔沃未来的发展战略等所有问题该如何解决,中粮为何不会在收购了蒙牛之后参与新公司的日常管理?投资者的想法如何?法规制定者如何看待此事等问题。在面对这些问题的思考时,公司与产业报道的记者要注意信息源,因为无论是新闻发布会、内部数据以及受访专家,大家都差不多,只有靠记者的勤奋去挖掘、思考。

值得一提的是,中国的并购与重组才刚刚起步,但增长势头却不容小觑。中国的并购重组在中国的国情环境下,有着自己的特色,政府主导在里面占了很大的作用。有兴趣的读者可以通过可口可乐收购汇源失败案例来深入研读这一方面。

3. 财务报表

财务报表主要分为资产负债表、现金流量表和利润表。财务报表是公司各项活动的反映,与公司息息相关。可以通过财务报表来了解公司,也可以通过公司来了解财务报表,更可以比较公司所声称的情况和报表所表现的结果是否一致。由于公司的绝大部分经营状况都体现在财务报表中,会计是商业语言,因此学会会计语言是读懂财务报表的唯一途径。正确地解读财务报表,在里面找到新闻线索,为投资者提供有用信息,是财经记者的看家本领。[1] 公司尤其是上市公司发布的财报,非常有看头,但需要记者们具备分析报表的能力,才能从中读出需要的信息。

通过公司财务报表,记者可以将所报道的公司与同行业公司比较业绩,也可以对一家公司纵向比较其业绩,同时还将公司的业绩与市场预测相比,但一定要注意,公司每季度的业绩,有可能造成账面上的出色,却不利于社会、经济的可持续发展。在报道公司的财务报表时,记者除了自身要具备专业知识外,还应当学会向资本市场分析师及证券公司、基金公司资深从业者请教、咨询,以获得新闻线索。因为这些人不但能够解读财务报表,而且由于长期浸淫某一行业,对该行业以及行业中的企业情况都很熟悉,往往能够从企业财务报表的蛛丝马迹中分析出重要的信息和背景材料,这对记者获得新闻线索、深入采访调查,具有不可或缺的作用。但我们也一定要注意,分析师及证券公司、基金公司从业者本身也是市场博弈中的利益主体,他们的分析也有其隐晦的利益诉求。因此在与分析师沟通过程中,一定要厘清其言论中的事实部分和主观利益诉求部分,这样才能将其为己所用。

在上市公司报道中,通过财务报表信息披露、通过分析师的指点,从而找到新闻线索并成为经典报道的案例比比皆是。《财经》杂志前记者凌华薇从 1999 年开始就注意到银广夏公司股价开始飙升,这种飙升势头直至 2001 年初。对于这样一个绩优股,凌华薇一方面研读其财务报表,一方面向证券公司、基金公司的经理、研究人员咨询请教,有不少专业人士就对银广夏的奇迹表示质疑。凌华薇就从这种质疑开始了她长达一年多的艰苦、曲折的调查,

---

① 周乃菱:《国际财经新闻知识与报道》,北京:清华大学出版社,2009 年,第 125 页。

终于在 2001 年 6 月查明真相,还原了银广夏"神话"的造假本色。

中央财经大学研究人员刘姝威揭露蓝田股份问题,也是从其公开发布的公司财务数据中发现线索的。

同在 2001 年,因为财务报表作假被媒体曝光的美国安然公司,其败落的轨迹与银广夏如出一辙;2001 年初,一家有着良好声誉的短期投资机构老板吉姆·切欧斯公开对安然的营利模式表示了怀疑。财经记者贝塔尼·麦克莱恩经过多方调查求证,写出了题为《安然股价是否高估?》的文章,于 2001 年 3 月 5 日发表于《财富》杂志,首次指出安然的财务有"黑箱"。该文成为推倒安然多米诺骨牌的第一动力,最终导致安然破产。

安然事件是当代财经新闻发展史上的一个分水岭,尤其是在解读财务报表上给所有从事财经新闻行业的人上了深刻的一课。此前安然在世界上表现得特别出色,《财富》杂志连续六年把安然誉为全美最具创新精神的公司,并将其位列美国资产最雄厚的十大公司之一。破产前夕,安然承认做了假账,直到 2001 年 12 月,安然以 498 亿美元的破产清单让安然成为美国历史上最大的破产公司。而《财富》从来没有想过安然的账面状况是虚报的。美国国会和政府在这之后出台了《萨班斯法案》(简称 SOX 法案),以加强对会计行业的监管。安然事件时刻提醒公司与产业报道记者注意分析财务报表并提高警惕性。

以上案例充分说明,解读公司的财务报表,是财经记者报道上市公司的一项基本功。

4. 股权变动与管理层变动

公司内无论这两种变动发生哪一种,对公司都会产生巨大的影响。股权变动意味着公司的股权易主,有可能有大的买家进入对公司持股,也有可能是被并购或是重组。管理层变动是指更换了领导人员,这也意味着可能公司要有重要的经营举措。当然股权变动与管理层的变动很多时候是分不开的,因为股权易主而形成的管理层更迭,更是不在少数。然而这两种变动都直接影响着公司当下的发展战略及未来的发展情况。尤其值得注意的是,我国证券法规定,公司的董事、三分之一以上监事或者经理发生变动都视为重大事件,必须立即公告。

公司与产业报道记者在新闻报道时要了解公司是如何进行股权结构变更的、什么人将购买公司的股份、他们如何募集到这些钱以及是什么人新加入了公司的领导高层、是否背后有什么内幕及腐败问题,等等。重要的是,记者们要追踪股权变动和管理层变动是否使公司更有效率、是否利润更高、是否提供更物美价廉的服务等。当一个公司股权变动或新官刚上任,就可以顺理成章采访他的工作计划、公司的方向以及薪酬等情况。

以 2009 年十大商业新闻的第六条显示,中信泰富金融衍生品巨亏事件就是一篇典型的管理层变动的案例,中信泰富董事长荣智健辞职,谁将接管这个公司?公司未来又有何发展方案?同理还有黄光裕事件,2008 年 11 月 27 日,新华社快讯显示,国美集团董事局主席黄光裕因涉嫌经济犯罪,正在接受警方调查。黄光裕事件由此爆发并蔓延到诸多方面的人与事,如涉及黄光裕个人是否判刑、国美及中关村的重组将如何发展、国美未来控制权等。那

么,国美未来的发展情况将如何？中关村和三联商社两家公司的并购重组是否能实现？国美的领导权之争意味着什么？公司与产业报道记者应该时刻关注这些问题,在领导层变更的情况下,又涉及了并购与重组的问题,这将十分考验公司与产业报道记者的能力。随着事件的发展,2010年9月23日《北京晚报》一则新闻为我们揭示了此事件将迈入最后的解决阶段:"国美董事局定于9月28日召开特别股东大会,国美的公司控制权之争即将揭晓。中国商业联合会今日就国美事件表态,从中商联的三点担忧(民族品牌能否保持、现代企业制度能否'开倒车'、消费者员工利益是否受损)看,保持国美电器的民族资本本色是其关键与核心,虽然商联会并没有直说,但其'挺黄倒陈'的意图非常明显。"(此报道摘选2010年9月24日手机报)短短的新闻报道给了我们重要的信息,一是国美的控制权即将揭晓;二是中商联的态度是"挺黄",这使得在这场国美领导权之争中,我们最后看到的是国家对民族资本企业支持的力度与决心,国美未来的发展也将继续保持这一特色。记者不仅报道了这一事件,还将中商联的意思加以分析,并给读者留下了对结果的想象空间。

5. 融资

企业为保持发展活力,当现金流不能满足当前需要或将做出重大的经营举措时,就会不断通过各种渠道募集新的资金。公司融资方式主要分为内部融资和外部融资,内部融资是指来源于公司的自有资金,以及在生产经营过程中的资金积累部分;外部融资主要分为债务融资(包括银行借款和债券融资)和股权融资(主要是指境内外直接或间接上市)。

每当企业融资的时候,都会有好新闻产生。大多数企业进行融资都选择外部融资的方式,当公司第一次发行股票(IPO)进行融资的时候,公司与产业的新闻就可以多方面、多角度地报道,既涉及公司上市这一事件,也有可能涉及股权变更等多重信息,从中可能发掘出爆炸性的新闻。对于已经上市的公司因为新的项目发行新的股票,也能迅速融资,这种方式最大的受益者是老股东;除了上市,公司还可以进行债务融资,银行贷款和公司债券是最常用的方法。随着我国多层次资本市场建设力度越来越大,发行债券进行融资的情况也越来越多。仅以出版产业为例,从2009年以来,就有如下国有出版集团进行债务融资:2009年12月,凤凰出版传媒集团发行中期票据20亿元,成为全国出版业中第一个尝试通过发行债券进行融资的案例;2010年3月,安徽出版集团发行6亿元5年期无担保中期票据,2011年又发行了4亿;2011年7月,中文天地出版股份有限公司的10亿元中期票据获得中国银行间市场交易商协会的注册;2011年11月,河北出版传媒集团有限责任公司发行5亿元3年期中期票据;2012年2月28日,中原出版传媒集团发行3亿元3年期无担保中期票据,这是该公司本年度第一期中票,第二期3亿元3年期中票计划于2012年第4季度发行,第三期8亿元3年期中票计划于2013年第4季度发行。除了发行中期票据,有的出版集团还发行一年期的短期债券,也有集团向银行申请信用贷款等等。那么,为什么一直以来置身于资本市场以外的国有出版企业忽然扎堆发债？这一现象与国家宏观经济政策、文化政策有何关系？出版集团集中发债会对我国出版产业造成怎样的影响？一直以来对资本运作并无经验也无太多业绩的国有出版集团能否用好这些资金？我们的记者如果能就这些问题深入思考，就可以做出不少好文章。

在当前的经济发展中，金融对于企业和产业的发展影响越来越大。企业是靠不断融资来改变公司的经营战略的，融资失败，则有可能新的事关公司发展的战略实施不下去，最严重的是融资成功却在项目的进行中现金流断裂或是被恶意中止，这将给公司带来非常不利的影响。若该项目是影响公司未来发展的重要项目，公司与产业报道记者更要随时关注这样的情况，极有可能会有一个实力强劲的公司重蹈史玉柱的覆辙。记者们要睁大双眼，对融资的公司保持高度的兴趣，对其一举一动紧密关注，才能随时写出具有公信力的文章。

6. 重大经营举措

随着经济的发展及公司发展战略的调整，公司随时面临着需要做出重大经营举措的决定，这种决定具有影响公司未来发展的力量。美国迪士尼公司十年前就做出了在中国上海安家落户的方案，经过十年的接触和谈判，终于将迪士尼引入上海，这将对迪士尼在中国国内的发展开辟出一条新的道路。

下面以 2009 年十大商业新闻的第九条为例。网络行业在我国是新兴行业，自《魔兽世界》进入中国市场以来，暴雪娱乐公司一直与第九城市合作愉快，然而，2009 年 4 月 16 日，暴雪突然踢开九城，更换服务商，与网易正式宣布将在中国合作网络游戏《魔兽世界》，经过三个多月的调试、内测过程，2009 年 9 月 19 日开始收费运营。由于《魔兽世界》是九城的主要收入来源，因此当暴雪更换服务商后，九城就失去了主要的经济收入。网易成为代理服务商之后，其股价明显提升，本来网易在门户网站上就处在中国几大门户网站的前列，《魔兽世界》加入后，与另一款游戏《天下贰》共同成为网易游戏的主要收入来源，也使得网易总收入中游戏业的比例提高了一些。只是在三个多月的调试、内测期内，经历了史无前例的 104 天停服，其间每天承受着 400 万元左右的损失，让网易有些吃不消，正式运营《魔兽世界》后，股价才才上涨。网易在做出成为暴雪在中国的服务商运营《魔兽世界》的这个重大经营举措时，必然是经过周密计划，并考虑到了多种情况所带来的影响。所以正式运营两个月后，网易的股价一路上涨，颇具牛气。因此记者们在报道公司的某一重大决策时一定要注意为什么公司要做这样的决策？与行业内的动态是否相关？这一决策实施后起到的是正面还是负面的效果？能否预测出公司的这一决策能走多远等问题。

7. 公司治理

公司以营利为目的，公司将分散在千百万公众投资人手中的小额资金集中起来，用以实现股东利益最大化。但是，谁能够让这些资金得到充分的利用，谁又来监督呢？这就需要公司进行治理，形成董事会、监事会、股东会以及所有者、管理者、监督者之间相互制衡的关系。董事会必须依据股东会所制定出的标准、规则对公司进行治理，同时受到监事会的监督。所有者是股东，但常设的决策机构是董事会，因此只能由董事会来选拔管理者，监督者的成员比较广泛，但一定要起到监督的作用。董事会如何做好治理工作呢，主要看董事履行诚实守

信义务的程度,对于公司与产业报道记者来说,主要分析董事会是否进行披露、披露程度如何,是否在关联交易中有利害关系的人进行回避。抓住这些披露及回避的事实,记者就能掌握住对公司治理方面的新闻报道。

我国的公司治理,尤其是上市公司的公司治理具有一定的特殊性,主要是因为我国特殊的国情。随着改革开放的深入,国企控股企业也逐渐走上了上市的道路,由于我国国情特殊,我国国企无一例外地采用了剥离上市的方式,上市的优质资产股市一路高歌,但存续企业却承受着高比例的企业负债率,而上市所带来的巨额收益往往又被大股东在关联交易时占为己有,其中的社会风险和政治经济风险可想而知。广东三九集团及其老总赵新先之所以在 2004 年至 2005 年间出问题,就是因为关联交易、公司治理结构不合理、赵新先一人身兼数任缺乏监管等造成的。随着问题日益严重,国家的思路从分拆上市转为整体上市(即留下优质资产,不良资产破产、清算或分离出去后再将优质资产实现整体上市),但以我国目前的经济水平,能消化多少不良资产?因此,公司与产业报道记者在报道公司治理时一定要注意我国特殊的国情,尤其现在正处于分拆上市向整体上市的转变,无论国企还是民企,都是非常好的报道题材。

8.新产品

一款新的产品是需要公司经过长期的研发才能做出来的,公司在推出新产品的时候,为了能让新产品抓住消费者的眼球,通常需要大量的宣传,读者看到这类新闻时也非常感兴趣,公司与产业报道记者也非常愿意写这方面的新闻,也更容易受到公司的接待。在写此类报道的时候,记者首先应当想到的问题是,这个新产品花费了多长时间、多少费用研发,研发技术是否有提高,打算采用什么宣传手段,预期何时会盈利。同时,记者们要时刻注意公司的竞争对手是否也在生产同类产品,是模仿还是自主研发,是否也会同样迅速进入市场。当伊利率先推出大果粒酸奶后,蒙牛、三元也不甘落后,并在口味、包装上更精心设计,以不同的方式迅速占领大果粒酸奶市场。事实也证明,大果粒酸奶这个产品的壁垒较低,但三大巨头平起平坐后,壁垒门槛渐渐提高,几乎形成垄断。但是,不甘示弱的其他同行业内的厂家,开始研发新的产品,并迅速攻占市场,筑起壁垒,却仍然被其他公司模仿。市场就是在这样一个过程中,不断推出新的产品,以实现公司盈利,公司与产业报道记者也需要注意新产品推出后的方方面面,写出新产品背后更深层次的东西。

对企业所推出的新产品,记者在作报道时如果仅仅是就产品谈产品,有可能就成了企业的一次免费广告。对于一个行业中的领军企业,它所推出的重点产品,很可能会导致一个产业内力量对比、利益格局的重新洗牌。而这种企业之所以能够达到这种程度,又往往与这个企业占据了所在行业的技术研发和市场整合的两个端口有关。如原本是电子产品硬件生产商的苹果公司,近年来陆续推出了 iPod、iPhone、iPad 产品,并推出与之相匹配的 iPod＋iTunes 应用程序＋iTunes 商店模式、iPod＋iPad 应用程序＋iBook 电子书商店模式,已有融合音乐、书报刊、广播电视电影等传统媒体产业的意味。这些产品的推出,对传统的音乐产业、书报刊、广播电视电影业已经产生了深刻影响,并将重塑传媒产业格局。如果我们的记者在报道类似苹果新产品时,能够具有这样高屋建瓴的视野,那么我们的报道水平一定会稳居高位。

(二)外部因素

外部因素是指非公司与行业内部的却影响公司与行业发展的因素,主要包括国家监管政策和也许并不起眼的社会小新闻。

1.国家监管政策

我国社会经济发展的状况和国情,决定了我国当下市场经济体制的特殊性,和西方发达国家相比,我国企业的发展更多地受到政府政策法规的直接制约。因此,有些公司的发展战略和经营活动都是在特殊的大背景下完成的。如可口可乐收购汇源,单从市场上公司并购来看,是完全可以实现的,但出于对民族企业的保护,我国商务部根据中国反垄断法禁止可口可乐实施收购。对于可口可乐公司来说,它的入华战略受到阻挠,相当于重大经营举措没有得到有效的实施,对其未来在亚洲的发展将产生不利影响。估计以后可口可乐将会效仿迪士尼,在熟悉中国市场的同时,通过与我国政府进行长期的合作与博弈,逐渐深度介入中国经济。再举一例,网易正式运营《魔兽世界》之后,越来越多的玩家加入了这个项目的游戏,三个月内网易的收入日渐提高。目前我国的《魔兽世界》还是第二部《燃烧的远征》,而国外和中国台湾地区早已经开通第三部《巫妖王之怒》,据统计,有18万的大陆玩家转玩台服,这对大陆服务商来说是不小的损失。随着网易的风生水起,在众人焦急等待政府审批《魔兽世界》第三部《巫妖王之怒》结果的时候,2009年11月初,国家新闻出版总署突然宣布终止《魔兽世界》的审批,而此时文化部立即声称《魔兽世界》自7月30日以来都属正常运营,国家新闻出版总署是越权管理。这一消息犹如晴天霹雳,所有目光都投向了网易、魔兽、新闻出版总署及文化部,网易内部工作人员禁止对外谈论此事,当事人网易自始至终未发表任何评论,网易的股价明显受到影响。在我国,由于网络游戏是新兴行业,很多管理制度并不完善,网游审批权到底是归文化部还是归国家新闻出版总署,两部门各执一词。2010年2月8日网易突然宣布将暂停《魔兽世界》的新用户注册,同时,向国家新闻出版总署提交《魔兽世界(燃烧的远征)》网络游戏出版物的申请。这一消息立刻刺激了资本市场上的利好反应。网易股价周一收盘大涨4.4%,报收于33.93美元。但是其股价相比2009年9月48.5美元的峰值,已经下滑了近30%。因此公司与产业报道记者在报道时需要注意我国特殊的国情及国家的相关法律法规,尤其是新兴行业,对于处在新兴行业上风口浪尖的企业尤其值得关注。

2.社会新闻

通常引起公司变动的是国家新出台的政策、宏观经济的表现及公司自身的发展战略的调整。但有时候,一条小小的社会新闻也可以引起某个公司或是某个行业的瞬间变化。除了上文提到的三鹿集团因为简光洲的一篇报道而引起的被调查、清算、高管入狱等后果之外,2003 年 SASR 事件是个比较大的社会事件,当 SASR 悄然肆虐于我国的时候,疫情初期板蓝根及白醋被抢购一空,而且疯狂涨价,不少企业从中获利(当然我们要抵制非法获利的黑心企业);经历 2008 年"5·12"地震事件之后,人们普遍缺乏居住安全感,很多家庭必备几套防震、抗震的设备,一时间制作这些设备的厂家迅速成为人们关注的目标;2008 年 10 月 20 日,网帖《柑蛆(大实蝇)疫区看来只是四川广元》吸引了网民的关注并疯狂转载,随后又有"蛆柑"手机短信四处传播,造成全国谈橘色变。本来只是在四川广元的柑蛆,却殃及湖南橘农,柑橘大量滞销。尽管各地各部门不断澄清这一局部事件已经得到了控制,但是谣言传播的负面效应远远超过了人们的想象,2008 年的柑橘市场一片萧条。

2012 年 4 月 15 日,央视《每周质量报告》播出节目《胶囊里的秘密》,对"非法厂商用皮革下脚料造药用胶囊"曝光。毒胶囊事件曝光后,国家卫生和药监部门紧急调查处理涉案企业,一直高调示人的修正药业名列其中,而浙江新昌更是多达 9 家。毒胶囊为什么会出现?为什么直到 2012 年才被曝光?这一事件将对中国药业产生怎样的影响?将对浙江新昌的经济产生怎样影响?这些问题都是我们进行采写时需要搞清楚的。

以上例子可以看出,无论是小小的社会新闻报道还是大的社会事件,都有可能影响公司与产业的发展,记者要时刻注意这样的情况,切莫错过报道的好机会。

三、其他划分方式

当然报道公司与产业的内容还可以有其他划分的方式,如对市场进行划分,可分为股票市场、原材料市场、能源市场、金融衍生品市场、人力资本市场、外汇市场等等,但由于涉及的内容较多,且与前面提到的公司与产业报道的内容有重合,故不详细描述。针对本章第一节所引《七家公司在美跳水 中国网游股一夜蒸发 10 亿美元》例子,本段简要介绍一下股票市场的写作要领。

股票市场是非常有意思的,也很能考验记者的水平。股票市场的写作,重要的是记者必须清楚报道的目的是什么。股票市场的新闻分为两个部分:一部分给读者一个概貌,集中报道主要产业和主要政策及外在的经济因素、一些影响当天市场的特殊的技术因素。另外一部分就是集中报道一些"活跃股",这些股票在当天变动最大,报道要解释这些变化。[①] 那么,我们到底要报道什么呢?找到了这个报道焦点之后,就需要做大量的工作了。什么样的公司在今日的股票市场上会风光无限呢?为什么这些公司在股票市场上会有这样的表现呢?分析师会怎样看待呢?与行业相关的公司与产业会有什么表现呢?等等,都是记者需要关注的内容。

回到本章第一节的案例:

---

① 安雅·谢芙琳、格雷海姆·瓦茨:《当代西方财经报道》,上海:复旦大学出版社,2007 年,第 158—160 页。

在美国上市的中国网络游戏股，于当地时间周一出现股价集体跳水，一共七家公司的总市值加起来减少了 10 亿美元。"尽管盈利能力较传统行业高出许多，但网游股在美国仍属于很容易波动的股票。"艾瑞分析师赵旭枫昨天评论说。

这段导语短短两句话 100 个字，就道出了股票市场上写作需要注意的两件事情，一是记者关注了股票市场上网络游戏股的表现；二是分析师对此做出了评价。这里面也同样隐含了记者背后做的两个基本功，一是对当下的财经新闻有较深入的了解，知道网络游戏股的现状并长期观察；另外一个是记者与这个分析师有着长期的联系。那么，网络游戏股在股票市场上为什么会有这样的表现呢？记者又指出：

目前的分析普遍认为，导火线是盛大游戏和完美时空此前发布的最新财报……这样的预测直接影响了投资者的判断。

可是读者又有一个疑问了，明明网络游戏股属于营利能力较强的行业，为何仅仅一个财报就能影响 10 亿美元？此时记者又引入了分析师的话语，给读者权威的断定。如果文章仅仅停留在这里，难免有记者或是分析师一家独断之嫌，文章里还需要其他方面的客观的声音，于是就有了最后一段：

昨日，花旗集团将盛大游戏的股票评级下调至"持有"，同时将其目标价下调至 9 美元。但花旗不建议投资者卖出盛大游戏股票。摩根大通分析师则维持对盛大游戏股票的"增持"评级，但将其目标价从 14.50 美元下调至 11 美元。

这就从另外一个角度给读者提供了可以思考的空间，就是现在网络游戏股是这样的一个环境，投资与否最终还是需要自己分析判断。

第三节　公司与产业报道的方法与策略

我国的财经媒体还没有成熟，投资人王冉在读了《华尔街日报》记者 Kate Kelly 关于贝尔斯登的长篇报道后在自己的博客中写道，"遗憾的是，同等素养的新闻内容在（国内）财经媒体上还是太少，甚至可以说几乎没有"，"绝大多数财经媒体的版面上充斥的都是东拼西凑的东西，似是而非的东西，以及人云亦云的东西"。这也说明了我国财经媒体的报道与国外的差距较大，财经记者还需要提升素质与能力才能面对越来越强的国际竞争，公司与产业报道记者更要从多方面要求自己与国际上接近，做好公司与产业报道。

一、公司与产业报道在报道内容上需要注意的问题

做好公司与产业报道,就要把好内容关。由于我国当前仍处于经济和社会转型时期,政府在宏观经济调控中发挥着重要的作用,也让我国的公司与产业报道有着一定的特殊性,因此在报道的时候一定要注意我国的国情,在深入研究公司和产业发展状况的前提下,找到最合适的报道切入点,而不要人云亦云。

(一)紧抓行业动态,确定新闻主题,善于发现"隐形冠军"

改革开放三十年后,已经有很多行业经过激烈的竞争洗礼成为较为成熟的市场,如家电业;但仍有一些尚处于深化改革的领域,如钢铁、能源、文化行业。随着国家的发展及政策的调整,也有行业从边缘地带渐渐成为国民经济发展的重要部分,如影视业、娱乐传媒业等等。无论是成熟的行业还是仍处在变革期的行业,都有不少值得报道的新闻,只不过报道的角度应有所不同。尤其今天的新闻媒体已不是党报独掌天下,竞争越来越激烈,基本不会放过任何一个值得报道的新闻。因此需要公司与产业报道记者不但关注我们前面所论述的那四大类型的公司与行业,紧抓行业动态,随时确定好新闻主题,还要从中发现"隐形冠军",让更多的社会公众了解到这些企业的光彩。

在影视业里,早些年人们了解更多的是中影集团这个一家独大的国企影视业以及有外资注入的博纳国际和橙天娱乐,华谊兄弟、本山传媒集团似乎淹没在国企和外企之中挣扎着寻找着市场空间,然而几年过后,华谊兄弟拍出一部部好片子:《风声》、《集结号》、《士兵突击》等等,不仅弘扬了主旋律,也充分吸引了公众对影视业的注意,形成了票房与社会声誉的双丰收。因此,第一批创业板的上市资格,国家顺理成章地授予了华谊兄弟;本山传媒也在短短几年之内将刘老根大舞台从东北搬到了京城,所制作的电视剧一再登陆中央电视台一套黄金剧场,其小品更是一再成为中央电视台春晚必不可少且最受欢迎的节目。那么华谊兄弟以后会走多远?本山集团能否成为继华谊兄弟上市后股市新宠?这些情况都是需要记者随时关注的,尤其是这些隐藏在国企和外企背后迅速发展实力不容小觑的民营企业。

(二)充分发挥网络作用,做好采访事前报道事后的工作

网络无处不在的社会里,我们越来越能感受到网络带给我们的冲击。在新闻报道中,网络媒体有它独特的地位,它不仅起着传播信息的作用,还起着收集整理保存信息的功能。

1.充分利用网络收集资料做好采访前工作,报道时要融入一手的采访感受和资料

公司与产业报道不仅可以在网络这个新闻媒体的平台上进行传播,还可以通过网络让公司与产业报道记者收集到更多的信息,在采访报道前做好更多的功课。当公司与产业报道记者确定好主题后,就可以利用互联网收集到更多的信息,明确报道此主题时需要的基本的财经知识,对照自己的知识储备,在收集整理资料的同时,强化记者的财经知识,以确保提出高水平的问题使报道更专业。当一切准备就绪后,公司与产业报道记者采访时,还需要注意要与被采访对象互动,健谈的记者更容易带动被采访对象的兴致与激情。但一定要明确,不能被采访对象说什么就是什么,网络上说什么就是什么,公司与产业报道记者实际报道

时,要融入一手的采访感受和资料,这样才能写出让读者感兴趣的报道。值得注意的是,并不是记者做好了工作就一定能够采访到理想的对象和所需要的材料,这就需要记者随机应变,采访其他对象或是留意其他细节,总之不能将自己前期的辛苦准备付之流水,就算没有得到本来计划应该得到的材料,出一篇记者深入公司与行业内部感同身受的稿子也能引起读者的共鸣。

2.应对网络媒体竞争,形成独立风格,做好报道后工作

网络媒体有着它不可替代的优势,它不仅为记者提供了大量学习的资源与平台,而且也是记者获取信息的重要途径。网络媒体由于即时性更强,这就给平面媒体的公司与产业报道增加了困难,稍不小心,就会出现平面媒体与互联网新闻同质化、雷同化、重复化的问题。尤其近年来微博的出现,更加剧了媒体之间的竞争。微博几乎可以被称为文字直播,由于发表的便捷性及快速性,很多新闻都可由现场直播给受众;另外在微博中往往会有公司内部人员透露公司最近的计划与内幕,这就造成了平面媒体的公司与产业报道记者了解信息的延迟与被动。如北科大博士生导师赵晓在参加2010年9月2日的亚布力论坛上,在万通集团董事长演讲的过程中,通过QQ微博直播了冯仑的演讲内容并融入了自己的思想:"冯仑在亚布力论坛上讲,企业家要吃软饭、戴绿帽、挣硬钱,不要靠权钱交易。然后,对着坐在前排的官员大声地说,你跟我们有啥关系,你为什么坐在这里。全场皆惊! ——呵呵,真正的儒商,不是会写字、会吟诗的奴才,而是骨子里有理想、有操守、有底线、有追求的人。"显然相比报纸微博更及时便捷。又如百度的框计划就是在微博上透露出来的,一个月之后,各大媒体才加以报道。当然平面媒体记者没有办法对所了解的信息立即刊登报道,因为作为记者需要对所了解的信息进行核实后,才能付之报端,否则就有可能成为假新闻。因此,平面媒体记者就必须有不一样的角度、文笔,在报道时更要注意内容的深度及采访对象的权威性,弥补与互联网在这方面的差距,形成独立于网络无法被模拟和替代的风格。在这一点上,英国《金融时报》编辑规范的三条基本原则:为读者作判断,分析体现价值,转化新闻(包装)[①],这些原则可以为我国的公司与产业报道提供借鉴。同时,记者要充分利用互联网——尤其是微博——的相关信息,注意从里面寻找内幕及最新消息,加以核实迅速报道,成为平面媒体行业内的第一报道者,就会赢得领先地位。

(三)做好新闻策划,建立行业意识并增强公司与产业互动

当前我国公司与产业报道存在的最大问题就是公司报道与产业报道分离,由于没有做到有效的结合,使得公司报道与产业报道往往成为"两张皮"。因此今后在实际报道中,媒体和记者都要有意识地加强行业报道来解决这个问题,当然我们知道关于行业的报道仍然是建立在对公司报道的基础上,只是由微观的公司上升到中观的行业,这也有助于更透彻地把握微观的公司的具体内容及发展动向。有专家指出,财经记者要有大视野,要同时有宏观、

---

① http://www.xici.net/b6775/d48422848.htm。

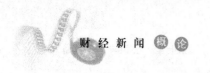

中观和微观的意识,其中,中观的视野主要就是指"行业和周期"。因此,加强行业的报道,做到公司报道与产业报道的结合,将完善公司与产业报道的方方面面。

2009年《第一财经日报》策划了十大行业景气度调查,从版面上加强了对行业的报道。由此我们可以考虑,报纸版面上可以设置一些常规性行业报道栏目;也可以设置一些行业性的专题报道,可以根据宏观经济政策和趋势,策划及时的行业性专题报道,如2008年金融危机带来的投行业趋势分析;还可以通过一些问卷调查提前把握行业内的动态,比如可以策划年度或半年度的企业领导者问卷调查来了解领导们对行业的预期与展望,并以此预测行业内未来的发展情况等等。因此,无论是报纸编辑还是记者,都要有意识地做好新闻策划,增强公司与产业互动,建立行业意识,使得公司与产业的报道越来越成熟与完善。

(四)公司与产业报道的国际化和国际公司产业新闻的本地化

随着我国国家地位的逐步提高,更多的国外企业与我国的经济命脉紧紧相连。经济的全球化必然带来公司与产业报道的国际化。因此,我国公司与产业报道一定要注意与国际接轨,尽量要做到公司与产业报道的国际化和国际公司与产业新闻的本地化。

近年来外企在我国危机事件频发,在民众中影响较大。如2009—2010年"丰田召回门"事件,自2009年8月28日凌志ES350事故导致一家四口丧生,丰田就陷入召回门事件危机中,这件事对汽车行业有什么影响?丰田因一味地追求市场规模,忽视了质量安全而导致危机事件发生,必然会引起其他厂商的警醒和借鉴。美国政府会不会趁机打击日本汽车在美国的市场,树立美国的第三大品牌?这也是非常有可能的,毕竟丰田阻碍了美国本土汽车企业的发展;那这起事件对我国汽车有什么影响?由于丰田"召回门"事件将引发汽车行业新一轮的竞争,对国产汽车行业来说,是进入国际市场非常有利的机会,但中国自有汽车品牌尚不成熟,且经验缺乏,能否争夺丰田的客户资源存在一定的困难。国产汽车要发展,也必然会从丰田事件取得经验教训,质量与销量哪个更重要?一味地追求低成本和高销量,显然是丰田陷入"召回门"的重要原因之一。这些事件带来的反思我们都比较了解,但如何才能将这些报道更全面更生动地展现给受众呢?这就需要记者做大量的准备工作,时刻关注这些事件的进一步发展情况,将国际的公司与产业内容报道成具有中国特色的、满足中国受众需求的、受众易于接受的新闻。又如2009年以来,美国、欧盟等纷纷对我国出口设置反倾销、反补贴的贸易壁垒,随着我国经济的发展,这种贸易壁垒就越来越严重,最重要的是每一次贸易争端的背后都涉及不少国内企业。因此,公司与产业报道中对企业的出口、国际合作等给予高度关注,在报道的时候注意从国际或全国的新闻中找到一个本地化的视角,适于让读者接受。

公司与产业报道记者很辛苦,不但要掌握较多的财经知识,还要时刻把握好需要报道的内容,报道前后费尽辛苦,但也正因为这样才能写出好的报道出来。在内容上的报道,做到以上四点,还需要明确一点,"我们在思考公司与产业报道的时候,我们需要多考虑人和过程而不是机构以及机构的正式代表（穿西装的人）①"，反复思考这句话，就是我们在报道时需要关注生动的人与动态的过程，而不是机械的事件。这点是我们需要向国外相关报道借鉴的。

二、公司与产业报道的结构需要注意的问题

当记者做到了以上要求，再加上编辑的策划等就能使得读者能看到一篇满意的文章，但是我们不要忘记了，版面的安排也是体现公司与产业报道的另一方面，好的版面安排意味着有好的策划，好的策划意味着会为读者呈现出更合理的内容安排。因此，公司与产业报道的报道结构也是十分吸引读者的一个关键。

从世界财经报纸的情况看，与我国财经报道联系最为密切的应属《华尔街日报》（亚洲版），它在中国享有很高的声誉，华尔街报体也是近年来财经媒体记者学习的对象。第一财经日报社产经新闻中心主任杨柏国曾做过《华尔街日报》（亚洲版）产经报道研究，他发现：从报道的形式上看，"《华尔街日报》（亚洲版）在政策、市场、产业、公司之间没有绝对的分界线，很多新闻呈现出'你中有我、我中有你'的状态，把政治、政策、宏观经济等对市场、产业、公司、消费者的影响更紧地结合起来，具有良好的纵深感"；从报道的数量分配上看，"《华尔街日报》（亚洲版）常规有32个版，其中冠以'公司新闻'为版面的有3个左右。但是公司与产业类的新闻的实际数量远不限于3个版，头版新闻和财经版面里也会有不少公司新闻"；从报道公司地位上看，"报道基本上都是各个行业的'龙头公司'"。②

杨柏国的研究成果更说明了《华尔街日报》（亚洲版）的公司与产业报道的结构安排是非常值得国内财经新闻从业者思考的。从报道形式上看，一般来讲，公司与产业新闻也没有明显的分界，但目前我国财经媒体上公司与产业报道与其他报道出现条块分割的局面，并没有形成《华尔街日报》（亚洲版）的"你中有我，我中有你"。同时，国内的很多报道容易忽略消费者的感受与反应，只是机械地将此事件在国家背景下如何发生如何表现进行铺叙而已，因此《华尔街日报》（亚洲版）的报道形式是我国财经报纸在报道公司与产业新闻需要学习的地方。

从报道的数量分配上看，《华尔街日报》（亚洲版）所报道的公司与产业，是按照《华尔街日报》网站的行业分类的，能源、汽车、科技与互联网、消费品与服务等都是报道的重点，占70%左右，而在国内，很多杂志报纸并没有做到合理的版面安排，甚至有时候因为这一期某类行业稿件较多，就出现了通篇都是关于一个行业报道，这在报纸，尤其是每天都急需大量稿件的日报最为明显，如2009年4月6日的《新京报》，通篇32版，竟有三分之二的版面在讲汽车行业，比例上明显有失调之感。

各行业的"龙头公司"一般都是报道的重点，从这方面看，这是国内财经媒体做得比较好的地方，但不能完全照搬国外所谓的重点行业和龙头公司，还要考虑我国特殊的国情，如国

---

① 安雅·谢芙琳、格雷海姆·瓦茨：《当代西方财经报道》，上海：复旦大学出版社，2007年，第20页。
② 杨柏国：《公司产业报道之基本面探析》，《新闻记者》2010年第2期，第57页。

家对民营企业发展的重视意味着草根民企将更活跃地出现在财经报道中,还要关注新政策下的企业发展,如华谊兄弟的创业板上市,这就意味着《国家"十一五"振兴规划纲要》明确提出振兴文化产业之后,文化传媒领域内公司与行业相关事件就成为报道重点了。

三、公司与产业报道的记者需要注意的问题

做好公司与产业报道,需要明确报道内容、做好报道的版面,前提条件还是需要记者能够提供出优秀的稿子,这就需要对记者进行严格的要求。公司与产业报道记者不但要掌握很多行业内的财经知识,成稿时要注意写法,更要谨防自己的采访心理被对方抓住,从而沦为为对方宣传的工具。

(一)学好行业财经知识

只有了解、熟悉、甚至精通该行业的财经知识,才能在解读报表、大盘等其他财经专业资讯时有强烈的敏感性,能够做到随时抓住关键新闻,并能挖掘出很多故事,以新闻的方式解读经济状况并呈现给读者。对于财经新闻工作者来说,新闻专业知识和能力固然是其不可或缺的部分,而如会计、证券等其他行业方面的知识与能力也是十分重要的。如记者要具备起码的会计常识,公司与产业报道记者必须掌握十大财务指标:主营收入、毛利和毛利率、三项费用和营业利润、应收款式和坏账准备、存货和跌价准备、长期投资的比较"玩法"、在建工程和利息资本化、未分配利润和留存收益、负债和有息负债、现金流量保障倍数。每个财务指标代表了什么意思,从什么地方可以看出公司的漏洞。如果是报道涉外企业的记者,中英文对应的财经词汇要转换自如,才不至于一开口就被专业人士视为无知。2007 年,中国开始实施新会计准则,记者必须注意时时更新知识,以适应这种因标准改变而给公司业绩带来的变化。但是,毕竟记者由于年龄、经验等问题对行业内的专业知识掌握有限,向老记者虚心发问、勤奋学习是记者必须完成的一项功课。

(二)人物与数字结合

一篇公司与产业报道,要有活灵活现的人物,还需要一些数据提升整篇报道的专业性,最重要的是还要将二者结合起来,报道才算有血有肉。

公司与产业报道里面的人物,包括记者本人、官方信息源、政策制定者、直接参与者、被事件影响的没有直接参与的人、分析师等。记者本人就是以第一人称写,这种稿子在国内比较少见,我国的公司与产业报道看起来都比较专业,人物的融入使得专业中带些柔和,如果以第一人称描述,只有资深记者用其深厚的财经知识才能既保证专业性又让文章看起来易于接受。"中国旅游研究院 2010 年 4 月 7 日发布,一季度游客满意度排名沈阳居首",这里中国旅游研究院就是官方信息源,国外会喜欢将这个信息源落实到具体的人身上,而在国内,通常中国人民银行宣布、统计局发布等是常见的官方信息源的字眼。同样,政策制定者方面,如果是国家的相关政策制定,更易使用某某部门,而如果是公司有一个政策要出台,记者更喜欢说某某公司的总经理。直接参与者是指参与整个事件过程中的人,比如公司并购中的员工、实施重大经营成果的负责人等等,而被公司措施、行业影响的人则从旁观的角度

来描述如何看待这些事件,更使得读者有平易近人的感觉。分析师则是影响整篇报道的关键,尤其是财经知识不深厚的记者,更喜欢在摆一些数据之后,加上一句,分析师认为……

数据很重要,常用的数据类型有分数、百分比、指数、人均、比例,还有趋势、季节性调整、权重等。用数据代表一些事情,100 名员工、3 起事故等等,则显得简单明了;用数据进行比较是记者最愿意做的事情,如 GDP、CPI 增长了百分之多少,这时数据就是讲述变化的工具。一般在写作中使用数据的规律是"什么类型的统计数字对理解该主题是最基本的? 如何在进行写作和编辑的时候运用数字?"[①]尤其要注意的是,新闻导语中尽量不要出现数据,不得不出现数据以说明情况时,最多不超过 2 个数据,因为导语需要讲明 5W＋H 的地方,而不是数字。

再回到第一节中引用的网络游戏的报道:

> 在美国上市的中国网络游戏股,于当地时间周一出现股价集体跳水,一共七家公司的总市值加起来减少了 10 亿美元。"尽管盈利能力较传统行业高出许多,但网游股在美国仍属于很容易波动的股票。"艾瑞分析师赵旭枫昨天评论说。

导语仅仅用了一个数据描述了当前的状况,并引用分析师说的话,将人物与数据很好地结合起来。报道中用的数据仅仅是在美上市的中国游戏股下跌的情况以及引起下跌导火线的公司盛大游戏和完美时空第四季度的情况,并在文章最后用数据描述了花旗和摩根对盛大目标价的下调额度。从整篇报道看,虽然该记者的财经知识还有些欠缺,但是其数据的巧妙运用和分析师的配合使用,为报道增色不少。

(三)谨守客观报道,谨防报道陷阱

在三鹿事件中,尽管在《东方早报》之前有很多记者报道过,但他们的文章中并没有指名是三鹿集团奶粉所致,简光洲的报道是第一篇指名怀疑三鹿集团的文章,也因此成为引发三鹿案件风波的第一人。他曾在博客中写道:"我在采写这篇可能会让三鹿集团遭受灭顶之灾的问题奶粉报道时,曾经有过长时间的犹豫和很多的顾虑。在写作的过程中,我一直在为要不要直接点出企业的名字而苦恼,因为在没有确切证据前,如果对该奶粉品牌点名的话,不但会给企业带来巨大损失,也可能会招来企业的'缠诉'。"这再一次提醒记者要时刻遵守记者的专业操守和道德操守,谨慎客观报道。当然随着我国新闻媒体市场越来越成熟,新闻从业工作者经过改革的洗礼,谨守记者守则自用不说,关键是还要防止被人利用。

公司与产业报道记者要充当风险探测器,这种责任是因为受众在读报道时更关心的问题是这条消息会使自己所持有的股票增值还是贬值? 到底该继续买进还是卖掉这家公司的股票? 同时记者也迫切需要一些采访对象以证明自己的实力,这就容易让记者在从业的过

---

① 安雅·谢芙琳、格雷海姆·瓦茨:《当代西方财经报道》,上海:复旦大学出版社,2007 年,第 128 页。

程中迷失。如公司并购在没有最后尘埃落定之前,各方都企图利用媒体造势,一不小心就成为了公司宣传自己的工具;而在新产品发布的时候,当然也常有关于这些新产品的舆论、泄密、传闻等等,记者要是有些偏倚或是意志不够坚定,就很容易被公司利用,成为骗局的传播工具。当然也有记者判断不清而被影响的,如安然事件就是一个典型的例子。

本章小结

1.公司与产业报道的概念,要注意商业新闻与公司报道、公司报道与产业报道的关系。

2.公司与产业报道在财经新闻报道中的地位:公司与产业报道的内容是宏观经济报道的缩影;与其他财经报道内容共同影响行业发展;与其他财经报道内容共同影响公众的选择。

3.公司与产业报道的主要内容涉及两大问题:一是报道哪些公司与行业;二是报道某一公司的具体什么内容。中国所有的上市公司、和中国密切相关的世界500强企业以及在各个行业中位居前列的非上市公司及创新类企业,譬如创业板中的公司,都是值得报道的公司与行业;而上市、退市、并购、重组;财务报表;股权变动;管理层变动;融资;重大经营举措;市场结构变化;研发和技术;公司治理;外部因素,如监管、宏观经济等给公司造成的影响则是报道某一公司需要关注的内容。

4.公司与产业报道的方法与策略上要注意两个方面,一是要注意报道内容上需要确定新闻主题,紧抓行业动态,善于发现"隐形冠军";充分利用网络,做好采访前和报道后的工作;做好新闻策划,建立行业意识并增强公司与产业互动;公司与产业报道的国际化和国际公司与产业新闻的本地化。同时,身为公司与产业口的记者,也要时刻注意随时学习,学好行业财经知识,在报道时要注意人物与数字的结合,最重要的是一定谨守客观报道,谨防报道陷阱。

思考题

1.如何理解公司与产业报道。

2.谈谈公司与产业报道在财经新闻中的作用。

3.如何理解公司与产业报道的内容,举例说明。

4.要想成为一个优秀的财经记者,需要哪些知识储备和能力?

5.找一个公司与产业报道的新闻,试分析它包含了哪些内容。

第八章 财经新闻评论写作

财经新闻评论属于新闻评论中的一个分支,它是针对新近发生的财经新闻事件或者人们普遍关注的财经现象和问题发议论、讲道理的一种新闻文体,既具有新闻评论的一般特点,又具备财经领域的专业特色。和一般的财经新闻一样,专业性和通俗性是财经新闻评论写作的两大基本特点和难点,但作为评论,它又有着和财经新闻报道不一样的文体特点和写作技巧。那么,财经评论在财经新闻中占据着一个什么样的地位?财经新闻评论写作又有怎样的具体要求?在写作上又有哪些技巧可以注意?这是本章中将要阐述的主要问题。

财经新闻评论在财经新闻报道中的地位

财经新闻评论的特点

财经新闻评论的写作技巧

由于经济在世界各国发生着越来越大的影响,有关经济的新闻报道以及相关的评论也就成为新闻中引人瞩目的一个重要部分。由于经济问题具有相当的专业性,很多的财经现象、财经政策出现后,需要有专业的经济人士加以解读、分析,才能为公众充分认识、了解。

世界发达国家的财经新闻都有一个评论与新闻报道相辅相成发展的过程,我国也不例外。自 20 世纪 90 年代财经新闻兴盛以来,财经新闻评论也逐渐为受众熟悉。财经新闻评论不仅以传统的报纸、杂志、广播、电视的方式存在,而且还借助新技术、新媒体的发展势头,以博客、微博等方式突飞猛进,演绎了"经济学帝国主义"的中国版。

第一节 财经新闻评论在财经新闻报道中的地位

财经新闻评论在财经新闻报道中的地位依据经济在一个国家、社会、企业家以及普通民众中的地位来决定。当经济已经成为人们生活中的阳光、空气、水一样的元素的时候,财经新闻评论就成为财经新闻报道的重要方面,就会成为社会关注的对象。从我国情况看,自上世纪 90 年代初我国建立了沪市、深市两个资本市场开始,首先是股民开始关注国家主流媒

体的相关评论,到上世纪末住房商品化以后,有关房市的评论也开始渐渐为公众关注。到最近几年,股市、债市、房市、人民币汇率、利率、理财产品、黄金、石油、粮食、兼并收购以及国家产业政策等财经领域里几乎所有板块的评论都开始受到关注,一些财经媒体及其评论专栏、财经评论员开始形成品牌效应。

一、财经新闻评论是财经新闻中最重要的常规报道形式之一

消息、通讯和评论,是新闻的三大常规报道形式,评论被誉为"报纸的元帅"。对于评论在新闻报道中的重要地位,有诸多学者专家曾经详加阐述。中国新闻史研究的拓荒者戈公振曾在其论著《中国报学史》中论道:"报纸不仅报告事实,对于重要问题,且独立加以评论,且其评论乃以个人之丰富知识为依据,有时可以超越普通仅由事实观察者之意见,甚至超越一报纸之意见因而成为一般公众之意见,是即谓之舆论。"①媒体意见进而可引领公众意见,由此可见评论之威力。美国新闻学家约斯特也曾在其《新闻学原理》一书中形象地阐释评论的作用:"新闻是报纸的身体,它表示出报纸的形式及外貌,而社论则是报纸的灵魂,要是没有灵魂,身体就等于木乃伊了。"

新闻评论属于高级新闻写作,从长期的新闻实践历史来看,新闻评论写作者多为高级新闻工作者,而中外许多著名的新闻工作者都是写新闻评论出身的,像王韬、康有为、梁启超、谭嗣同、章太炎、李大钊、邵飘萍、张季鸾、鲁迅、邹韬奋、邓拓、徐铸成、李普曼等都是著名的新闻评论家。

财经新闻评论不仅具有一般新闻评论的价值,在财经新闻报道中更是占据着核心地位。贺宛男在《财经报道概论》中指出,"评论多、调查多、分析解读多"是财经新闻报道的突出特点,其中的"分析解读"又可以看做是一种观点式报道。"在国内,把单纯的财经信息整合为对读者经济生活、经济行为有一定指导作用的观点性财经新闻,已经成为新兴纸质财经媒体努力的方向。""正是通过大量鲜明、理性而又具有指导性的观点性财经新闻作品,《经济观察报》、《21世纪经济报道》、《财经》杂志等新兴财经报刊一经问世即占据市场高端,并取代传统经济类报纸,登上主流财经媒体的'宝座'。"②评论在财经新闻报道中的地位可见一斑。

二、财经新闻评论是财经媒体核心竞争力的重要体现

评论在今天已成为各类媒体日益重视和青睐的报道形式,这其中的重要原因是因为独家新闻的价值空间在信息时代已经大打折扣。随着媒体竞争程度的日趋激烈和传播技术的飞速发展,尤其是移动通讯和网络技术的普及,媒体对新闻事件的报道呈现出全球范围内的即时化和同步化特点,使独家新闻报道的时效性优势已风光不再,媒体转而追求的是对纷繁复杂的新闻事件的深度分析和独家判断,这就是当今各类媒体普遍呈现评论化、分析性的最重要的原因所在。在当今资讯泛滥的时代,只有对事实、现象和问题的深度分析和独特见

---

① 戈公振:《中国报学史》,中国新闻出版社,1985年版。
② 袁达珍:《观点,财经纸媒的第一卖点》,《传媒观察》,2007年第6期。

解,才能使媒体拥有在某一领域独有的话语权,进而形成自身的核心竞争力。

重视评论分析已是当今媒体报道的普遍倾向,而财经领域极强的专业性决定了分析、评论和阐释,即观点和见解在财经报道中具有比其他领域报道中更为重要的作用,这也是为什么在财经报道中"评论多,调查多,分析解读多"的原因所在。"评论和分析解读最重要的就是出观点,出见解。""为什么财经报道要在'出观点'上大做文章?因为每一项投资活动都会受到多重因素的影响,宏观的、微观的,国际的、国内的,政策面的、基本面的、技术面的等等,投资人面对大量信息,由于知识结构和自身条件所限,通常很难把握众多信息背后的实质。"①

正因为如此,众多财经媒体都设置了自己的评论专栏或者评论专版,并在此基础上逐渐形成推出了自己的首席评论员、特约评论员等,形成了各自的评论风格和品牌效应。如《经济观察报》自 2000 年创刊以来一直坚持自己每期的"社论",同时还有"观察家"、"商业评论"等评论栏目;《21 世纪经济报道》在第二版设有"时论"专版;《每日经济新闻》有二版的评论版,叶檀作为该报的首席评论员,已经是颇具影响力的著名财经评论员;《证券时报》辟有评论专版,有主评、第一评论、快评、声音、媒体精评等。而创刊于 1998 年的《财经》不仅有自己的"社评",还有担任财经主编十余年的胡舒立亲自执笔所写的"财经观察",影响很大。其"观点评述"、"财经论衡"以及其他具有翔实分析的深度报道都体现出对分析评论的特别重视,而这也和其揭黑报道共同形成了《财经》这本国内顶尖级财经类杂志的核心竞争力。

胡舒立在 2009 年底带领原《财经》杂志的核心团队接手《新世纪》周刊后,将原《财经》杂志在评论上二的特色全面复制到《新世纪》周刊的采编制作中。原《财经》杂志的"财经观察"变身为《新世纪》周刊的"舒立观察",还有"财新论衡"以及一系列评论专栏,都延续了胡舒立团队此前在财经新闻领域的"独立、独家、独到"理念,使《新世纪》周刊很快就声名鹊起,胡舒立团队得以重铸辉煌。值得一一说的是,《新世纪》周刊还新设了"编辑絮语"栏目,每期三五百字,由各期的值班主编将编辑该期内容的……一些感想加以简要叙述。这些主编,都有长期的财经新闻采写、编辑、评论经历,对国内外财经形势有全面、独到的见解,因此,他们的"编辑絮语"有一种厚积薄发的功力,常常在不经意间发人深省,令人感慨唏嘘。下面这篇《末日抉择》就是周刊副主编凌华薇在 2012 年 12 月 24 日《新世纪》周刊"编辑絮语"栏翻中发表的:

末日抉择

最近我对官商关系的故事产生了些许倦意。这样的故事总是太雷同,比起商业关系,权钱交易很难达到创新和共赢,往往变成赤裸裸的掠夺和瓜分。

与年少时相比,我已相当理解企业家在这个生态环境下的辛酸和无奈。但内心深

---

① 贺宛男:《财经报道概论》,复旦大学出版社,2009 年,第 34 页。

处,我仍愿相信,人可以有选择,选择决定命运。可是,不是所有人都愿意保留这份"自由"。

或是寻找商业机会的突破,注入润滑油,推动齿轮运转;或是遇到难以逾越的问题时,无奈寻求保护伞。

在一个公权力不受约束、甚至以此作为优势的模式中,裙带资本主义有其无穷的吸引力:游走在权力和市场之间,享受走捷径的快感,加上市场提供的杠杆。纵情放大回报,不断加大权钱交易的代价,最初的梦想,渐渐被打上了新的烙印,面目全非。

权力终有保鲜期,一朝变质,随之而来的风险,可以使得建立一家百年老店的努力毁于一旦。

太多案例可以证明,一旦达成交易,浸润发生,产生化学变化,你渐渐变成了自己最初厌恶的那个人。

追求更市场化取向的改革,提高现有司法体系专业水平和公信力。确定公权力的合法边界……这些改革并没有那么远那么难。同时,从己做起,变化不总需要自上而下,从今天起,做一个心灵自由、思想独立、追求真善美的人。

当你看到这份杂志时,2012年12月21日已被证明不是末日。过后,你会如何抉择?

(作者:凌华薇,来源:《新世纪》,2012年第50期)

中国改革开放事业发展到今天,既取得了令世人瞩目的伟大成就,也凸显出传统社会、原有体制的致命弊端。凌华薇作为我国著名财经记者,对中国财经界的问题有着深刻精微的,体察正因为如此,这篇500字出头的文章才具备了悲悯、犀利、温暖、积极的多重精神内涵,具备了"言有尽而意无穷"的意蕴。

"新兴纸质财经媒体凭借大量有分析有判断的重磅报道,确立了自己的市场地位,锁定了特定的读者群,也形成了独特的媒体特色。《经济观察报》以'理性,建设性'为办报理念,《21世纪经济报道》提倡'新闻创造价值',《国际金融报》深信'资讯创造财富'。"[1]不仅纸质类财经媒体热衷于做观点新闻,电视类媒体同样对评论青睐有加,香港凤凰卫视即是其中比较典型的代表,评论类栏目是其节目类型中的绝对主流,其中财经类新闻评论栏目《财经点对点》《金石财经》等都是知名度很高的评论栏目。财经新闻评论已经成为财经媒体形成自身核心竞争力的重要手段。

三、财经新闻评论是当今经济形势发展的迫切需要

资本市场的出现和发展,以及全球经济一体化的日渐深入,给我国经济发展带来了前所未有的机遇,也带来了前所未有的挑战。股票、债券、基金、信托投资产品、风投等,还有房

---

① 袁达珍:《观点,财经纸媒的第一卖点》,《传媒观察》2007年第6期。

市、黄金市场等,所有这些迅速成长的新生资本市场使我们面临的经济现象和交易行为都变得越来越复杂。处在转型历史时期的中国经济不仅给当代财经媒体提供了丰富的报道题材,同样,也使尚处于初级发展阶段的中国财经媒体面临巨大挑战。如何报道、解释、分析和判断日益复杂的经济现象和问题就成为当今媒体的一项重要使命,由此,以分析和观点见长的评论和解释性报道就显得尤为迫切和重要了。财经常识的大众普及,财经政策法规的解读,财经现象和问题的分析,经济发展趋势与风险的预测、预警,企业经济行为的监督,国际经济领域中的话语权争夺等,这些都是财经新闻评论和深度报道的重要功能。

同时,日益普遍和深入的民众经济活动也需要财经媒体的解读指导。民众对于经济活动日渐广泛和深入的参与,使财经新闻报道的受众群体急剧膨胀。据《上海证券报》报道,中国基民数量成倍增长。天相统计显示,2010 年基金半年报披露的基民总户数已经达到了4349 万,是上年年报披露的基民总户数的 4 倍多。如果加上截至 2010 年 9 月 4 日新发基金的有效认购户数,现有中国基金业存量基民数已经突破 5000 万大关,达到了 5268.2 万。

而根据中登公司的统计数据,2009 年年底时中国 A 股开户数为 7509.5 万,到 2010 年 6 月底 A 股开户数增加了 1880.3 万,达到 9389.8 万,增长幅度为 25％;加上 1500 万登记在中登公司的基金开户数和 223 万 B 股开户数,中登公司总户数达到了 1.11 亿。

北京市社科院新闻研究所一项关于首都媒体 2008 金融危机报道的问卷调查结果就显示,在媒体关于金融危机的报道体裁中,受众最感兴趣的是深度报道,以 73.57％的比例高居榜首,新闻评论以 58.29％的比例位居第二。这两类报道体裁都是以分析和观点见长,调研结果充分体现了受众在当今复杂多变的资本市场中需要得到专业分析与指导的强烈愿望,也从另一个角度凸显了观点性财经报道和财经新闻评论在普通民众日常经济活动,尤其是投资活动中扮演的重要角色。

第二节　财经新闻评论的写作要求

财经新闻评论作为新闻评论中的一个分支,它既有新闻评论的一般特点,又有财经报道的专业特色。随着财经报道的兴起,学界和业界关于财经报道的研究与教材编撰已经为数不少,但关于财经新闻评论的系统研究还是为数甚少,教材编撰也不多。已有的新闻评论教材对于财经新闻评论要么不提,要么简而又简,语焉不详;而经济新闻评论的相关教材数量少又过时落伍,因此,尽管财经新闻评论的实践历程已经和财经报道走过了同样的岁月,但关于它的理论研究却是大大落后,这对于财经新闻评论的写作实践来说确实是一大缺憾。

财经新闻评论和常规新闻评论中代表媒体编辑部意见的评论形式居多的特点不一样,在财经新闻评论中代表个人观点、个人署名的新闻评论在财经新闻评论中占据绝大多数,其作者群体呈现多元化特点:财经媒体人,学界专家,政府相关部门官员,业界有着丰富实战经

验和资历的经营管理者,民间投资人士等。而这其中,专家学者在财经评论界占据十分突出的地位,媒体在很多时候成为他们的发声平台,这主要是由于财经领域的高度专业性所决定的。同时,近年来民间投资人士也借助新媒体发出了自己越来越引人关注的声音。财经媒体也出现了众多知名的财经评论员,如叶檀现任《每日经济新闻》首席评论员评论版主编;时寒冰担任《上海证券报》评论版主编,并作为中央人民广播电台特邀嘉宾发表时事评论,现负责中国证券网的评论;水皮(吕平波)现任华夏时报总编辑;侯宁是《21世纪经济报道》特约记者、北京电视台《证券无限》周刊顾问、中央电视台财经观察员;牛刀是《深圳晚报》副总经理、《深圳特区报》地产主编、分众传媒副总经理等。这种高度个人化的评论方式使他们通过媒体迅速形成了自己的品牌效应,拥有着强大的市场影响力。

那么,媒体该如何选择、诠释和传播这些声音,是事关亿万民众口袋里的金钱财富的一件至关重要的大事。由此,研究财经新闻评论写作,其实是一件非常重要而迫切的事情。

那么,财经新闻评论写作应该遵循什么样的基本写作要求呢?

新闻评论是一种意见性传播,而新闻评论写作归根结底就是为了传播作者或媒体的观点意见,观点是新闻评论的传播宗旨,由此,新闻评论写作就是要调动一切表达手段,即贴切充分的论据、严密清晰的论证和简洁明晰的语言来证明观点的正确性,从而达到影响受众的目的。

就常规新闻评论写作来说,国内研究者就立论提出了几点共同的写作要求:"科学性、有新意、鲜明、全面、深刻"。但财经新闻强烈的专业性使财经新闻评论与一般新闻评论写作要求的侧重点明显不同,笔者认为,科学性、深刻性、公正性和指导性是财经新闻评论写作所应遵循的几个基本要求。

一、科学性

众所周知,专业性是财经新闻最为突出的特点,但此处不用专业性而用科学性来概括财经新闻评论写作的要求,主要原因在于此处侧重强调的是财经新闻评论分析判断的严谨性和正确性。在这里,科学性是指评论作者对于评述对象分析过程的严谨性和结论判断的正确性,这种正确性是可以被经济实践所检验的。经济有自身的发展规律,对经济现象的分析判断也就是寻求这种规律的过程。正如独立经济学家谢国忠所说,"判断经济只看对和错","不仅要看结果的对错,还要看原因的对错。""判断经济走向,关键在于发现其中的非理性因素。""经济本身有规律,但不管是股市还是其他经济领域,都存在着大量的非理性的、人为的因素,这些都是影响经济运行的东西,倘若你能看清楚,结合经济规律,自然能做出一个比较客观的判断。"[1]正确的判断可以对经济现实起到正面的指导作用,而错误的判断却可能误导经济实践和经济决策。由此,下一个什么样的结论,对于财经评论者来说,就成为一个需要慎之又慎的问题。

① 谢国忠:《经济自有规律 预测没有意义》,《北京晨报》,2009年12月10日。

经济学中有一个关于 $1+1<2$ 的著名例子。这个例子是说，如果某一农场主获得丰收，他的收入会增加；但如果当地所有的农场主的收成都打破纪录的话，他们的农场收入却会下降。这就是那个有名的合成谬误，这个例子其实是说明了市场上供给、需求与价格之间的关系，它体现了经济发展有自己的规律。如果我们按照 $1+1=2$ 的常识来给这个现象下一个判断，那显然就是错误的，也就是不科学的，因为它经不起实践的检验。这就是笔者这里所说的财经新闻评论的科学性的真正含义。下文举例说明。

王小鲁：直面收入分配恶化 不能躺在虚假数据上分析

长期以来，我国收入分配差距持续扩大，特别是灰色收入大量存在，严重影响了收入分配状况。但这些问题并没有从统计上如实反映出来，特别是对高收入居民的收入统计严重脱离实际，不仅低估了收入差距扩大的严重性，也造成不同统计数据间的严重冲突。下面是几个例子。

其一，据国家统计局公布的城乡居民人均收入和城乡人口数推算，2008 年全国居民可支配收入总额不足 13 万亿元，而同样来自国家统计局的资金流量表数据，却显示住户可支配收入总额为 18.2 万亿元。后者是根据经济普查得出的，应该比较全面。但这就证明居民住户收入统计至少遗漏了 5.3 万亿元，漏掉了居民收入的近 30%。类似情况已存在多年。如此严重的遗漏，还能认为是基本可靠吗？这一问题，《第一财经日报》在 8 月 30 日发表的《居民收入统计局两套数据打架 5.3 万亿元差距待解》一文中已有论述。

其二，与其他宏观统计数据比较，会发现遗漏远不止 5.3 万亿元。以 2008 年数据算，全国居民储蓄总额（收入减去消费）在 2008 年为 3.5 万亿元，而当年仅城乡居民在金融机构的储蓄存款就增加了 4.5 万亿元，加上居民当年购买商品住宅支出（扣除银行贷款），在股市、债市和实体经济的投资，手持现金等，实际的居民储蓄应该在 11 万亿元～11.5 万亿元之间（未计算居民在国外的存款和投资），是按居民收入统计数据计算的 3.5 万亿元储蓄的 3 倍以上。上述计算依据的都是国家统计局公布的数据，这类数据冲突近些年来一直存在。

其三，按人均可支配收入水平算，根据统计，2008 年城镇居民人均收入只有 1.57 万元；其中 10% 的最高收入家庭，人均也只有 4.36 万元。这样的人均收入是如何支撑当年 2 万多亿元商品住宅销售的？是怎样把房价炒上天的？就算只有 10% 的最高收入家庭能够买得起房，这部分人的当年收入合计只有 2.3 万亿元，在买了 2.1 万亿元的商品住宅之后，他们吃什么？喝什么？拿什么钱买汽车？拿什么钱出国旅游？新存入银行的 4.5 万亿元私人存款又是哪来的？

（作者：王小鲁，来源：《第一财经日报》，2010 年 9 月 6 日）

这是从该篇评论中节选出的一段文字。其论点是：灰色收入大量存在，收入差距被低估。论据主要是一系列统计数据。在论述中，作者分别引用统计局的统计数据从三个层面证明自己观点的正确性：

其一，2008年全国居民可支配收入：统计局的两套数据证明居民收入统计遗漏了5.3万亿；

其二，2008年全国居民储蓄总额：统计局关于全国居民储蓄总额的增加甚至远远低于当年居民在金融机构的储蓄增加额；

其三，2008年人均可支配收入：统计局的数据显示出来的人均可支配收入完全无法支撑当年的巨额住宅消费和其他如汽车之类的消费需求，也完全无法解释居民储蓄额的增加来源。

最后得出令人信服的结论：灰色收入大量存在，收入差距被低估。

这段评论文字集中体现了财经新闻评论写作的科学性。这不仅体现在其引用论据（数字）的确凿上，也体现在其论证过程的严谨性（利用数据之间的自相矛盾分析问题），还体现在他在确凿的数据引用、严谨的分析论证之上所得出结论的无可辩驳性。这就是我们所说的财经新闻评论写作的科学性。

科学性是建立在对经济学理论和经济规律的理解与尊重，建立在对于经济现象的准确深入分析，通过严谨的写作态度才能达到的，对于财经新闻评论来说，这是一个很高的要求，但也是一个基本的要求。

二、深刻性

深刻性是财经新闻评论写作的突出特点之一，也是其写作的基本要求之一。专业性强是财经领域众所周知的特点，而评论写作又属于高级新闻写作，要求比消息报道写作拥有更丰富的财经专业知识、更强的写作能力和洞察能力，两相相加就使财经新闻评论的写作具有着比其他常规新闻评论写作更突出的深刻性要求。它不仅需要解读大量普通受众不懂的经济学概念和理论，更要在种种纷繁复杂的经济现象背后去发现问题，寻求本质，把握规律。

资本市场是财经新闻报道的核心领域，"为什么财经报道要在'出观点'上大做文章？因为每一项投资活动都会受到多重因素的影响，宏观的、微观的，国际的、国内的，政策面的、基本面的、技术面的等等，投资人面对大量信息，由于知识结构和自身条件所限，通常很难把握众多信息背后的实质。"[①]财经新闻评论写作就是通过对这些方方面面因素的分析，透过复杂的经济现象把握其背后的实质，进而为受众的投资行为进行点拨。下面以2008年金融危机报道中媒体关于金融危机根源的分析为例来说明这一点。

对于2008年金融危机的根源，我国媒体的认识是逐渐深化的。但正是由于最初认识的肤浅，致使国际上以美国为代表的西方媒体抛出了金融危机"中国责任论"，指责是由于中国

---

① 贺宛男：《财经报道概论》，上海：复旦大学出版社，2009年，第34页。

的高储蓄破坏了全球的经济平衡，从而导致了金融危机的爆发。尽管我国媒体后来及时给予了反驳，但在国际经济舞台上的话语权争夺中显然陷入了被动。由此可见，能否深刻认识金融危机并通过媒体有效地传递自己的声音，在今天已经关乎一个国家的国际话语权问题。

"中国责任论"站不住脚
——关于当前国际金融危机的深层次原因分析

2008年，源自美国次级抵押贷款市场的金融动荡迅速演变为波及全球的金融危机，各国经济均遭受到不同程度影响。关于此次金融危机的原因，2008年年底的二十国集团领导人峰会所发布的《华盛顿宣言》已有明确结论，世界各国就这一点已经达成共识。但是，就在世界各国联起手来共克时艰之时，我们却听到了一种非建设性的声音。西方某些学者和政客在媒体上抛出言论，指责中国和其他国家的高储蓄助长了美国的过度消费和资产价格泡沫的形成，并声称以中国为首的亚洲国家的高顺差才是本次金融危机爆发的根源。这种观点是极其荒谬和不负责任的，必须予以澄清，否则将不利于加强国际合作、反对贸易保护主义、共同应对危机。

关于此次全球金融危机的原因

1. 宽松的货币政策和赤字财政刺激了美国居民的过度消费和金融机构高杠杆运营，造成了资产价格泡沫。

2000年，美国网络经济泡沫破裂。为刺激经济，美联储13次降低联邦基金利率，直至2003年6月至2004年6月的历史最低点1%，这使得企业、金融机构和居民能够以十分低廉的成本进行融资和借贷。房价的持续上涨使美国居民相信，购买房屋是无风险的投资，对住房的需求大幅膨胀，进而促进了债务大量增加、金融机构杠杆率提高，导致金融市场的资产泡沫迅速膨胀。过高的资产价格引发的"财富效应"，又进一步刺激了美国的过度消费。

除了货币政策，美国所实施的赤字财政政策和大规模减税计划，在刺激经济增长的同时，也为资产价格泡沫的膨胀留下了隐患。2001年之后，美国政府一方面进行大规模的减税，推动居民消费增长；另一方面，发动了伊拉克、阿富汗两场战争，政府开支不断扩张。经济增长结构进一步失衡，直至危机爆发。

2. 以自由为核心的监管理念、监管制度的漏洞和监管手段的不足使金融体系的风险逐步积累，是导致此次危机的重要原因。

发达金融市场的决策者和监管当局没能充分评估并消除金融市场不断积聚的风险，未能及时跟上金融创新的步伐而采取有效的监管行动。长期以来，美国奉行自由市场经济，过于相信市场的自我约束和自我调整能力，主观上造成了金融监管的缺失和松懈。2005年5月，面对质疑衍生品泛滥、要求美联储介入次贷监管的舆论，时任美联储主席的格林斯潘认为，金融市场自我监管比政府监管更为有效，坚决反对政府加强金融

监管。而 2008 年 10 月 23 日,格林斯潘在国会就金融危机作证时,不得不承认当初"假设那些自利的银行等机构,有意愿也有能力保护其投资者、银行的资产以及银行的生存"而反对监管金融衍生品的做法存在"部分错误",承认缺乏监管的自由市场存在缺陷。

另外,美国金融监管体系也存在漏洞,导致监管的错位和滞后。1999 年 11 月 4 日《金融服务现代化法案》通过以来,美国金融业进入了创新迭出的混业经营阶段,但金融监管仍沿袭旧有的体制,没能跟上金融创新的步伐。在金融危机爆发前,美国金融业的一些领域存在重复监管,但另一些领域却存在监管真空,监管机构很难实现有效协调。举例来说,有多个部门负责银行业的监管,但对冲基金、私募股权投资基金却处于监管真空区。

从监管技能和监管手段上来看,也存在很大的缺陷。金融创新导致风险分布日益不透明,对风险集中程度的识别、分类、评估日趋复杂,风险测量越来越难。大量金融衍生品场外交易导致金融机构表外业务不断增加,金融机构会计报表的透明度和各项数据的准确性大打折扣,尤其是衍生金融产品的市场真实价值和因此产生的损益情况。金融监管当局没能及时对金融体系的风险进行正确的判断。

在次贷危机爆发逾半年之后,美国政府承认了监管上的漏洞,并努力弥补。2008 年 3 月,美国财政部拿出了一份金融监管改革蓝图,其核心是加强美联储在审慎性监管中的主导地位。

3. 金融机构的治理结构存在缺陷,漠视风险控制,追求短期利益,缺乏制衡机制,为危机的爆发埋下了隐患。

主要发达金融市场的著名金融机构在公司治理和风险管理方面存在严重缺失。一些董事会成员由 CEO 没有任何行业经验和专长的好朋友组成,不能对这些机构的战略定位和业务发展模式起到有效的指导作用,对管理层缺乏足够的约束能力,对有效风险管理和内控制度的建设没有起到积极作用。这些金融机构的董事会放任管理层追求短期利润最大化而疏于对风险的适当评估和有效管理,甚至欺诈性的资产承销和经营行为在追求市场份额、业务增长和短期奖金的驱使下得到纵容甚至鼓励。金融机构对利益相关者和社会的诚信责任更是无从谈起。

这样"绅士俱乐部"般的公司治理,无法阻止高管层在短期利益刺激下过度扩张有风险的业务。实际上,在前几年金融机构普遍获利丰厚的压力下,不敢冒险的经理人就要面临被撤换的风险。风险的积累和爆发实际上来自于管理层或者主动、或者被动的经营行为。

4. 风险与收益不均衡的创新产品催生了金融危机,监管缺失的场外衍生产品加剧了市场动荡。

发起—配售模式下的证券化产品以风险承担和收益的严重不对称为特征,它催化了次贷业务的产生和迅猛发展,助推了宽松和欺诈性的贷款发放标准。基础资产发起人通过证券化赚取了高收益,却把基础资产中所有的信用和市场风险通过证券化转移给了遍布全球的债券投资者。次贷资产的迅猛发展、次贷类产品价格的大幅膨胀和破灭及其在全球范围内的传递是本轮金融危机的最直接原因。

以信用违约掉期(CDS)为代表的场外衍生产品,发展迅猛、规模庞大。CDS市场投机氛围严重,成为市场做空的重要手段。这个市场透明度低、交易对手风险大、风险不可预测且难以控制,因其属于场外交易、不受监管,监管机构对其束手无策。在本轮金融危机过程中,CDS市场加剧了市场的恐慌气氛,对危机起到了推波助澜的作用。

5.评级机构问题重重,是引发和恶化全球金融危机的又一重要原因。

由发行人付费的评级机构经营模式使评级过程存在严重的利益冲突,评级机构还为结构性产品发行人提供有偿的咨询服务(如结构化设计服务)进一步加剧了利益冲突。结构性产品的评级模型存在根本缺陷,模型和假设参数(其基础数据往往由发行机构提供)未经过完整的经济周期检验,对产品的评级过于乐观。在本轮由次贷引发的危机中,评级机构不负责任地给予很多产品较高的评级,并在短期内降低其评级导致金融机构大规模减记资产,直接助推了资产价格的螺旋式上升和泡沫的积聚,并加速了资产泡沫的快速破灭。可以说是次贷危机的主要始作俑者之一。

从评级的使用者方面看,道德风险问题长期存在。在全球范围内,很多规定都要求投资管理决定和风险管理做法要确保金融产品达到主要评级机构给出的一定水平的评级。这样做使得从业人员可以搭外部评级的顺风车,只要金融产品满足了门槛评级标准就无需担心其内在风险了。长期以来,发达金融市场习惯了这种做法,非常依赖于外部评级并为此感到自满。与感到自满一同滋生的还有投资经理产生惰性和马虎态度,不去质疑投资组合中投资产品的内在风险。使用评级结果的机构(基金经理、金融机构高管等)应该最终对其客户和股东负责,应对风险做出独立判断,而不是光把风险评估职能转包给评级机构。使用者对外部评级的过度依赖加重了信用评级的顺周期性,进一步放大了市场动荡程度。

此次美国次贷危机引发的全球金融危机是美国宏观经济政策失误和微观层面多方面错误共同作用产生的结果,这些才是导致金融危机的根本原因。(节选)

(作者:张健华,来源:《人民日报》,2009年1月14日)

该长篇评论借用专家的观点,从5个方面对此次金融危机的根源做了全面而深入的分析,在金融危机根源分析中是比较突出的一篇:1.宽松的货币政策和赤字财政刺激了美国居民的过度消费和金融机构高杠杆运营,造成了资产价格泡沫;2.以自由为核心的监管理念、监管制度的漏洞和监管手段的不足使金融体系的风险逐步积累,是导致此次危机的重要原因;3.金融机构的治理结构存在缺陷,漠视风险控制,追求短期利益,缺乏制衡机制,为危

的爆发埋下了隐患；4.风险与收益不均衡的创新产品催生了金融危机，监管缺失的场外衍生产品加剧了市场动荡；5.评级机构问题重重，是引发和恶化全球金融危机的又一重要原因。最终得出结论：美国"宏观经济政策失误和微观层面多方面错误共同作用产生的结果，才是导致金融危机的根本原因"。本文对西方媒体的"中国责任论"给予了有力回击。

《中国证券报》更在此前的 2008 年 10 月 22 日发表了题为《次贷危机的本质是过度虚拟化》的评论，认为过度自由化的虚拟经济导致资本的过度投机。没有实体经济基础和过度杠杆化的衍生市场将是一个危机四伏的市场，坚持虚拟经济应伴随实体经济发展而发展的方向，是美国这场百年不遇的危机给我们的最重要启示。

其他如《中国青年报》发表《张宇：新自由主义政策是金融危机最深刻的根源》（2008 年 12 月 1 日），《证券日报》的《两次金融危机教训》（2008 年 10 月 6 日），《上海证券报》的《混业经营并非导致金融危机根本原因》（2009 年 5 月 1 日），《证券时报》发表《国内银行家反思华尔街金融危机》（2008 年 10 月 7 日）。

由上述分析可以看出，国内媒体对危机根源的分析是多侧面、多层次的，深层原因的探求伴随着整个危机过程，认识过程也是逐渐深入，这一方面表现了资本市场的极端复杂性，另一方面也表现了财经评论写作的深刻性，但由于该问题的高度专业性和极端复杂性，财经评论的写作形式更多是借助于用媒体传递相关专家学者的观点。

深刻性并不等于晦涩难懂，或堆砌专业术语，而是指用通俗易懂的语言，透过现象看本质的一种认识深度。财经新闻评论员大多并不是经济学家，但他们必须具备对经济现象和经济政策的深刻体察和独到见解，必须能够与财经业界和学界的专家进行高层次对话，能够识别和判断那些富于真知灼见的观点言论，并能够用通俗易懂的媒体语言，将这些观点表达出来。

三、公正性

公正性是指新闻评论应该依据真实事实，坚持维护社会公众利益的立场，运用适度理性的语言，针对新闻事实或现象真诚地阐述自己的观点和意见。新闻媒体担当的是公共话语平台和社会公器的角色，"公正性"对于新闻人来说应该是其时刻坚守的职业道德准则和一生不懈追求的职业理想，而这对于财经报道来说显得尤为重要，这是由财经报道领域的特殊性决定的。

其一，资本市场的正常运作和健康发展高度依赖传媒的信息披露和严格监督。财经报道的核心领域就是资本市场，而从狭义上来说，资本市场即证券市场。由于信息披露和市场分析在证券市场中占据极其重要的地位，而财经评论员、记者和编辑等媒体人又深度参与证券市场的信息传播，证券市场与传媒关系之密切是无论如何强调都不过分的，甚至可以说，"一些专业性证券传媒本身，已是证券市场不可或缺的重要组成部分"。所以，拥有成熟市场机制和资本市场的西方国家，其传媒机构普遍对于媒体从业人员，尤其是资本市场报道记者的职业规范进行了严格规定，在个人金融利益的披露、持有或投资股票、买卖金融产品、内幕信息和短期交易等方面都作了详细而严格的限制,其目的就是为了防止记者出于个人私利而利用自己的信息优势影响市场的公平性。所谓"记者笔下万两金",就形象地说明了财经媒体之于资本市场的巨大影响力。由此可见,财经报道和财经评论的公正性对于资本市场的正常运作和健康发展是何等重要。

显然,我国的传媒机构还没有形成一套行之有效的、相对完善的关于财经报道从业人员的约束机制,国内很多著名的财经评论员常常被质疑为某个利益集团的代言人,这当是其中的重要原因之一。

其二,资本市场的信息不对称性要求财经记者把保护处于弱势群体的中小投资者利益作为自己的天职。在投资市场上,投资者有大投资者和小投资者,有机构投资者和个人投资者。作为财力雄厚的大投资者,很多都是上市企业的大股东,参与或者控制公司董事会,了解公司的核心机密,他们和中小投资者所能获取和掌握的信息根本不能相提并论。为了保护市场的公平,就必须保护中小投资者的利益。"为信息不对称中的弱势群体立言是财经记者的天职"[①]。

其三,处于社会转型期的中国,市场机制和资本市场都有待成熟,在这种条件下形成的种种利益集团很可能利用制度缺陷把自己的权力触角渗透到传媒机构,以达到影响乃至操纵舆论,进而保障自身利益的目的。随着我国资本市场的迅速成长,这种危险正变得日益突出。如果不及时进行监督和批判,大则可能危及我们的经济改革和资本市场的健康发展,小则可能对普通的投资者和消费者带来难以预料的经济损失。因此,针对所有干扰、破坏市场健康运行的力量进行深入分析和严正批判就是媒体和媒体人,尤其是财经媒体人义不容辞的责任和使命。这其中,财经评论由于鲜明的观点和深刻的分析起着举足轻重的作用。

不要为油荒找借口

我国的油荒是周期性的,每年必然进入阵痛期,今年愈演愈烈,成为延续数年的柴油荒之最,川陕交界绵延数十里的加油车,是对中国油荒损害经济效率的有力控诉。

目前油荒略有缓解,只要机制不改,一旦油价开始博弈,我们可以屈指盼望下一轮油荒的到来。

为油荒辩解的几个理由都站不住脚。

今年油价短期上涨不可能解释周期性油荒,更何况,全球原油价格目前正处于震荡期,并没有明显的上涨或者下跌。

所谓供需紧张更是无中生有。截至2009年年底,中国原油一次加工能力由2000年的2.76亿吨猛增至4.77亿吨,21世纪以来的十年,中国炼油能力激增72.8%,中石化已成为全球第三大炼油公司,中石油位居第八。据国家能源局等相关部门预计,2010

① 贺宛男:《财经报道概论》,上海:复旦大学出版社,2009年,第15页。

年由于全国将新增炼油能力2000万吨以上,成品油市场,包括柴油市场总体仍将供大于求。今年以来,中石油、中石化等炼化企业一度担心柴油产能过剩。作为炼油大国,中国产能绝不紧张。据国家统计局的统计,今年1~9月份,全国柴油的产量同比增长了15%左右,前九个月产能达到8900万吨,不存在产能不足的问题。

所谓民资炒作是寻找替罪羊,民营炼油企业处于无米下锅的饥饿状态,全国工商联石油业商会副会长韩宝林表示,目前全国民企的炼化能力大约在1亿吨,但现实情况是仅能获得5000万吨左右的"原料",普遍"饥饿",民企只能通过炼化下游的精细化工实现盈利,能供应市场的成品油有限。原料被控制、批发被控制,还要诿过于人,实在是机关算尽。就算油贩子囤油,能掀起多大的浪花,石油巨头自己囤油,还能有市场什么事?

拉闸限电与公路物流不是柴油荒主因,我国的公路物流今年没有激增,拉闸限电影响的是部分地区,不可能爆发全面油荒。

主因在于石油巨头对于产量与价格的迟钝,对于市场判断失误在先,有恃无恐自认为油荒无可畏惧才是主因。

在产能过剩的预期下,中石油、中石化两大巨头为了消化库存,开始加大出口,甚至不惜低价出口。来自海关的数据显示,今年前三季度成品油出口2102万吨,同比增长23.4%,其中9月份成品油出口209万吨,柴油出口36.81万吨,同比增长25.3%。同时,海关统计显示,9月、10月,成品油出口均价明显降低。早在今年5月,《第一财经日报》报道,两大巨头以低于国内成品油税前价10%的价格出口海外,同时在国内一再谋求上调成品油价。

油荒大面积爆发,石油巨头才开始手忙脚乱地进口,中石油向海外进口20万吨柴油以解燃眉之急。中石油方面宣称,11月19日,3.5万吨进口柴油正式到岸,即将投放柴油紧缺的沿海市场。

从历年情况看,我国大致存在以下几种油荒模式:油价大幅上升而成品油价不升时,油企会有赌气性油荒,主要表现在炼油厂大检修、市场只有求饶;过度储存型油荒,在油价节节上升、成品油价格上升时,油企笑逐颜开库存大规模增加,不料市场风云突变,只好扩大出口,而忽视国内的需求;还有逼宫型油荒,炼油企业亏损,油企就会借口成本上升,上市公司需要市场定价,减少对民间油商的批发,造成民间商人无油可卖,只能关门大吉。

本应成为中国经济干城的石油巨头紊乱了市场周期,加剧了通胀恐慌,降低了经济效率,让市场更不安全。

近日,全国工商联石油业商会上书商务部,建议培育多元化的石油市场主体,建立公平的市场准入制度,推动民营石油石化企业进入石油上中下游各领域;建立可交易的石油交易平台,希望大小企业都可以进行交易,从而放开石油进口权。在管理下的民营企业有序进入,开放民营大油企的进口权,是解决油荒的治本之术。

周期性的油荒是价格扭曲、价格迟钝、垄断的共同产物，玻璃天花板不破，油荒就不可能缓解。

一年年的油荒，怎么对得起高价购油者，怎么对得起寒冬中排几十里的队加油吃方便面的司机？

（作者：叶檀，来源：《京华时报》，2010年12月1日）

针对时下不断爆出的大面积油荒现象进行评论，体现了评论的时效性和针砭时弊的针对性。文章首先指出"为油荒辩解的几条理由都站不住脚"：其一，"今年油价短期上涨不可能解释周期性油荒，更何况，全球原油价格目前正处于震荡期，并没有明显的上涨或者下跌"；其二，"供需紧张更是无中生有"，文中列举了一系列数据雄辩地证明了我国柴油不存在产能不足的问题；其三，指出"所谓民资炒作是寻找替罪羊"；其四，指出"拉闸限电与公路物流不是柴油荒主因"，因为它们所影响的是部分地区，不可能爆发全面油荒。最后指出，"主因在于石油巨头对于产量与价格的迟钝，对于市场判断失误在先，有恃无恐自认为油荒无可畏惧才是主因"。接着用海关数据证明石化双雄在产能过剩预期的驱动下为了消化库存，开始不惜低价大规模出口成品油，随后在全面爆发油荒后又手忙脚乱地进口，令人信服地得出了结论："周期性的油荒是价格扭曲、价格迟钝、垄断的共同产物，玻璃天花板不破，油荒就不可能缓解。"

很显然，本篇评论是站在维护市场公平和民众利益的立场上，针对社会上诟病已久的行业垄断现象进行了尖锐的批判，评论的公正性被鲜明地呈现出来。

坚定地捍卫公众的利益，这是任何报道都应坚守的基本出发点，也是媒体的使命。业内人士认为，财经新闻记者要面对两个必须坚定去打的"敌人"：一是要坚定地监督公共权力的滥用，滥用公共权力实际上是对公共利益最大的损害；第二是坚定地监督特权商业，就像国内的大型垄断企业，大批的房产开发商，资本市场的内幕交易等。要时刻警惕媒体的声音沦为利益集团的代言，严重损害媒体公正性。

公正性是财经报道与财经评论写作的基本要求之一，这也为健康发展我国市场经济和资本市场提供了有力的舆论保护。

四、指导性

引导功能是新闻评论重要的社会功能之一，指的是新闻媒体利用言论影响舆论，进而对现实实践起到一定的指导作用。如果说实用性是财经新闻的重要属性的话，那么，指导性就是财经新闻评论写作的突出特点，由于其分析判断对于市场投资行为和政府决策部门的强大影响力而显得尤其突出。

财经新闻评论对现实实践的指导性首先体现在要对市场上投资行为进行理性引导，这种引导在资本市场动荡时表现得格外重要。

如2007年的"5·30印花税调整"事件曾引起当时众多股民，尤其是中小股民的激烈反

响。这起被众多股民称为"5·30惨案"的印花税调整事件,引发股市深挫并给大量股民造成了巨大的经济损失,导致了强烈的市场恐慌氛围。当时以三大证券报为代表的专业财经媒体在6月4日的同一天刊发社论:分别是《中国证券报》的《股市繁荣需要理性》,《上海证券报》的《策变势不变》与《证券时报》的《调整印花税是市场化调控手段》,从多个角度说明政府调整印花税的意图并不是打压股市,而是要引导市场树立长期理性投资的观念,是一个有利市场长远稳定发展的积极信号。这些评论在政府和投资者之间架起了沟通的桥梁,为恐慌不定的市场注入了一支强心针。

而人民网刊出《中国股市既要防泡沫也要抗打压"》的评论(2007年6月5日)站在平衡立场,在全面分析国际金融市场的复杂形势下,既指明股市中存在投机过重的非理性行为,也指出政府在出台具体政策时要慎之又慎,不能给外资以机会而使中小股民永远成为政策市的牺牲品,意见中肯而客观。

同样,在2008年,当A股市场仅用8个月的时间就由2007年的最高点6124点的历史高位跌落至2700点以下时,适逢金融危机席卷全球。在严峻的形势下,新华社于2008年7月1日发表题为《关于中国股市的通信》的重磅评论,表达了对于中国股市发展的坚定信心,引起了市场的高度关注和积极反响,被视为救市的积极信号。

由此可见,敏锐观察市场变化,及时就市场出现的重要现象和问题进行舆论上的理性引导,维护市场平稳运行,在关键时刻为市场经济尤其是资本市场健康发展起到引领作用,这就是我们对财经新闻评论写作的指导性要求。

其次,通过对政府出台的重要财经类政策进行细致、深入而准确的解读,尤其是对政策中所包含的趋势性和政策可能对市场行业所产生的影响的分析,为市场上相关各方的经济活动提供一定的指导作用。下面以媒体关于2011年中央货币政策的解读为例来说明这个问题。

中央定调明年货币政策:稳健并非紧缩

"'稳健'的内涵,是指货币政策介于宽松和从紧之间的一种中间状态,它意味着货币政策既要改变宽松的基调,又不能急刹车"。

2011年我国"松财政、稳货币"的宏观经济调控基调正式确定,基本符合市场预期。

3日召开的中共中央政治局会议向外界释放出重要信息:明年将实施积极的财政政策和稳健的货币政策。同时,增强宏观调控的针对性、灵活性、有效性。

转向条件成熟

为应对国际金融危机,中国自2008年第三季度开始实施适度宽松的货币政策,至今已有两年半的时间。2011年,货币政策调整为"稳健",是根据当前国内外经济形势的需要,对货币政策基调的又一次重大调整。分析人士认为,货币政策基调的转变,将有利于中国经济更加持续健康的发展。

"当前货币政策回归稳健的条件已经成熟。"业内人士指出,一方面,国民经济复苏的态势在不断巩固;另一方面,通胀压力不容乐观。央行调统司司长盛松成撰文指出,物价上涨已成为当前经济运行的主要矛盾,因此必须引导货币信贷回归常态,阻断通胀预期向现实通胀的传导渠道。

稳健意味中性

回顾近年来央行的货币政策可以发现,1999 年至 2007 年上半年,我国一直实行的是稳健的货币政策。2007 年下半年,由于流动性过剩以及通胀压力上升,央行及时调整货币政策基调,转为适度从紧的货币政策。

有观点认为,无论是从流动性的状况还是通胀压力的情况看,当前与 2007 年均颇为相似,为此,有观点称,当前的货币政策转向实际上体现出了"从紧"的倾向。

不过,农行战略管理部付兵涛指出,现在的情况跟当年并不是完全相像。一方面目前国内的增长率比较低,通胀压力也没有当时那么大,而且国际形势与 2007 年完全不一样,所以他认为,明年实施的稳健货币政策是一个中性的政策,是真正的稳健。

微调大幕开启

央行研究局局长张健华 11 月初也曾明确表示,货币政策是短期的政策工具,经常会因使命的不同,侧重目标的不同有所变化。稳健的货币政策并不是一成不变的,在实际执行过程中有时候是扩张的,有时候是紧缩的,有时候是真正稳健的。要对应不同时期的经济背景,有不同的做法。而这正是对货币政策针对性、灵活性的解读。

"稳健的货币政策的内涵,是指货币政策介于宽松和从紧之间的一种中间状态,它意味着货币政策既要改变宽松的基调,又不能急刹车。"盛松成说。

业内人士预计,考虑到政策的连续性,以及经济发展的需要,明年在稳健货币政策的基调下,新增信贷的规模或确定为 6.5 万亿元～7 万亿元,M2 增速设定在 15％～16％。这既符合经济增长的需要,也有利于防止银行信贷出现新的风险。多家券商的研究报告认为,明年年内将有 2～3 次的加息过程,同时,存款准备金率也有可能上调至 20％以上。

值得注意的是,中共中央政治局会议还提出,在实施稳健货币政策的同时,中国将继续实施积极的财政政策。对此,财政部财科所所长贾康认为,在抑制通胀的同时,中国还面临稳定经济增长和调整经济结构的任务,因此在货币政策回归稳健后,财政政策有必要在一定时期内保持适度的扩张,与货币政策"一松一稳"搭配发力,实现经济的平稳较快发展。

(作者:苗燕、李丹丹,来源:《上海证券报》,2010 年 12 月 4 日)

货币政策是指政府或中央银行为影响经济活动所采取的措施,尤指控制货币供给以及调控利率的各项措施。中国自 2008 年第三季度由于金融危机的冲击开始实施适度宽松的

货币政策。两年过去了，国内经济形势已经发生了很大变化。针对具体的经济形势，2010年12月3日召开的中共中央政治局会议确定了新的货币政策基调：2011年将实施积极的财政政策和稳健的货币政策。同时，增强宏观调控的针对性、灵活性、有效性。

该篇评论围绕货币政策转向的核心概念"稳健"二字，分别从三个层面深入分析了"稳健的货币政策"的内涵。首先，文章分析了促使当前货币政策转向的两大现实条件：一方面，国民经济复苏的态势在不断巩固；另一方面，当前的通胀压力已经不容乐观。其次，面对市场上一些认为货币政策所说的稳健有可能是"从紧"的言论，评论认为当前的经济形势并未表明货币政策需要从紧，明年实施的稳健货币政策是一个中性的政策，是真正的稳健。第三，评论认为，这种稳健的货币政策在实际执行过程中是富于针对性和灵活性的，有时候是扩张的，有时候是紧缩的，有时候是真正稳健的。肯定、否定、辨析，通过这样三个层次的严谨阐述，稳健的货币政策的内涵就被准确地揭示了出来，而这种阐释对于市场上相关各方理解当今情势下新的货币政策的未来影响力具有一定的指导意义。

财经新闻评论的最主要功能就是通过言论理性引导市场投资行为，维护经济的正常运行，因此指导性不仅是财经新闻评论写作的特点，更是财经新闻评论写作的基本要求之一。而要真正做到这一点，却需要财经媒体人不断提高自己的专业素养。

第三节　财经新闻评论的写作技巧

财经新闻写作的专业性、实用性和通俗性，以及新闻评论在论点、论据和论证方面的基本要求是财经新闻评论写作所要共同遵守的基本准则，但该种新闻文体同时也具有自己独有的写作方法与策略，即技巧。所谓技巧，是在我们掌握基本写作准则的基础上，有效地帮助我们进行写作的一些具体方法，针对性较强，切入角度比较适宜。新闻评论本就属于高级新闻写作，而财经新闻评论又是一种专业性很强的新闻评论，难度可想而知。因此，了解和掌握一些写作技巧对于学习写作财经新闻评论来说是非常有必要的。

一、要重视对经济学概念的准确解读，并由此谨慎分析和判断经济现象

众所周知，财经新闻里充斥着经济学概念，这些概念不要说普通受众很难弄清楚，就是很多财经媒体人同样也是不甚了了。因此，对一些和普通百姓经济生活密切相关的经济学概念语焉不详，不仅直接关系到财经新闻报道的传播效率，也会直接影响媒体写作人对经济现象的准确判断和分析，还会让一些或者由于无知或者由于别有用心的伪专家利用概念钻一些空子，混淆视听，误导受众甚至当局决策。

准确解读经济学概念不是指仅仅对经济学著作里概念定义的拷贝，而是指能够依据经济学基本概念和原理的理论指导对经济现象做具体深入的分析，透过现象看本质，最终得出一个正确的观点。2008年国内媒体对次贷危机的报道在相当长一段时间内都无法让普通

民众明白究竟什么是次贷,而 2010 年某些专家对民众高度关注的通胀问题居然又玩起了概念游戏。

2010 年 7 月以来,中国主要农产品价格呈新一轮全面上涨态势,网络上"蒜你狠"、"豆你玩"、"姜一军"、"糖高宗"、"苹什么"、"绵里藏针"等对价格一路高歌的日常用品的戏称已经涵盖了吃穿用等多个领域,还不包括众人皆知的高房价。对于民众感受如此强烈的通胀现象,媒体报道的声音却并不一致,所谓的各路专家开始打起了嘴仗。请看下文:

关于通货膨胀的不同观点:

(一)否定通货膨胀的观点

社科院专家:中国是自然灾害造成物价上涨 不是通胀

【财经网专稿】记者 李博 11 月 11 日,在北京举行的中国社会科学论坛上,中国社会科学院金融研究所所长王国刚称中国当前不存在通货膨胀。

王国刚认为,一般把 CPI 涨幅连续 6 个月超过 3% 就看作是通货膨胀,以此来看中国似乎存在通货膨胀。和欧美国家不同,中国的 CPI 构成中农产品权重占到 1/3。从今年初开始的自然灾害造成农产品减产,市场供应短缺,从而价格上涨,推动 CPI 高涨。此外,去年 11 月份政府开始陆续调整水电燃气价格,政府调价和农产品价格上涨推动 CPI 上涨,只能叫做物价上涨,而非通货膨胀。CPI 上涨不是货币发行过多导致的,因此不能在货币政策上寻求解决办法。

国家统计局今日发布数据,10 月份居民消费价格(CPI)同比上涨 4.4%,涨幅比上月扩大了 0.8 个百分点,环比上涨 0.7%;工业品出厂价格(PPI)同比增长 5.0%,涨幅比上月扩大 0.7 个百分点,环比上涨 0.7%。

(作者:李博,来源:财经网,2010 年 11 月 12 日)

刘福垣:中国目前没有通货膨胀

物价上涨不等于通胀,物价上涨和通胀的表现都是货币贬值,而货币贬值有因变量和自变量两种因素造成。如果货币是自变量,即由于政府印了很多纸币导致物价上涨,这是通胀。如果货币是因变量,价格本身是自变量,由价格本身上涨造成的物价上涨就不是通胀。

造成这种物价上涨的原因特别多,例如中国进入 WTO 之后,农产品的生产方式与国际相比十分落后,导致了市场上很多游资炒作棉花、大豆等农产品。由于这些资金巨大,数以万亿计,而且大多是自有资金,不是银行贷款,因此很难控制。这些炒作者大多是低素质的暴发户,他们不会也不愿意去做别的投资,例如去投资新能源和循环经济,于是就干脆来炒房子或者炒作农产品。

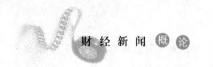

这种物价上涨是不以人的意志为转移的,如果算上住房使用成本将近 25‰～30‰ 的权重,现在的 CPI 还要更高。这种价格上涨是发展战略失误,经济资源分配不合理造成的。

我理解的通货膨胀是政府政策的产物。政府故意多发钞票掏老百姓和企业的腰包,才会出现通货膨胀。但从我所亲历的近三届中国政府来看,财政的日子都很好过,政府既没有通货膨胀的动机也没有这么做。例证就是这么多年来我们一直是存款大于贷款。

(作者:钟晶晶,来源:《新京报》,2010 年 11 月 17 日)

(二)肯定通货膨胀的观点

叶檀:央行为不负责任的货币体制辩护大错特错

央行不提出建言、不坚持原则已是错误,为不负责任的货币体制辩护,更是大错特错。国内通胀压力陡升,只有弄清楚是什么造成通胀的,才能避免再次陷入通胀泥潭。通胀是滥发货币的必然结果,通胀就是货币现象,央行难辞其咎。

(作者:叶檀,来源:《南方人物周刊》,2010 年 11 月 19 日)

许小年:"通货膨胀归根结底是个货币现象"

许小年:弗里德曼说"通货膨胀归根结底是个货币现象",我找出狭义货币 M1 逐月变化的数据,和当月 CPI 做对比。M1 的变动很好地解释了 CPI 通胀率,尽管影响不是当期的,而是滞后六个月。换句话讲,这个月的 CPI 在相当大的程度上取决于六个月前的 M1。两者的变化趋势吻合。但到了去年年底,M1 的增长接近 40‰,而今年 6 月份的 CPI 只增加了 2.9‰。这只有两种可能:通胀不再与货币相关,或者 CPI 被低估了。

(许小年:《许小年:这还是宏观调控吗?》,来源:《财经网》,2010 年 11 月 30 日)

很显然,两派旗帜鲜明的观点都是在围绕"通货膨胀"的概念做文章。否定派的王国刚认为,物价上涨一是由于中国今年大面积、连续性的自然灾害导致农产品减产引发物价上涨,二是由政府调高了 CPI 目标从而要求一系列资源价格上调所致。刘福垣则认为主要是游资炒作引发的物价上涨。总之两人均否定政府超发了货币。

但中新社北京 2010 年 12 月 3 日"中国连续七年粮食丰收,也是粮食总产量连续第四度超过万亿斤"的报道却让民众陷入困惑之中,这显然和自然灾害减产论相抵触,而游资炒作为什么独独在 2010 年引爆价格上涨呢?至于调高 CPI 就更让人摸不着头脑。这种"物价上涨"而非"通货膨胀"的概念游戏的确让普通民众困惑不已。

针对否定通胀的观点,知名经济学家许小年和资深财经评论员叶檀旗帜鲜明地予以了反击,肯定了当前的物价上涨就是通胀现象,而且认为原因就是由于央行滥发货币导致的后果。这个判断和经济学中关于通货膨胀的概念是一致的,而现实也对这个判断给予了有力支持,因为2009年为应对金融危机政府采取了极度宽松的货币政策,中央财政4万亿巨额投资和地方政府的大力财政刺激政策,印证了超发货币的判断。

对此概念上的争论,秋风有一篇时评精准地抨击了专家们的这种概念游戏。

反对通货膨胀怪论

不要说货币主义者,即便是凯恩斯主义者,对通货膨胀通常也持一种谨慎、警惕态度。中国的经济学家却似乎是个例外。这不,最近,关于通货膨胀,两位相当有名、经常被视为经济学家的人士发表了有趣的看法:

先是10月16日厉以宁先生说,一般认为通货膨胀率3%是警戒线,这个看法是适用于西方的。中国比较特殊,近期来看维持9%的经济增长率是可能的。而在9%的经济增长率下还把3%通胀率作为一个警戒线,会给经济带来很多问题。所以应该取半,4.5%的通货膨胀率作为警戒线是可以的,是社会可以承受的,从长远来说利于经济发展。

接下来,10月30日,国家发改委宏观经济研究院副院长刘福垣告诉民众,物价涨几个点无需着急。我们没有通货膨胀。现在的通货膨胀是政府政策的产物,拉动内需物价就要上涨,物价上涨正是在拉动内需的一个反应。刘还提出了一个理想的经济增长规划:每年三到五个百分点的物价上升,每年10%左右的GDP上升,每年15%左右的工资上升,每年一两个百分点的汇率上升。他说,中国要成为强国,非得是"三高":物价高、人价高、钱价高。

有人曾经宣称要弄出一个中国经济学,就仿佛这世界上真的存在苏联式生物学。两位不约而同地针对通货膨胀提出上述看法,也许意味着,中国经济学的第一项定理已经隆重诞生了。

在这个中国式通货膨胀理论中,人们可以看到中国模式论的影子,两位人士都对人类的普遍经济法则不以为然。尽管全世界都认为3%是警戒线,但在他们看来,中国经济却与众不同。因此,中国特色的通货膨胀警戒线可以高出一半。根据两位先生的上述理论,中国经济增长速度如果可以达到12%,那么通货膨胀警戒线也就可以放宽到6%——弦外之音是,中国根本不需要警戒线。

但是,外国人看见红绿灯,即使没有汽车通过也不走,难道是傻子么?人们也大可以同样思考一个问题:这个世界的大多数经济学家和货币当局果真是傻子么?当然不是。

不错,如同刘福垣所说,通货膨胀从根本上就是政府刻意采取的一项政策,西方也不例外。通货膨胀就是货币发行过多,而在政府垄断了货币发行之后,这种现象就变得

相当常见。因为,如哈耶克所揭示的,超发货币,可以把利率压低到自然利率之下,拉长生产结构,从而让经济出现某种超常规增长。西方曾经采取过这样的政策,然后出现了非常糟糕的后果。

经历了这样的教训,80年代,经济学界和各国货币当局达成共识:即便通货膨胀是不可避免的,也应该严格控制通货膨胀。换言之,在诸多条件约束下,货币当局刻意玩通货膨胀的游戏,但在玩这个游戏的时候,必须十分节制。一个人如果不得不上赌场,他必须有非常好的自制力。否则,就可能玩出大窟窿,把自己的全部家当赔进去。3%就是这样的一个自我约束的规则。它表达了一种无奈的审慎。

哈耶克等奥地利学派经济学在货币主义的审慎之外,还提出实行严格控制通货膨胀的另一个理由:通货膨胀虽然可能刺激经济的短期超常规增长,但这种经济增长的分配结构必然是扭曲的。因为,增发的货币不是一次性、均匀地投入到经济体中,而是在长时间内透过某种特定的渠道陆续进入经济体的不同部分的。

哈耶克讲过一个形象的比喻:中央银行倾倒一瓶黏稠的蜂蜜,蜂蜜从一个中心点向四周缓慢流动,最终形成的结构是中间高、四周低。多发的货币在人群中是不均匀地分布的,具体地说,当一轮通货膨胀周期结束时,那些在经济、社会结构中占据有利位置的人,所获得的增发货币远远大于处于边缘的人。结论显而易见:通货膨胀是一个逆向再分配过程,收入最高者从中收益最大,中等收入者收益很小,低收入者将被剥夺。

中国过去贫富差距扩大的一个宏观政策根源,就是长期而严重的通货膨胀。吴晓灵说,过去相当一段时间,央行存在货币超发的问题,特别是2009年以来采用了"极度宽松"的货币政策,仅今年前九个月,货币超发即达到43万亿元。

结果可想而知。这个结果是普遍的经济法则发挥作用的产物:尽管政策不断,房屋价格顽强地上涨;然后,食品、日用品价格轮番上涨。尤其是,贫富差距持续扩大。在这背后,则是经济结构持续地扭曲。

然而,被人冠以"经济学家"名号的人士,却完全不顾残酷而可怕的经济与社会事实,在冠盖云集的论坛上,发明着奇奇怪怪的通货膨胀理论。自2004年以来,人们绝不指望号称经济学家的人有良心,到今天,他们连经济学常识都弃之不顾了。这样的人自己在裸奔,对已经紧张的社会情绪来说也是火上浇油。利益遮蔽了他们的心智,以至于他们根本看不见自己的长远利益。

(作者:秋风,来源:《南方都市报》,2010年11月4日)

这篇评论也是从通货膨胀的基本常识入手,对当下关于我国目前是否存在通货膨胀的种种论调进行了细致深入的辨析,从经济学理到西方成熟市场经济体的社会实践再到我国的经济现实,条理清晰地论述了"非通胀论"的错误和不良影响,体现了对于经济学常识和规律的尊重,由此成为一篇有说服力的评论。

由此可见,准确解读经济学概念和常识,谨慎分析当下的经济现象和问题,无论对于引导民众正确看待当下现实生活中的经济问题,还是给政府决策提供有价值的建言方面,都是不无益处的。而从解读概念和常识入手,反观经济现实并做具体分析也可以成为财经新闻评论写作的一个有效手段。

二、学会从数据中发现问题

众所周知,数据是财经新闻的突出特点之一,对于资本市场来说尤其如此。西方几家著名的财经媒体创办伊始就是从提供财经数据服务开始的,如路透社、《金融时报》等,而且直到今天,在国际重要财经媒体中,数据报道和分析都是他们非常重视的服务内容。正是由于财经数据在财经新闻中角色重要而且专业性极强,数据报道与分析在财经新闻中占据着十分重要的地位。近几年民众耳熟能详的经济数据如 GDP、CPI、PPI、环比增长数据、同比增长数据、利率、汇率、各式各样的指数等等,这些数据或定期发布,如 GDP、CPI 等,或随时处于变动中,如股指等,而它们所代表的基本含义以及对普通民众经济生活的影响,至今为止恐怕对于诸多受过良好教育的人来说都并不是十分清楚的。由此可见,对于数据的解读和分析不仅十分必要而且非常重要。而这对于我国的财经媒体来说尤其重要,不具独立性的统计部门的统计数据的失真已成为各界普遍关注的现象,一些与百姓生活密切相关的数据失真甚至已引起民众的普遍质疑和不满,著名经济学家许小年称这种数据失真为"制度性数据失真",由此,如何从数据中发现问题、分析问题就成为财经媒体的一个重要任务。

充满问题,亟待辨析、解释和判断的经济数据由此成为财经新闻评论的重要选题对象。从已有的新闻报道中选取评论目标,这是新闻评论写作中的一个最为通用而又最为重要的选题方法,而选题又是新闻评论写作具体展开的第一步。因此,学会从诸多经济数据中发现问题与分析问题,对于财经新闻评论写作来说不仅是十分必要的,而且也是其重要的写作技巧之一。

财经新闻评论对于数据的使用主要是对其进行解读和分析,即重点解读和分析数据所体现和隐含的经济现象和问题等,并最终提出论断性结论,也就是观点。作为以缺乏经济学常识的普通民众为目标受众的财经媒体来说,通常应该选取那些与普通百姓经济生活关系密切的数据来做文章。

让我们看以下三则报道中对于经济数据的分析:

例一:日本《经济学人》周刊发表《美国经济不景气传染世界,全球泡沫开始破裂》,该文章说世界处于"尾巴指挥脑袋的年代"。尾巴指金融经济,脑袋指实体经济。文章写道:全球的存款加上包括股票和证券等的金融资产,已经达到了实物资产(名义 GDP)的 3.2 倍。而在经济全球化之前的时代,前者只是后者的 1.7 倍。由此可见金融经济的膨胀是多么迅速。而世界性的 IT 产业泡沫和房地产泡沫也随之产生。

次贷危机或许是引发 10 多年来积累的 88.5 万亿美元金融资产大幅缩水的契机。也就是说,世界规模的泡沫经济解体由此引发。

该段文字通过对两组数据的对比分析,即全球金融资产与实物资产比率的变化,即由经济全球化前的 1.7 倍上升到之后的 3.2 倍,得出了一个结论:金融经济的迅速膨胀导致金融泡沫出现,泡沫破裂又成为引发此次金融危机的最核心因素。逻辑关联十分紧密,观点令人信服。

由此可见,本段文字的核心不是为了报道那么两个数据,而是要通过对这两个数据的对比分析,做出一个判断,得出一个观点:即全球金融泡沫破裂是导致金融危机爆发的重要原因。这就是评论对数据处理的独有方法。

例二:2007 年 10 月 29 日,美国《基督教科学箴言报》发表《2.9 亿美元消失之谜》:美国以相对较低的成本吸收全世界的储蓄,然后将其中部分资金投向海外,回报率较高。此外,美元是世界货币,美元每贬值 10%,就有相当于美国 GDP5.3% 的财富,从世界其他国家转移至美国。目前美国的 GDP 是 13.7 万亿美元,而美元自 2002 年以来已经贬值 20.6%。因此,外国人实际上白送了美国大约 1.3 万亿美元。

该段文字通过对美元作为世界储备货币与其他国家货币之间的比率,即汇率换算,非常清晰地分析了美国是怎样通过美元贬值策略将其债务负担分摊到世界其他许多国家头上的,这就是隐藏在这些数据背后的深层问题,即美元一币独大给世界其他国家带来的不公平。这无疑对作为美国第一大债权国的中国的外汇储备结构提出了警示。

例三:

央行罕见披露贷款投向　房价暴涨确由资金推动

央行昨日发布的最新数据显示,一季度房地产贷款继续增长,其中,个人购房贷款新增 5227 亿元,季末余额同比增长 53.4%,比上年末上升 10.3 个百分点.这也是央行罕见的就单个季度发布金融机构贷款投向报告。

数据充分说明,一季度房价高涨背后,信贷资金推动因素明显。这也给正在进行的房地产调控指明了重点方向。

去年,适度宽松的货币政策的最大受益者之一无疑包括房地产业。根据不久前国家统计局公布的数据,2009 年,全国完成房地产开发投资 36232 亿元,比上年增长 16.1%。其中,国内贷款 11293 亿元,增长了 48.5%,这部分资金大部分来源于银行。

这种情况在今年一季度得到了延续。除了个人房贷,央行数据还显示,一季度房地产开发贷款新增 3207 亿元,季末余额同比增长 31.1%。

(作者:王琦、吉青,来源:《第一财经日报》,2010 年 4 月 21 日)

该篇报道是针对央行所披露的贷款数据分析问题。数据清清楚楚,结论明明白白:巨额银行信贷是 2009 年疯狂房价背后的重要推手之一,这个判断是有着充分的合理性的,自然也就是令人信服的,这也就给市场上众多利益集团代表以刚需、城市化乃至离婚、丈母娘等诸多荒唐可笑的理由来解释我国房价离奇高涨的诸多言论给予了有理有据的有力回击。

由上述三段文字我们可以得出如下几点结论：通过解读和分析经济数据，挖掘数字背后的深层问题，揭示现象背后的规律，这种迷津点拨不仅对普通受众来说非常必要，而且对于社会的舆论导向、政府决策也有着重要的参考价值。

由此可见，学会从数据中发现问题，不仅可以为作者提供稳定而丰富的选题内容，同时还可以由表及里，从现象看本质，提炼出富于真知灼见的观点，这对于存在"制度性数据失真"现象的我国财经媒体来说，显得尤为重要。

三、学会甄别、判断和谨慎采纳专家观点

援引专家学者的观点对复杂的经济现象和问题进行分析是财经媒体新闻评论的一大特色，也可称为财经媒体人惯常采用的又一个重要的写作手段。这对于经济专业知识储备不足的媒体人来说的确是一个写作的捷径，但如果不善加利用将会带来很多问题，其直接影响主要体现在两个方面：一是影响媒体自身的独立判断力进而影响其核心竞争力；二是可能误导广大受众，尤其是普通投资者。因此，在借用专家学者外脑的同时，更要重视的是对这些所谓权威的观点进行具体分析、独立判断并谨慎采纳。

媒体在援引专家观点对经济现象和问题，尤其是资本市场进行分析评论时最要注意的问题，也是惯常存在的问题，笔者认为主要集中在言论信息来源不够明晰、专家言论不够权威、引用观点不够准确以及媒体自身缺乏独立判断等几个方面。

首先要尽可能注明言论信息来源并谨慎判断专家言论的权威度。

援引专家言论观点的主要目的是为了增加评论的可信度和权威性。在传播学说服理论研究中有一个关于信源权威性的理论，即传播主体的权威性会直接影响其传播效果，这就不仅要求信息来源要尽可能明确，而且要具有足够令人信服的权威性，唯其如此，这些言论对于受众判断和政府决策才具有参考价值。反之，则有可能令认知与舆论陷入混乱。

国内与众多普通投资者密切相关的两大领域是房市和股市，而媒体在关于这两个领域的报道中，专家随处可见。有网友戏称：三个专家中拉出一个"毙掉"，一定不会冤枉，由此可见如今专家之泛滥到了何种程度，而民众对其权威性的质疑又到了何种程度，而这很大程度上要归咎于媒体对专家名头的滥用。

国内媒体对于专家言论的援用普遍存在着常采用匿名信息源和权威性不够的问题。"有专家称"、"据相关专家称"等言论随处可见，匿名信源直接削弱了专家言论的权威性。何为专家？对某一领域有深入研究并具有被其领域学者认可的研究成果的人，才能称为专家，业界人士、行业协会的管理者、政府相关部门的很多官员以及众多非本专业的研究人士等，都不能称为专家，至于对经济学家的标准认定就更高了。但在当今的众多媒体报道中，五花八门的专家言论随处可见，更多是匿名专家的言论，纷纷抛出一些有悖常识的论调来混淆视听，误导众多投资者。而西方媒体除了部分禁止采用匿名信源外，很多允许采用匿名信源的

媒体也都对此有明确而严格的限制，一般是媒体的公信力非常强的大型媒体机构在认为有非常充分的理由采用匿名信源时才考虑采用匿名信源，而不是随随便便就匿名，而国内媒体对此显然不够慎重。

如：在中国最为牵动普通百姓神经的住房问题上，诸多匿名专家就借由媒体之口把众多似是而非的所谓房价上涨的理由用经济学的名词包裹起来，给普通受众带来认知和判断上的混乱，如耳熟能详的"刚需论"、"城市化"、"供求论"、"资源稀有论"、"通胀预期论"、"支柱产业论"等等，营造房价只涨不跌的神话，不负责任地误导大批缺乏经济常识的普通民众。可以说，中国房地产业的错误定位和房价的疯狂飙升与媒体舆论不负责任的推波助澜不无干系，而其中对于所谓专家言论观点不加选择和判断的传播是其一个突出问题。

其次，媒体自身对专家观点要有足够的独立判断。

缺乏独立判断，不加选择地援引专家言论，这在财经新闻评论写作中也是一个很突出的现象。因为缺乏立场和判断，媒体自身的声音即话语权就会削弱，从而直接影响其竞争力。在中国资本市场和2008年金融危机报道评论中，这个问题表现很突出。

在2008年9月金融危机爆发之前，媒体对次贷危机发展趋势的预测分析随着危机的发展而摇摆不定，其依据主要来自外媒以及专家学者的观点，尤其是前者居多，缺乏媒体自身的判断和立场，自相矛盾，认知混乱，而这种混乱完全有可能通过媒体传导给受众，从而引发受众信心危机，这对于应对这样一场错综复杂、充满了各国经济利益博弈的、程度极深的金融危机来说，显得十分被动。

而同样是对于金融危机进行分析和预测，真正的权威专家的言论由于认识深刻准确而给人以警醒和启示：

如：2008年2月18日，全球金融危机爆发前，香港《南华早报》刊登纽约大学斯特恩商学院教授努里尔·鲁布尼《对金融危机的剖析》一文，这位教授因成功预测美国次贷危机的爆发而享有盛名。他说，美国经济危机导致的严重信贷紧缩加剧了经济衰退，越来越深重的衰退正在引发金融市场更大规模的损失，从而损害更广层面的经济。"房地产市场的衰落是美国有史以来最严重的一次并且每天都在持续恶化，将最终导致房地产价格下降20%，使数以百万计的美国人失去它们的住所"，"一场系统性的金融危机，会引发美国和全球更明显的风险，已经从理论上的可能性变成了越来越可能出现的情况。"

事实验证，里尔·鲁布尼教授的分析与预测是正确的，他准确判断了美国房产危机可能引发的金融危机，又由美国的金融风险看到了全球的金融风险，并明确断言这是一场系统性风险。他运用自己深厚的学术积累对金融现象作出了准确的判断和深刻的分析，这才是真正的专家对于复杂的资本市场所做的有价值的分析和判断。

由该段例文我们也看到了文章对于直接引语的使用，这是财经评论援引专家观点时应该特别注意的另一个重要问题，因为非直接引语常常在媒体记者的转述中发生偏移，不够准确和完整。因此，如果可能，尽量采用专家的直接引语。

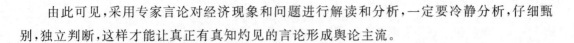

由此可见,采用专家言论对经济现象和问题进行解读和分析,一定要冷静分析,仔细甄别,独立判断,这样才能让真正有真知灼见的言论形成舆论主流。

本章小结

1.财经新闻评论在财经新闻报道中的重要地位:财经新闻评论是财经新闻最重要的常规报道形式之一;财经新闻评论是财经媒体核心竞争力的集中体现;财经新闻评论是当今经济形势发展的迫切需要。

2.财经新闻评论写作的基本要求:科学性,深刻性,公正性,指导性。

3.财经新闻评论写作技巧:要重视对经济学概念的准确解读,并由此谨慎分析和判断经济现象;学会从数据中发现问题;学会甄别、判断和谨慎采纳专家观点。

思考题

1.财经新闻评论在财经新闻报道中占据着一个什么样的地位?

2.财经新闻评论写作的基本要求是什么?

3.财经新闻评论在引用匿名专家言论时,应该注意什么问题?

4.选择一篇评论,具体分析财经新闻评论的写作技巧。

参考文献

一、经济学教材和论著

[美]保罗·海恩:《经济学的思维方式》,世界图书出版公司,2008年

[美]彼得·肯尼迪:《新闻中的经济学》,中信出版社,2006年

[美]N.格雷戈里·曼昆:《经济学原理》,北京大学出版社,2006年

二、财经新闻教材及相关论著

《21世纪经济报道》著:《21世纪新闻炼金术》,南方日报出版社,2005年

关雅文:《财经新闻传播前沿——来自采编一线的最新视角》,华南理工大学出版社,2005年

贺宛男、佟琳、唐俊:《财经专业报道概论》,复旦大学出版社,2006年

胡润峰等著:《财经新闻报道与写作》,复旦大学出版社,2006年

《经济信息联播》编著:《给财经记者讲课》,中信出版社,2003年

李本乾、李彩英主编:《财经新闻》,东北财经大学出版社,2006年

刘笑盈:《经济学与经济新闻报道》,中国传媒大学出版社,2006年

陆新之选编:《理解今日中国的财经文本》,东方出版社,2006年

莫林虎:《财经新闻经典报道选读》,浙江大学出版社,2010年

庞瑞峰:《财经新闻道——对话美国顶尖财经媒体高层》,南方日报出版社,2008年

郗永忠、章彰编著:《安然之死》,中信出版社,2002年

沈颢:《财经新闻二十一讲》,中国经济出版社,2012年

唐清建编著:《新闻幕后:深度新闻是怎么被挖掘出来的》,经济管理出版社,2008年

王尔山:《提问是记者的天职——与英美报刊主编对话》,高等教育出版社,2003年

周乃菱:《国际财经新闻知识与报道》,清华大学出版社,2009年

[美]安雅·谢芙琳、格雷海姆·瓦茨:《当代西方财经报道》,复旦大学出版社,2007年

[美]威廉·E.布隆代尔:《〈华尔街日报〉是如何讲故事的》,华夏出版社,2006年

三、财经新闻作品

陈涛:《泡沫的盛宴》,中国计划出版社,2002年

《财经》杂志编辑部编:《管制的黄昏》,社会科学文献出版社,2003年

《财经》杂志编辑部编:《黑幕与陷阱》,社会科学文献出版社,2003年

《财经》杂志编辑部编:《转型中国》,社会科学文献出版社,2003年

范祖德主编:《人民币升值争议:〈华尔街日报〉中国观察系列》,中国轻工业出版社,2004年

胡舒立:《新金融时代》,中国物资出版社,1999年

卢彦铮编:《企业变形灰幕》,中国友谊出版公司,2009年

唐清建主编:《突破极限——中国式商业新秩序的寻找》,经济管理出版社,2007年

王晓冰、赵剑飞编:《中国大买家》,中国友谊出版公司,2009年

武春河主编:《深度影响:〈经济日报〉经典报道案例》,经济日报出版社,2005年

徐寿松:《铁本调查》,南方日报出版社,2005年

张志雄:《放量:中国股市事变亲历记》,海南出版社,2001年

张志雄:《中国上市公司行》,中国财经出版社,1998年

张进、王以超编:《危机中国》,中国友谊出版公司,2009年

张进、段宏庆编:《权殇》,中国友谊出版公司,2009年

张进、常红晓编:《三农变局》,中国友谊出版公司,2009年

张继伟、徐可编:《谁葬送了华尔街》,中信出版社,2009年

[美]弗洛伊德·诺里斯、克里斯汀·伯克尔曼编:《纽约时报100年》,中国财政经济出版社,2002年

四、财经史著作

迟宇宙:《海信史》,海南出版社,2003年

迟宇宙:《海信经验》,海南出版社,2003年

迟宇宙:《联想局》,中国广播电视出版社,2005年

仇晓慧:《私募江湖》,中信出版社,2010年

田毅:《他乡之税》,中信出版社,2008年

吴晓波:《大败局》,浙江人民出版社,2001年

吴晓波:《大败局Ⅱ》,浙江人民出版社,2007年

吴晓波:《激荡三十年》,中信出版社,2008年

吴晓波:《跌荡一百年》,中信出版社,2009年

吴晓波:《浩荡两千年》,中信出版社,2009年

袁一泓:《从沸腾到癫狂:泡沫背后的中国房地产真相》,山西经济出版社,2011年

[美]麦克尔·马龙:《惊世伟绩》,经济科学出版社,1990年

五、财经新闻评论

胡舒立:《舒立观察:中国十年之真问题》,中山大学出版社,2010年

高小勇:《经济学家:无知无畏的疯狂》,朝华出版社,2005 年

高小勇主编:《经济学帝国主义》,朝华出版社,2005 年

张维迎:《竞争力与企业成长》,北京大学出版社,2006 年

张维迎:《价格、市场与企业家》,北京大学出版社,2006 年

张维迎:《产权、政府与信誉》,三联书店,2001 年

周其仁:《真实世界的经济学》,中国发展出版社,2004 年

周其仁:《世事胜棋局》,北京大学出版社,2007 年

周其仁:《挑灯看剑》,北京大学出版社,2006 年

周其仁:《产权与制度变迁:中国改革的经验研究(增订本)》,北京大学出版社,2004 年

周其仁:《老有所医当问谁》,北京大学出版社,2008 年

周其仁:《货币的教训》,北京大学出版社,2012 年

叶檀:《拿什么拯救中国经济》,中信出版社,2009 年

六、财经报刊

《21 世纪经济报道》

《财经》

《第一财经日报》

《第一财经周刊》

《经济观察报》

《新世纪》

《中国经营报》

《中华工商时报》

[美国]

《福布斯》

《财富》

《商业周刊》

《时代》

《华尔街日报》

[英国]

《经济学人》

《金融时报》